高职高专"十二五"规划教材

体育与健康

主　编　方永信
副主编　王四平　董国忠　李钧杰
编　委　裴天福　陈光伟　马满苏
　　　　张万峰　杨　莉　于永生
　　　　方　成　魏　斌

南开大学出版社

图书在版编目(CIP)数据

体育与健康 /方永信主编. —天津：南开大学出版社，2012.1(2018.8重印)
ISBN 978-7-310-03824-4

Ⅰ.①体… Ⅱ.①方… Ⅲ.①体育－高等学校－教材 ②健康教育－高等学校－教材 Ⅳ.①G807.4

中国版本图书馆 CIP 数据核字(2012)第 006008 号

版权所有　侵权必究

南开大学出版社出版发行
出版人：刘运峰
地址：天津市南开区卫津路94号　　邮政编码：300071
营销部电话：(022)23508339　23500755
营销部传真：(022)23508542　邮购部电话：(022)23502200

*

北京建宏印刷有限公司印刷
全国各地新华书店经销

*

2012年1月第1版　2018年8月第2次印刷
787×1092毫米　16开本　17印张　440千字
定价:36.00元

如遇图书印装质量问题,请与本社营销部联系调换,电话:(022)23507125

前 言

随着科学技术的发展，人们的物质文化生活水平有了很大的提高，尽管人们的健康状况大为改善，许多疾病能够根治。但是，现代生活方式的快节奏造成人们的心理压力增大，对人类健康的影响越来越大。因此人类比以往任何时候都更加注意自己的健康状况和生活质量。而体育课程又是增进国民健康的重要途径。

本书是遵循"健康第一"、"面向全体学生实施素质教育"的学校教育指导思想，针对高职高专学生的实际情况，改以往的注重竞技体育的教学模式为侧重于终生体育和健康体育的教学，真正突出学生的主体与地位，使学生在潜移默化的教育过程中，学会生活、学会创造、学会运动，从而成为有健康体魄、有较强职业竞争力和身心协调发展的合格人才。

全书分为上、中、下篇，上篇为基础理论篇，简述了体育概述、体育锻炼与健康、体育卫生与健康、常见的运动损伤和常见运动性疾病、高职高专院校体育教育等内容；中篇为运动实践篇，简述了田径运动、篮球运动、足球运动、排球运动、乒乓球运动、羽毛球运动、网球运动、武术、跆拳道、健美操、体育舞蹈、瑜伽、游泳等内容；下篇为职业体育篇，简述了职业实用性体育、职业拓展训练等内容。

我们在编写本书的过程中力求体现以下特点：

1. 充分体现了高等职业教育的应用特色，使体育教学实际与高职高专大学生未来从事的职业和生活相结合。

2. 突出了实用、够用、休闲的体育原则，并继承了民族传统体育的精华。

3. 力求突破以运动技术为主线、理论与实践相分离的传统教材编写模式，主张体育教育与健康教育相结合，竞技体育与休闲体育相结合，充分体现体育的多功能特征。

4. 采用了以图文结合的形式，体现了教材的活泼性和直观性。

本教材共三篇，分为二十章。我们在编写过程中参考了一些文献资料，在此，谨向相关作者表示最真挚的谢意。由于编者水平能力所限，本教材难免存在不足之处，恳请广大读者提出宝贵意见。

编 者

目　录

上篇　基础理论篇

第一章　体育概述 (1)
 第一节　体育的概念与内容 (1)
 第二节　体育的功能 (2)
 第三节　职业教育与体育 (6)
 第四节　我国体育发展概况 (7)
 思考题 (9)

第二章　体育锻炼与健康 (10)
 第一节　健康的概述 (10)
 第二节　体育锻炼与心理健康的作用 (13)
 第三节　体育锻炼与身体健康的作用 (15)
 第四节　运动处方和锻炼计划的制定 (17)
 思考题 (20)

第三章　体育卫生与健康 (21)
 第一节　体育运动卫生 (21)
 第二节　运动性疲劳的产生和消除 (23)
 第三节　女子体育卫生 (25)
 思考题 (26)

第四章　常见运动性损伤及运动性疾病 (27)
 第一节　运动损伤的概述 (27)
 第二节　常见的运动损伤类型与处理方法 (28)
 第三节　运动损伤的预防与康复 (30)
 思考题 (35)

第五章　高职高专院校体育教育 (36)
 第一节　高职高专院校体育教育的目的和任务 (36)
 第二节　高职高专院校的体育活动 (37)
 第三节　学校体育竞赛的组织形式和编排方法 (38)
 思考题 (44)

中篇　运动实践篇

第六章　田径运动 …………………………………………………………… (45)
　　第一节　田径运动的起源与发展 ……………………………………… (45)
　　第二节　跑 ……………………………………………………………… (47)
　　第三节　跳跃 …………………………………………………………… (51)
　　第四节　投掷 …………………………………………………………… (54)
　　思考题 …………………………………………………………………… (56)

第七章　篮球运动 …………………………………………………………… (57)
　　第一节　篮球运动概述 ………………………………………………… (57)
　　第二节　篮球运动的基本技术 ………………………………………… (57)
　　第三节　篮球运动的基本战术 ………………………………………… (66)
　　第四节　篮球竞赛的主要规则 ………………………………………… (71)
　　思考题 …………………………………………………………………… (73)

第八章　足球运动 …………………………………………………………… (74)
　　第一节　足球运动概述 ………………………………………………… (74)
　　第二节　足球运动的基本技术 ………………………………………… (74)
　　第三节　足球运动的基本战术 ………………………………………… (83)
　　第四节　足球运动规则和裁判法 ……………………………………… (85)
　　思考题 …………………………………………………………………… (88)

第九章　排球运动 …………………………………………………………… (89)
　　第一节　排球运动概述 ………………………………………………… (89)
　　第二节　排球运动的基本技能 ………………………………………… (89)
　　第三节　排球运动的基本战术 ………………………………………… (92)
　　第四节　排球竞赛的主要规则 ………………………………………… (94)
　　思考题 …………………………………………………………………… (95)

第十章　乒乓球运动 ………………………………………………………… (96)
　　第一节　乒乓球运动概述 ……………………………………………… (96)
　　第二节　乒乓球运动的基本技术 ……………………………………… (96)
　　第三节　乒乓球运动的基本战术 ……………………………………… (104)
　　第四节　乒乓球竞赛的主要规则 ……………………………………… (104)
　　思考题 …………………………………………………………………… (107)

第十一章　羽毛球运动 ……………………………………………………… (108)
　　第一节　羽毛球运动概述 ……………………………………………… (108)
　　第二节　羽毛球运动的基本技术 ……………………………………… (109)
　　第三节　羽毛球运动的基本战术 ……………………………………… (113)

第四节　羽毛球竞赛的主要规则 …………………………………………… (114)
　　思考题 …………………………………………………………………………… (116)

第十二章　网球运动 …………………………………………………………… (117)
　　第一节　网球运动的概述 …………………………………………………… (117)
　　第二节　网球运动的基本技术 ……………………………………………… (117)
　　第三节　网球运动的基本战术 ……………………………………………… (123)
　　第四节　网球竞赛的主要规则 ……………………………………………… (124)
　　思考题 …………………………………………………………………………… (126)

第十三章　武术 …………………………………………………………………… (127)
　　第一节　武术运动概述 ……………………………………………………… (127)
　　第二节　武术的基本功和基本动作 ………………………………………… (128)
　　第三节　初级长拳 …………………………………………………………… (132)
　　第四节　散打 ………………………………………………………………… (141)
　　第五节　24 式太极拳 ………………………………………………………… (150)
　　思考题 …………………………………………………………………………… (163)

第十四章　跆拳道 ………………………………………………………………… (164)
　　第一节　跆拳道运动简介 …………………………………………………… (164)
　　第二节　跆拳道的基本技术 ………………………………………………… (165)
　　第三节　跆拳道的基本规则 ………………………………………………… (170)
　　思考题 …………………………………………………………………………… (172)

第十五章　健美操 ………………………………………………………………… (173)
　　第一节　健美操的概述 ……………………………………………………… (173)
　　第二节　健美操的分类 ……………………………………………………… (174)
　　第三节　健美操的基本技术与动作组合 …………………………………… (174)
　　第四节　健美操创编原则及规则 …………………………………………… (180)
　　思考题 …………………………………………………………………………… (182)

第十六章　体育舞蹈 ……………………………………………………………… (183)
　　第一节　体育舞蹈概述 ……………………………………………………… (183)
　　第二节　体育舞蹈的内容和分类 …………………………………………… (183)
　　第三节　体育舞蹈基本知识 ………………………………………………… (186)
　　第四节　恰恰恰舞步型 ……………………………………………………… (188)
　　思考题 …………………………………………………………………………… (192)

第十七章　瑜伽 …………………………………………………………………… (193)
　　第一节　瑜伽呼吸法 ………………………………………………………… (193)
　　第二节　瑜伽姿势 …………………………………………………………… (194)
　　第三节　瑜伽冥想 …………………………………………………………… (202)

第四节　瑜伽练习的注意事项 (203)
　　思考题 (204)

第十八章　游泳 (205)
　　第一节　游泳运动概述 (205)
　　第二节　熟悉水性 (205)
　　第三节　蛙泳 (207)
　　第四节　自由泳 (210)
　　第五节　水上救护与安全 (214)
　　思考题 (216)

下篇　职业体育篇

第十九章　职业实用性体育 (217)
　　第一节　职业实用性体育的含义、地位及其意义 (217)
　　第二节　职业实用性体育活动的主要内容与练习方法 (219)
　　第三节　职业实用性体育活动中的安全防护 (221)
　　第四节　职业病的预防和体育疗法 (225)
　　思考题 (231)

第二十章　职业拓展训练 (232)
　　第一节　拓展训练概述 (232)
　　第二节　学校拓展训练的特点 (234)
　　第三节　拓展训练项目简介 (236)
　　第四节　拓展训练的风险与安全意识 (246)
　　思考题 (248)

附录一　《国家学生体质健康标准》的内涵与实施办法 (249)

附录二　《国家学生体质健康标准》测试的目的和操作方法 (251)

附录三　《国家学生体质健康标准》评分标准 (257)

主要参考文献 (263)

上篇 基础理论篇

第一章 体育概述

 学习目标

1. 了解体育的概念、功能。
2. 了解我国体育发展概况,增进学生对体育的认识与了解。

第一节 体育的概念与内容

一、体育的概念

19世纪60年代以后,随着近代体育的传入,"体育"(physical education)一词开始在我国使用。这时的体育主要指与维持和发展身体的各种活动有关联的一种教育过程。近几十年来,随着社会的进步,体育实践的不断发展,以及世界各种文化的交流、融会,体育在其内容、形式、方法上不断增多、扩大的同时,又逐步分化出身体教育、竞技运动和身体锻炼三个既有区别、又相互联系的组成部分。现代体育已逐渐发展成为一种与教育和文化相并列的新体系。

目前,在我国,"体育"一词具有广义和狭义两种解释。广义的体育亦称体育运动,是指人类为适应自然和社会,以身体练习为基本手段而自觉地改善自我身心和开发自身潜能的社会实践活动。简而言之,体育是人类以自身运动为主要手段改造自我身心的行为或过程。

狭义的体育亦称体育教育,是指通过身体活动,增强体质,传授锻炼身体的知识、技能、技术,培养道德和意志品质的有目的有计划的教育过程。它是教育的组成部分,是培养全面发展的人的一个重要方面。

二、体育的内容

(一) 体育教育

体育教育在我国通常又叫作学校体育。学校体育是体育的重要组成部分,也是学校教育的重要组成部分,同时,它也是全民体育的基础。学校体育作为体育和教育的交叉点和结合部,是整个国家教育事业发展的战略重点。

(二) 竞技体育

竞技体育亦称竞技运动,它是在体育实践中派生出来的。竞技运动sport原出于拉丁语cisport,指"离开工作"进行游戏和娱乐活动。当今,竞技体育是在全面发展身体素质的基础上,

最大限度地挖掘体力、智力与运动才能,以夺取优异成绩为目标,而进行的科学训练和各种竞赛活动。它追求"更高、更快、更强"目标的同时,又提倡"公平竞争"和"参与比取胜更重要"等原则。

(三) 社会体育

社会体育亦称大众体育,健身、娱乐、休闲体育、余暇体育、养生体育和医疗体育等均可列入社会体育范畴。它的对象主要是一般民众,其中包括男女老幼及伤病残者,活动领域遍及整个社会乃至家庭,所以堪称是活动内容最广、表现形式多样、适应性较强、参加人数最多的一项群众性体育活动。

(四) 终身体育

终身体育是指一个人终身进行身体锻炼和接受体育教育。在英语中称 lifelong physical education。在日本又叫"生涯体育"。终身体育在其结构体系上强调了人的不同时期,即不仅包括小学、中学、大学的学校体育,还包括婴幼儿体育和学前儿童体育、成年人体育、老年人体育、妇女特殊时期的体育和残疾人体育。实际上,它不仅是指学校体育,而且是包括人的一生中从出生到生命结束时的终身体育。

第二节 体育的功能

一、健身功能

健身功能是体育最基本、最直接的功能,是决定体育的其他功能的基础。体育的基本活动方式是通过身体运动来完成的。人在进行身体运动时,机能和器官受到影响、并产生适应性变化。适宜的体育运动使人体器官和身体机能产生良好的适应性变化,从而提高人的身体健康水平和适应能力。体育运动的形式多样,可使人体进行全面的活动,因此对人体可产生较为全面的影响。现代奥林匹克运动创始人顾拜旦在《体育颂》中写道:"啊!体育,你就是培育人类的沃地!你通过最直接的途径,增强民族体质,矫正畸形躯体;防病患于未然……"毛泽东同志在《体育之研究》一文中指出:"体育于吾人实占第一之位置,体强壮而后学问道德之进修勇而收效远。"由此可见,强身健体是体育作用于人体所产生的最直接的功能。活动者通过参加体育活动而对自己的身体进行改造。有关的研究和长期的实践表明,体育的健身功能可以从如下几个方面体现出来:

第一,促进有机体的生长发育,改造人体骨骼和肌肉系统。体育运动能够促进人体新陈代谢,加速细胞的繁殖、引起细胞间质的增加,从而使人体的器官、系统结构产生适应性变化和机能的改善。骨骼是人体的支架,其生长发育不仅对人体形态有重要影响,而且对内脏器官的发育、对人体的劳动能力和运动能力都有直接影响。体育运动刺激骺软骨的增长,从而促进骨的生长。科学研究证明,经常从事体育活动的青少年比一般青少年身高增长要快。同时,经常参加运动,还可以促使骨骼变粗,骨密质增厚,骨抗弯、抗折、抗压的能力增强。实验证明,普通人的股骨,承受 300 千克的压力就会折断;但运动员的股骨,却可承受 350 千克的压力而不会折断。人体的任何运动都是通过肌肉工作来完成的,发达而结实的肌肉能提高劳动力和运动能力,也是人体美的重要体现。经常从事运动,可以改善肌肉的血液供应情况,增加肌肉内的营养物质,特别是蛋白质的含量,使肌纤维变粗,工作能力增强。一般人肌肉重量只占体重的 40%,

而运动员肌肉重量可占体重的45%～50%。同时运动还可以促使肌肉有更多的能量储备,以适应运动和劳动的需要,适应提高运动能力的需要。

第二,改善人体内脏器系,增强机能能力。体育运动使人体能量消耗增加,新陈代谢旺盛,血液循环加速,从而使血液循环系统、呼吸系统、消化系统等系统的机能都得到改善,使内脏器官在构造上发生良性变化,机能能力提高。如经常运动能使心脏产生运动性肥大,心肌增厚,心肌容积增大。在机能上,心脏的每搏输出量增加,而心搏频率减慢,出现"节省化"现象。肺的功能也会因运动而提高,肺活量增加,呼吸频率减慢而深度加大。

第三,提高人体适应能力,增进健康水平。体育运动能增强人的免疫力,提高对疾病的抵抗能力。它还能提供许多使人体处于非常态(如倒立、悬垂、滚翻等)条件下的锻炼,同时,许多户外活动往往是在严寒、酷暑、高山、高空等条件下进行的,因而能提高对外界的适应能力。

第四,调节人的心理,促进个体心理健康。从事运动能使人心情舒畅,精神愉快,调节人的某些不健康情绪和心理,如意志的消沉和情绪的沮丧。美国一位心理学家德里斯发现,跑步能成功地减轻学生在考试期间的忧虑情绪。人们还发现有紧张烦躁情绪的人,只要散步15分钟,紧张情绪就会松弛下来。

现代运动生理学的研究发现,体力上的疲劳得以恢复的方式有两种:积极的恢复方式和消极的恢复方式。积极的方式是借助于轻松的身体运动来促进机体新陈代谢的过程,从而达到机能恢复的目的。其恢复的速度较之以身体静止休息为基础的消极恢复方式更快,并且更为有效。现代运动心理学的研究也表明:焦虑和紧张的心理状态会随着身体运动的加强而逐渐降低其程度;激烈的情绪状态往往会在体能的消耗中而逐渐减弱其强度,最后会平静下来。

二、娱乐功能

娱乐是人们在相对闲散的时间里自由、自愿进行的,使身心愉悦的活动。在人们经常参与的各种具体的余暇活动中,属于体育娱乐特点的活动方式占有相当大的比例。这就是说,在现代人的余暇活动中,体育娱乐具有十分重要的地位,在很大程度上,它所具有的社会功能是其他的余暇活动方式所不能取代的。

体育娱乐在人类众多的娱乐形式中占有特殊的地位并具有特殊的作用,其根本原因在于:一方面,这种娱乐形式与人的自然属性紧密地联系在一起;另一方面,它又与人的社会属性密切相关。毫无疑问,人们通过各种体育娱乐活动不仅满足了机体进行运动的本能需求,在这种身体运动中获得使人愉悦的快感,而且又能使个体在这种娱乐方式中与社会的其他个体愉快地交往,品味个中乐趣。因此,体育娱乐是人类社会所特有的一种娱乐形式,它源于人类作为自然物的机体对运动的冲动,但又完全被人类的社会性所改造。从这个意义上讲,无论哪一种体育娱乐活动都完全不同于动物界发自本能的嬉戏和打闹或者"游戏的冲动",它带有人类文化的明显痕迹。体育娱乐之所以能够在人类社会中存在并随着社会的发展而日益发展起来,是因为体育娱乐这种特殊的娱乐形式本身就是人类需求的产物。因此,它所具有的功能可以满足人类社会中每一个具有正常的生理和心理机制的个体的需求。同时又由于娱乐方式本身的社会特性,从而又可满足社会群体及其整个社会的某种需求。从满足人类需求的角度而言,体育娱乐对于人类社会所具有的特殊价值是其他的文化娱乐形式所不能够替代的。从个体发展的全过程来看,体育娱乐活动一直起着不可忽视的作用,但在人的不同发展时期,它又有着不同的作用和意义。从"无意识"的身体运动行为到体育游戏,最后成为体育娱乐这样一个过程,表明了个体对体育娱乐活动的渐进性的需求关系。

体育的娱乐功能一般以两种基本途径得以实现：

一是参与。即人们投身于体育运动实践之中，通过亲身经历和身体活动去体验体育运动的乐趣和运动带来的快感。

二是观赏。即通过观看体育表演和体育竞赛，体会和谐的韵律、鲜明的节奏、巧妙的配合、完美的动作给我们带来的美感和享受；感受激烈的情景、成功的轻松给我们带来的紧张和欢娱。

关于体育的娱乐功能，顾拜旦写道："啊！体育，你就是乐趣！想起你，内心充满了欢喜，血液循环加剧，思路更加清晰。你可使忧伤的人散心解闷，你可使快乐的人生活更加甜蜜！"

三、益智功能

现代科学研究表明，体育运动与人的智力活动能够相互调剂，促进体力与智力的恢复。同时，体育运动也是个体智力发展的重要途径，对于儿童来讲，经常参加适量的体育活动不仅有利于各种感觉器官的发育和发展，而且对于大脑的发育也是非常有效的。

动物实验表明，在个体成长发育的早期，肢体的训练及其远端肢节的练习可有效地扩展其在大脑皮层的感应区域，强化其中枢神经系统与外周应答系统之间的联系。中国有句俗话叫"心灵手巧"，就是对这两者之间的相互关系最好的诠释。

体育运动能改善和提高中枢神经系统的工作能力，使人头脑清醒，思维敏捷。智力是大脑工作能力的具体体现，与大脑的健康发展水平密切相关。毛泽东在《体育之研究》中指出："夫知识之事，认识世间之事物而判断其理也，于此有须于体者焉。直观则赖乎耳目，思索则赖乎脑筋，耳目脑筋之谓体。体全而知识之事以全。""今世百科之学，无论学校独修，总须力能胜任。力能胜任者，体之强者也；不能胜任者，其弱者也。强弱分，而所任之区域以殊矣。"在正常情况下，人的智力总是与人的大脑发育和健康水平有着必然的联系，聪明才智的物质基础有赖于人所具有的各种感官的敏锐和大脑功能的健全。

四、育德功能

德寓于体。尽管有良好的身体并不一定有良好的道德，但身心的和谐和健康对于个体而言是一种完善，也是社会对个体的基本要求。在体育活动的过程中，活动者不仅通过身体运动使自身机体得到锻炼，使自己更加强健起来，而且由于体育的形式、规则和要求等，使活动者在活动过程中，其意志品质、道德观念、集体主义思想等得到强化。毛泽东认为："强意志"乃"体育之大效"，"夫体育之主旨，武勇也。武勇之目，若猛烈，若不畏，若敢为，若耐久，皆意志之事。……意志也者，固人生事业之先驱也。"顾拜旦写道："啊！体育，你就是荣誉！荣誉的赢得要公正无私，反之便毫无意义。有人要弄见不得人的诡计，以此达到欺骗同伴的目的。他内心深处却受着耻辱的绞缢，有朝一日被人识，就会落得名声扫地。"可见，人们很早就意识到了体育运动对于个人道德、意志的培养和塑造有着特殊的作用，或者说从一开始人们就赋予体育以育人的功效，这种功效随着社会的发展和进步而被强化。《中共中央、国务院关于进一步加强和改进新时期体育工作的意见》指出："体育作为一种群众广泛参与的社会活动，不仅可以增强人民体质，也有助于培养人们勇敢顽强的性格、超越自我的品质、迎接挑战的意志和承担风险的能力，有助于培养人们的竞争意识、协作精神和公平观念。"应该说，这一段论述较为完整地总结和阐明了现代体育对社会成员的道德意志培养所具有的特殊作用。

五、社会功能

在现代社会中,学生的社会适应能力越来越受到教育者的关注,因为社会适应能力的高低对于当代学生的个人生活和工作,与身体健康状况和知识掌握状况具有同等重要的影响。在体育活动中,学生们将更直接、更主动地体验近似于社会上所遇到的各种情景,例如竞争与合作、冲突与包容、共处与避让、成功与失败、赞扬与批评……从而有助于学生学会与人相处,培养良好的社会适应能力。

(一)培养良好的人际交往能力

人际关系是指人们在群体生活中通过交往发生、发展起来的人与人之间的联系。在现代社会中,基于家庭血缘形成的人际关系由于家庭的小型化而变得越来越简单,而由于社会联系日益扩大形成的人际关系却变得越来越复杂。是否善于建立和保持良好的人际关系,能否与他人和社会和谐相处,是否具备强烈的团队意识和合作精神,已成为当代学生综合素质的重要内容,对个人生活和事业发展的意义也显得越来越重要。

现代社会中的学生大多数是独生子女,不少学生是家中的"小太阳",往往具有比较强烈的自我中心倾向,对家长或其他人(如教师)有着强烈的依赖心理。甚至有的大学新生面对陌生的环境显得束手无策,不善于与人交往。体育活动总是充满着各种矛盾和冲突,有助于学生学会如何面对社会,并逐渐形成理解他人、关心他人、乐于帮助他人和接受他人帮助的态度,有助于培养和保持良好的人际关系。

(二)养成良好的合作精神和竞争意识

合作精神和竞争意识是现代人应具备的一个重要观念。人类学家的研究表明,社会形态越低,人们的竞争意识就越差。中国传统文化中儒家思想所提倡的"夫唯不争,故天下莫与之争"的恭谦退让的民族精神和淡化竞争、耻谈竞争的社会心理,是不利于当代学生成长的,竞争是体育活动的一个重要特征,它要求每个人尽自己最大的努力去竞争,从而有助于培养参加者的竞争意识。

团队精神需要团队成员具有强烈的合作精神和角色意识。合作精神和角色意识不仅是一种心理品质和思想品质,也是一种实践能力。从某种意义上讲,合作精神渗透在角色之中,能够在体育活动中扮演好所承担角色的人,往往被认为是具有合作意识和能力的人。大学阶段的体育活动能为广大学生提供丰富的正式或非正式的角色类型,正式的角色如球类活动中的前锋、中锋、后卫以及队长、队员、裁判、教师(教练)等,非正式的角色如某些团队中常有的"任务专家"、"社交专家"等,从而为学生学习和扮演不同的角色,增强合作意识提供了大量的机会。因此,大学阶段的体育活动既有助于培养学生的竞争意识,又有助于培养他们的合作精神。

(三)具有积极的社会责任感

大学体育有助于学生认识个人参与体育活动的权利和义务。人们总是把对体育娱乐活动的喜爱视为人类、特别是少年儿童的天性,却很少把体育与人的权利联系起来。因而,当人们的体育权利受到各种因素侵害的时候,也很少有人自觉地通过法律的形式来争取和维护自己的合法权益。其实,无论是联合国教科文组织1978年通过的《体育运动国际宪章》,还是我国的一些相关法律,都对青少年乃至成年人的体育权利作出了明确的规定。大学阶段的体育学习有助于学生了解自己在体育方面的权利和义务,以便在未来的生活中更好地履行这方面的权利和义务,为追求和维护自己的幸福生活服务。

第三节 职业教育与体育

一、职业教育

职业教育是指使受教育者获得某种职业或生产劳动所需要的职业知识、技能和职业道德的教育。职业教育的目的是培养应用人才和具有一定文化水平和专业知识技能的劳动者,与普通教育和成人教育相比较,职业教育侧重于实践技能和实际工作能力的培养。

《中华人民共和国职业教育法》明确提出:"职业教育是国家教育事业的重要组成部分,是促进社会经济发展和劳动就业的重要途径。"《中国教育改革和发展纲要》也提出:"职业教育是现代教育的重要组成部分,是工业化、社会化和现代化的重要支柱。""它的培养目标应以培养社会大量需要的具有一定专业技能的熟练劳动者和各种实用人才为主。"这就规定,职业教育具有双重属性,首先是有其他类型教育都具有的一般属性,是培养人的社会活动。同时又有其他类型教育所不具有的特殊属性,它是直接为地方经济和社会发展,包括行业建设服务的;它是直接为人的就业服务的;它与市场特别是劳动力市场的联系最直接、最密切。这些特殊的属性,就确定了职业教育具有其他类型教育的不可替代性。改革开放以来,我国的职业教育有了较大的发展。从我国当前的社会生产力发展水平来看,在教育结构发展战略的选择上,要在普及九年制义务教育的基础上,大力发展职业教育。根据我国经济和社会发展的需要,要逐步做到使新增劳动者基本上能够受到适当从业岗位需要的基本职业技术训练,在一些专业性技术性要求较高的劳动岗位,就业者能较普遍地受到系统而严格的职业教育,初步建立起从初级到高级结构合理、行业配套、形式多样,并能与其他教育相互沟通、协调发展的职业教育体系。

二、职业教育与体育

体育是全面教育不可缺少的重要组织部分,在高等职业教育中也占有重要的地位。体育教师应了解高等职业教育的特点,充分发挥体育的职能,为高等职业教育培养未来社会成功的劳动者,以及人的全面发展、终身发展奠定基础。高校体育的组成部分不仅包括体育课、群体活动、体育锻炼等身体方面的内容,它还包括心理、交流、沟通、人际关系、信任互动等方面的内容,它的最终目的是让学生达到情感、意识、品质和体育整体素质上的升华,从而更好地从事学习和工作。

职业学校的体育教育,不仅要提高学生的运动技能和运动水平,还要根据学生的专业特点发展其必备的体能素质,以适应未来从事职业活动的需要。针对我国职业教育特点,不同专业的学生,对选择体育锻炼内容、体育兴趣爱好及体育锻炼习惯不尽相同。如果对不同专业的学生按同一种模式安排教学内容,用一种方法组织教学,用同一种考核要求来进行测评的话,势必大大限制学生专业个性的发展,扼杀学生的兴趣。因此,中等职业学校的体育教育须总体规划,根据专业特点确定各专业的教学内容和目标。例如,机电、机械等专业的学生都要求增强手指、手腕、手臂的力量,所以教学中宜多安排篮球、排球、乒乓球等运动项目,这样既能激发学生的学习兴趣,也能增强其手指、手腕、手掌、前臂等部位用力的准确性,以及腕、肘、肩等关节的灵活性。这样,能培养出学生自己喜爱的1~2项项目,逐步形成运动兴趣和习惯,让学生自然地将

第一章　体育概述

这种兴趣和习惯保持终身并从中获得健康与快乐。同时,为预防学生今后走上工作岗位时容易损伤和患职业病,体育锻炼中除了应加强易伤部位或相对较弱部位的锻炼,增强身体机能外,还要传授必要的卫生保健知识,为学生将来走上工作岗位后能自我处理意外损伤和采取卫生保护措施打下基础,从而使学生在工作中能承受起职业工作对身体某些部位的特殊要求,减少伤病,增强身体免疫力。

近年来发展起来的高等职业教育,应该适应经济社会发展的规律:

(1)提高高校体育教育的社会地位。首先,要利用全民健身计划的战略优势,广泛宣传高校体育对未来社会主义的建设及人才的需求,产生重大而深远的社会意义和作用;其次,要加大高校体育改革力度,增加学生体育空间,改善高校体育设施,给学生自由发挥的空间。

(2)把握高校体育教学方向。应该面对全体学生,把工作的注意力重点放到全体学生的体质与健康上。坚持普及与提高相结合,体育锻炼与安全卫生相结合的原则。

(3)发挥高校体育多功能作用。我国高校体育教学朝着"快乐化、生活化、终身化、健康化"的方向发展。终身体育将成为我国学校体育教学的指导思想。在强调体育在人生中的重要性和必要性的同时,把生活引入课堂,使之与将来社会接轨,加强高校与社会的联系,鼓励、引导学生积极参与课余体育锻炼,培养学生协作、竞争、拼搏、进取等现代人的意识;通过高校体育的最终教育,使学生养成自发、独立进行体育锻炼的能力和习惯,为学生终身服务。

职业体育应尽快建立适应现代社会需求和经济发展的体育教育新体系、新措施,把树立大学生终身体育观作为体育教育的出发点和归宿。同时搞好职业体育改革,使职业体育与全民健身计划接轨,为培养新世纪的优秀科技人才作出贡献。

第四节　我国体育发展概况

一、我国古代体育

中国是世界四大文明古国之一。早在100多万年以前,当人类的社会活动还只能勉强区分为求食(采集、渔猎)和攻防(对野兽和对其他人群的进攻和防卫)时,就发展了走、跑、跳、投、浮水等基本技能。甚至在40 000年前,中国的人类就用上了"飞石索"。在28 000年前弓弦箭的发明,对社会生产力的发展带来了重大的影响。那时,体育作为一种社会现象开始以教育或雏形娱乐的面孔登上了人类历史的大舞台。社会借此开始有了萌芽状态的体育。

在我国夏、商、周、春秋时代,历时1 600年的奴隶社会中,由于奴隶主阶级统治的需要和频繁的战争,刺激了军事武艺的发展和对军队士兵身体训练的重视。春秋时期出现了许多思想家、政治家和军事家,他们的哲学思想、军事思想、教育理论和体育实践,对这一时期的体育活动都有很大的推动作用。如孙武不朽的军事经典《孙子兵法》,其中就有不少有关身体技能和训练的内容。孔子除在他兴办的私学中进行"六艺"教育外,还主张学生进行郊游和游水。

特别值得注意的是汉代体育。由于汉代政策宽简,人民得以休养生息,出现了政治稳定、经济文化发展的"文景之治"。加之为了击退外来的侵扰,需要加强军备,使人民强身祛病。这些社会需要,促使汉代体育在先秦体育的基础上,得到了很大发展。由于汉代雄厚的物质基础,使得宫廷和民间的娱乐体育活动丰富多彩,名目繁多。其中有关体育的项目有角抵、舞蹈以及秋千、舞龙、耍狮、高跷等活动。有的活动在后世发展成为竞技运动项目,有的至今仍是人们喜闻乐见的传统身体娱乐活动。

两晋、南北朝时期，出现了混乱、分裂的局面。在体育活动方面，汉代那些能促使人民强身祛病的活动项目，如蹴鞠等逐渐被废弃。但从另一个角度来看，倒也促进了娱乐体育和导引养生的发展，如统治者提倡的弈棋、歌舞、百戏等。

封建社会的中期，隋、唐、五代时期，特别是唐朝，由唐太宗执政时的"贞观之治"到唐玄宗当权时的"开元盛世"共百余年，全国统一，经济、文化、政治的发展都达到了鼎盛时期。在这种社会条件下，隋唐体育的发展出现了空前的繁荣景象。隋唐体育活动的特点是范围广、规模大，上起宫廷王室，下至文官武将和平民百姓。再者，隋唐生产技术水平的提高，促进了体育场地和器材的改进，如唐代就出现了充气的足球和球门，用油料浇筑的球场。

封建社会末期的宋、元、明、清时期，体育又随着社会的变革而变化发展。例如，北宋时由于沿袭了武举制，再加上王安石变法，提倡富国强兵，对体育的发展起到了刺激作用；毕昇活字印刷术的发明，促进了体育图书资料的出版，对体育养生资料的挖掘、整理、研究和著述也有一定的推动作用。清初为了抵御沙俄入侵，执行了"讲武绥远、御敌防疆"的政策。在康乾盛世，经济上采取了一些促进生产的措施，在考试制度上沿袭了武举制，甚至文科考试也先考骑射，不合格者不准参加笔试。练兵制度也比较完整，因而不仅军队精良，民间也涌现出了许多武艺高强的名人壮士。在此时期，中华武术的发展又出现了一个新的高潮。

二、我国近代体育

1840年鸦片战争以后，中国由一个闭关自守的封建社会逐步沦为半殖民地半封建社会。随着西方殖民主义者的对外扩张，帝国主义的入侵和西方文化的输入，一些西方体育项目逐渐传到中国，使中国在体育运动方面发生了前所未有的变化。一方面，欧美国家的体育制度、方法及运动项目随着西方的学校教育渐渐传入中国，且经数十年的发展而成为中国体育运动的主流；另一方面，以中华武术为中心的传统体育活动虽仍在广大地区的民间流行，甚至在农民革命和起义中发挥过重要作用，但从总体来看，已退居次要地位。我国体育历史悠久，但"体育"却是一个外来词。它最早见于20世纪初的清末，当时我国有大批留学生东渡去日本求学，1901～1906年，就有13 000多人，其中学体育的就有很多，并且将"体育"一词引进到中国。

外国近代体育在中国的兴起和发展与中国的传统体育构成了中国近代体育的基本内容，并为中国现代体育的发展奠定了一个良好的基础。

三、我国现代体育

新中国成立后，中国的体育运动才随着国家的不断发展而得以迅速发展和广泛普及。党和政府重视体育工作，把增强人民的体质，提高全民族的健康水平，作为社会主义体育事业的首要任务。

党和国家的重视，人民群众的积极参与，使中国体育运动技术水平越来越高，摘掉了"东亚病夫"的帽子，正逐步跻身于世界体育强国之林。早在1989年，中国就已加入74个国际体育组织和38个亚洲体育组织，同150多个国家和地区进行了8 000多次体育交往，共达10多万人次。其中参加的综合性运动会除奥运会以外，还有1963年在印度尼西亚举行的有48个国家和地区参加的新兴力量运动会。在这届运动会上，充分显示了中国的实力，共获66枚金牌、56枚银牌、46枚铜牌，金牌总数和奖牌总数都列在首位，并有13人17次打破162项全国纪录，2人2

次打破2次世界纪录,取得了可喜的成绩。从1974年起参加了5届亚洲地区运动会(在此以前,台湾省运动员参加过4届),首次参加第7届亚运会总分列第三位,第8届名列第二,第9届名列第一,第10届获得的金牌总数第一。并承办第11届亚运会,于1990年在首都北京举行,获得的金牌总数和奖牌总数均为第一,取得了重大成就,实现了冲出亚洲的宏愿。《中共中央关于进一步发展体育运动的通知》中指出,我国体育发展的宏伟目标是:在21世纪内把我国建设成体育强国。实现体育强国的主要标志是:我国有近5亿人不同程度地参加体育活动;青少年的身体形态、技能和素质有明显提高;在奥林匹克运动会上名列前茅,大多数项目达到和接近世界水平;出现一批拥有世界水平的体育研究成果,在重要领域有所创新和突破;普遍建立群众体育活动场所,建成一批现代化的体育设施;拥有一支较高素质的体育队伍,彻底改善队伍的人才结构。

中国体育博物馆

中国体育博物馆位于北京市朝阳区安定路。1990年开馆。建筑面积7 200平方米,展出面积2 510平方米。展室分为中国古代体育厅、中国近代体育厅、新中国体育成就厅和奥林匹克运动争光厅。共收藏古今体育文物4 700余件,珍贵体育文物图片5 000余幅。中国古代体育厅,分先秦、秦汉三国、两晋南北朝隋唐五代和宋辽金元明清四个部分,展示了中国古代体育的发展轨迹;中国近代体育厅,表现的是鸦片战争到1949年这一段时期中国体育的发展历程;新中国体育成就厅,用图片、模型和实物表现了党和国家对体育事业的关怀以及群众体育、体育场馆建设等方面的辉煌成就;奥林匹克运动争光厅,展现了中国参加奥运会和中国人民发展奥林匹克运动的历史。

思考题

1. 何谓体育?体育的本质功能是什么?
2. 举例说明体育的益智功能和社会功能。
3. 简述体育与职业教育之间的关系。
4. 简述我国体育发展的情况。

第二章 体育锻炼与健康

1. 了解健康的概念。
2. 了解体育锻炼、健康、营养之间的关系。
3. 掌握体育锻炼对学生身心健康的积极作用。

第一节 健康的概述

一、健康的概念

1948年联合国世界卫生组织(World Health Organization,WHO)成立时就在其宪章中明确指出："健康不仅仅是指没有疾病,而且是指身体上、心理上和社会上的完好状态或完全安宁。"

1989年世界卫生组织又给健康重新下了定义："健康不仅仅是躯体没有疾病,而且还具备心理健康、社会适应良好和道德健康。"这个定义从身体、心理、社会和道德四个方面全方位判断人类的健康,更具有科学性、完整性和系统性。

二、健康的内容

根据世界卫生组织的健康定义,健康的内容包括身体健康、心理健康、良好的社会适应能力和道德健康。

(1)身体健康。身体健康是指具有强壮的体能和体魄。主要包括生理功能状态良好,没有疾病,并能抵御各种疾病的侵袭,身体发育匀称,体重标准,能适应自然环境的变化。

(2)心理健康。心理健康是指在心理上能够控制自己,能够正确地对待外界的客观影响,并使心理处于平衡状态。

(3)社会适应良好。社会适应良好是指能够建立良好的人际关系,有自我调节各种复杂环境及其变化的能力。

(4)道德健康。道德健康是指能够做到不损人利己,接受社会公认的社会准则,并以此来约束自己的言行,具有为他人的健康和幸福而做出自己的奉献的思想与行为,具有辨别善恶、美丑、荣辱、是非的能力。

三、亚健康

"亚健康"是指人体界于健康与疾病之间的边缘状态,无器质性病变,但有功能性改变。目前"亚健康"不但在成年人群中占有较大比重,在青少年中也相当普遍,并已成为青少年健康的隐性杀手。亚健康的预防尤为重要,应尽快制定实施包括心理、生活习惯、体育锻炼、健康教育及科学用药等多方面的综合干预措施,帮助学生冲出亚健康的"围城"。

(一)科学认识亚健康

科学认识亚健康,有必要分清亚健康和与相关医学问题的区别:

(1)亚健康不同于亚临床:尽管亚健康与上游的健康状态和下游的疾病状态有部分重叠,但区分也是明显的。亚临床是有主观检查证据而没有明显临床表现,如当前常见的中老年人亚临床颈动脉硬化,颈动脉超声检查发现有较明显的颈动脉内中膜增厚,甚至有斑块形成,而无临床表现;而亚健康状态者具有头痛、头晕和胸闷不适等情况,但血管心脏超声及心电图检查都未发现异常。

(2)亚健康不等于慢性疲劳综合征(CFS)。首先 CFS 具有国际统一标准,亚健康至今没有;其次 CFS 在 18 岁以上成人发生率仅为 0.004%,而亚健康则为 70%,两者间悬殊甚大;再者国内描述的亚健康状态多数通过积极干预恢复健康,CFS 则仅有 30% 可以恢复健康状态。三是界定亚健康还应注意同临床功能性疾病、精神心理障碍性疾病及某些疾病的早期诊断相区别。需要指出的是,目前亚健康还没有建立统一的判断标准,中、西医对亚健康的理解和界定范围也存在很大差异,这些均是今后有待研究解决的问题。

(二)青少年亚健康的表现

青少年亚健康的一般表现为精神不振、疲劳、情绪不稳定、烦躁、注意力难于集中及有压抑感等。有的伴有发烧、咳嗽等躯体疾病,大多还表现为不爱说话、郁闷、学习退步;不少学生虽然没有躯体疾病,但萎靡不振、有心事,甚至不少肥胖儿患上轻度糖尿病,临床检查却又检查不出来,长期下去可能会发展为重症。

青少年亚健康状态表现在身体各个系统没有明显的病态,而他们本人却又觉得自己全身不舒服,身体不"健康"。造成青少年亚健康的原因很多,比如长期不吃早餐,时间久了影响消化系统;学习压力过大、睡眠不足,造成免疫力低下;父母离异,家庭关系紧张,使得孩子心理压抑等。

(三)亚健康形成的原因

据调查分析,导致学生亚健康状态的主要因素是:

(1)过度紧张和压力。目前我国政治经济处于大变革时期,来自正、负面的应激源给心理状态尚不稳定的大、中学生带来较大的精神压力和刺激,研究表明,长时期的紧张和压力对健康有四害:一是引发急慢性应激直接损害心血管系统和胃肠系统,造成应激性溃疡和血压升高、心率增快、加速血管硬化进程和心血管事件发生;二是引发脑应激疲劳和认知功能下降;三是破坏生物钟,影响睡眠质量;四是免疫功能下降,导致恶性肿瘤和感染机会增加。

(2)不良生活方式和习惯。如高盐、高脂和高热量饮食,相当数量的学生有吸烟、饮酒等嗜好及生活不规律、缺乏适当运动、饮食无节制等不良习惯;学生不可避免地受到考试成绩不理想、人际关系不佳等事件的困扰;一些学校片面追求升学率而忽视健康教育,造成学生健康知识缺乏;家庭负担过重、父母离异等因素也极易引起学生情绪波动。

(3)环境污染的不良影响。如水源和空气污染,噪声、微波、电磁波及其他化学、物理因素污染是防不胜防的健康隐性杀手。

(4)不良精神、心理因素刺激。这是心理亚健康和躯体亚健康的重要因子之一。

(四)亚健康的危害性

(1)亚健康是大多数慢性非传染性疾病的疾病前状态,大多数恶性肿瘤、心脑血管疾病和糖尿病等均是从亚健康人群转入的。

(2)亚健康状态明显影响工作效能和生活、学习质量,甚至危及特殊作业人员的生命安全,如高空作业人员和竞技体育人员等。

(3)心理亚健康极易导致精神心理疾患,甚至造成自杀和家庭伤害。

(4)多数亚健康状态与生物钟紊乱构成因果关系,直接影响睡眠质量,加重身心疲劳。

(5)严重亚健康可明显影响健康寿命,甚至造成英年早逝、早病和早残。

(五)亚健康的预防

针对亚健康的成因和危害,必须强化自我防护,牢记预防亚健康的"十字方针":

(1)"平心",即平衡心理、平静心态、平稳情绪。

(2)"减压",即适时缓解过度紧张和压力。

(3)"顺钟",即顺应好生物钟,调整好休息和睡眠。

(4)"增免",即通过有氧代谢运动等增强自身免疫力。

(5)"改良",即通过改变不良生活方式和习惯,从源头上堵住亚健康状态的发生。

四、世界卫生组织提出人体健康的标准

从健康概念的演变可以看到,健康和疾病是一个相对的概念,增进健康要从身体、心理、社会和道德四个方面来考虑,防治疾病也要从生物、心理、社会和环境等多个因素着手。为此,世界卫生组织对健康的标准做了最具代表性的表述,提出了健康的14个标志,这种提法具有一定的局限性,但是学生们可以加以对照灵活运用。

(1)有足够充沛的精力,能从容不迫地应付日常生活和工作压力而不感到过分紧张;

(2)处事乐观,态度积极,乐于承担责任,不论事情大小都不挑剔;

(3)善于休息,睡眠良好;

(4)应变能力强,能适应外界环境的各种变化;

(5)能抵抗一般性的感冒和传染病;

(6)体重得当,身体匀称,站立时头、肩、臂的位置协调;

(7)反应敏锐,眼睛明亮,眼睑不发炎;

(8)牙齿清洁,无空洞、病感、出血现象,齿龈颜色正常;

(9)头发有光泽,无头屑;

(10)肌肉和皮肤富于弹性,走路轻松、协调;

(11)道德高尚,有良好的公德,有道德修养;

(12)对自己、对他人的健康负责,工作、生活、娱乐等以不影响、不损害他人利益和健康为前提;

(13)不侵占、偷窃他人的钱财、物品及研究成果;

(14)不吸毒,不淫乱。

大量的研究表明,中国人的健康水平不是很高,对于求学中的学生来说,不良的生活方式如吸烟、酗酒、饮食及营养不当、运动不足、起居无规律是导致疾病的主要生理原因,还有一些学生处在学习的烦恼和爱情的困惑中,自我调控能力差也是影响健康的主要原因,因此,我们应该学会积极处理这些问题,纠正不良习惯,养成健康的生活方式。

第二节　体育锻炼与心理健康的作用

一、心理健康的标准

人的心理是客观事物在大脑中的反映,是人脑反映客观事物不同形式的主题活动,是人脑活动的一种机能和运动形态,是人脑活动的具体物化表象,它应该具有哪些标志呢?

(一)智力正常

智力是人的各种能力的总和,包括观察能力、记忆能力、思维能力、想象能力和实际操作能力,它是保证人们进行学习、工作和生活的最基本的心理条件。智力正常与否可通过智力测验来判定,若智商在60以下即属于低下了。

(二)情绪稳定、心境乐观

人们的情绪是所有心理活动的背景条件和伴随其他心理过程的体验。正如体温可作为生理健康与否的标志之一,情绪也是反映人的心理健康与否的标志之一。

(三)意志健全、行为协调

意志的健全在于行动上的自觉性、果断性、顽强性和自制力。人的意志通过行动表现出来,而行动又受意志的支配,心理健康的人意志与行为是统一的、协调的。

(四)注意集中度

注意是心理活动对一定对象的指向和集中,是一切心理活动的共同特性,是判断心理健康与否的一个有效指标。由于人的注意总是和心理过程的障碍相联系着的(如情感、意志和感知障碍),一旦发现某人非常容易分心,不能自制,就说明他的心理已经有问题。

(五)完整统一的人格

心理健康的人有相对正确的信念体系和世界观、人生观,并以此为核心把动机、需要、态度、理想、目标和行为方式统一起来。如果某人经常欲望与信念相违背,需要与良心相冲突,行为方式与态度不相一致,一切以自我为中心,既缺乏同情心,又无责任感,那么他的心理必定是不健康的。

(六)积极向上、面对现实,有较好的社会适应能力

这是国际上公认的心理健康的重要标准。具体说来,表现在三个方面:①适应各种环境的能力;②人际关系的适应能力;③处理、应付家庭和社会生活的能力。

(七)适度的反应能力

外界事物的刺激必然要引起人们的反应,但这种反应必须是适度的,既不十分过敏,也不极为迟钝。

(八)心理特点与实际年龄相符

一个心理健康的人,其一般心理特点与所属年龄阶段的共同心理特征是大致相符的。这可从三个方面加以判断:①看心理活动与外界环境之间是否统一,言行有没有过于离奇和出格的地方;②看心理活动过程之间是否完整和协调,认识过程、情感体验、意志行为是否协调一致;③看心理活动本身是否统一,个性心理特征是否具有相对稳定性。

(九)自我认知

自我认知是对自我目前所处状态和环境、自我未来的发展方向有一个清醒的认识,并能正确认识和客观评价自己,摆正自我的位置,妥善地处理人际关系,有自信心、自尊心,能够自觉地发展自己。

如果一个人没有发展目标,整天浑浑噩噩,或者妄自尊大、好高骛远,或者自轻自贱、悲观失望,甚至试图逃避现实、消极厌世,自然是不能算心理健康的。

二、心理健康的评价

(一)健康的心态即没有症状的心态

大部分临床精神医生一般都以此为依据。在他们看来,不健康的反义词是健康,所以最简单、最直接的心理健康的定义是非不健康的心理状态或没有症状的心理状态。

(二)健康的心态即平均状态

有些心理学家采用统计学上常态分布的概念,取某心质的平均值作为区分"健康"与"不健康"的标准。按此观点给心理健康下定义,可使健康状态客观、具体、可量化,便于比较和分类,易于操作,可反映心理健康标准的相对性。许多心理健康量表的设计与解释都是从正态分布假设出发的。

(三)健康的心态即合乎某一水准的社会行为

这是根据个人对社会规范的遵守程度和其社会成就水平来判断心理健康程度的。心理健康就是合乎某一水准的社会行为:一方面能为社会所接受,另一方面能为本身带来快乐。

(四)健康的心态即适应良好

在给心理健康下定义的许多观点中,最普遍的一种观点是以个人能否适应环境来划分健康与不健康。若一个人对环境适应良好,则此人的心理是健康的,反之则不健康。可以说,这是大多数学者制定心理健康标准的依据。

(五)健康的心态即机能发挥出正常作用

有心理学者把心理机能的正常发挥作为心理健康的标志。所谓心理机能,是指人的心理活动的方式和特点,以及这种方式和特点在个人生活中的有效性。

三、体育锻炼是促进健康心理素质形成的重要因素

(一)体育的心理学基础

个体心理概括起来大致分为心理过程和个性特征两个方面。在体育运动过程中,参与者的个体心理也涉及这些方面。

1. 心理过程

心理过程是指人的心理活动发生、发展的过程,是指在客观事物的作用下,在一定的时间内大脑反映客观现实的过程。心理过程包括认知过程、情感过程和意志过程三个方面。

其中认知过程是基本的心理过程,情感与意志是在认知的基础上产生的。

2. 个性特征

个性特征是个人身上经常表现出来的本质的稳定的心理特征。主要包括能力、气质、性格、

其中以性格为核心。这些特征影响着个体的举止言行,反映出一个人的基本精神和意识倾向,集中地体现了人的心理活动的独特性。它与心理过程不可分割,以心理过程为基础,又反过来影响着每个人的心理过程。个性心理特征是以一定的素质为前提,在后天生活实践中形成和发展起来的。

（二）体育对提高人心理素质的作用

心理素质是指人的内心世界对事物认识后所做出的客观表现。心理素质在素质结构中起着核心、中介和桥梁的作用,它影响着生理潜能的发展和生理的健康,同时它又是社会文化素质形成的基础,决定着社会文化素质的发展水平。心理素质的形成和培养,除了先天所具有的某些解剖和生理的特性外,更多的是在后天参与的知、情、意等不同心理活动中,通过认知、调节、控制、平衡等手段与方式获取。体育运动是知、情、意等心理活动尤其鲜明的活动形式,对培养和形成良好心理素质起着积极的促进作用。

1. 发展空间和时间的知觉

经常参加体育运动,尤其是田径、体操、球类、武术等运动项目,可通过观察空间的大小、方位、距离等,来调整自己的动作,矫正错误的姿势,同时发展了空间知觉和时间知觉。如在篮球比赛中,要求运动员要目测本队队员的距离、判断与对手的位置及移动方向和速度；而体操运动员,需凭借视觉和感觉来辨别身体各部分的空间、移动方向和移动速度。

2. 使人的肌肉感觉更加精确

现代科学的发展,要求每个人不仅要有全面、高深的科学知识,而且还要具有熟练的操作技能。熟练的操作技能决定于精确的肌肉感觉及各器官系统的协调配合。经常参加体育运动,特别是从事田径、乒乓球、羽毛球、射击、篮球、太极拳等运动项目可发展人的肌肉感觉的精确性。在进行这些运动时,运动者都要凭借运动感觉来调节肌肉用力的强度、持续时间、动作的速度和动作的准确性等。因此,长期从事体育运动可以发展运动者的注意力、精确的肌肉感觉,进而提高细微动作的控制能力。

3. 锻炼人的意志品质

体育运动是一种身体活动,身体活动区别于其他活动最显著的特征,就是承受能力。人进行运动之前首先是要克服生理惰性,克服生理惰性的过程需要意志品质的支撑。如在进行3 000米跑的过程中,在最后阶段,机体的能量储备已经大量消耗,从某种意义上来看,主要不是靠身体能力的支撑,更多的是依赖意志品质的力量去唤醒身体能力的极限,赢得3 000米跑的成功。在运动过程中,往往会出现许多与自身的疲劳以及生理极限挑战的情况,战胜这种挑战的最坚实的基础即是顽强的意志品质。因此,经常参与体育运动对良好的意志品质的形成具有强大的推动力作用。

第三节 体育锻炼与身体健康的作用

一、体育锻炼助你体态完美

（一）身体形态的概念

身体形态即身体的形体。身体形态包括体格、体形、体态等。

体格是反映人体外表形态结构和生长发育水平的重要指标,它包括身高、体重、胸围、肩宽、上下肢长度、皮肤等各方面指标。体格的强弱是构成人体健美体形的基础。

体形是人类身体结构的类型,以人体外表形态结构特点和身体各个组成部分的比例来区分。匀称的体形是形体健美的基本特征。

身体姿态又称为体态,是人们在长时间学习、工作、生活中形成的一种习惯的姿势定式。它主要受后天环境和个人知识水平、文化素养的影响。

(二)体育锻炼对身体形态的良好作用

1. 对骨骼的影响

坚持体育锻炼,可促进人体血液循环和新陈代谢,确保有充足的营养物质供应给骨骼,从而促进骨细胞生长发育,骨密质增厚,骨小梁的排列根据压力和拉力不同变得更加整齐、有规律,骨表面的突起更加明显和粗糙,更有利于肌肉和韧带牢固地附着在骨骼面上。科学研究和实践都表明:坚持体育锻炼的人的骨骼要比一般人粗壮、坚固和稳定,骨的抗折、抗弯、抗压和抗扭曲性都较强,骨的承受能力和生长发育较好。对于青少年的身体长高还有一定的促进作用。

2. 对肌肉的影响

科学研究表明:进行体育锻炼时,肌肉内开放的毛细血管数目高达2 000~3 000条,要比平时或一般人多25~30倍,而且血管口径也扩大,所以,肌细胞所得到的营养物质要比平时或一般人多25~30倍。有了足够的营养物质作基础,可促进肌细胞生长发育,使肌纤维变粗(耐力锻炼使红肌纤维变粗),肌肉体表面积增大。坚持体育锻炼,可促进肌肉组织的化学成分中的肌糖原、肌球蛋白、肌动蛋白和肌红蛋白等含量增加,从而增强了肌肉收缩力、耐久力和弹力。实践表明:坚持体育锻炼的人的肌肉重量要比一般人增加10%~15%,显得肌肉丰满、结实、有力、匀称、协调和有弹性。例如:可以使胸大肌发达,胸脯显得厚实饱满,也可以使腿部肌肉强壮起来,走路变得轻快有力,让人看到生命的节奏。总之,瘦长的人可以多进行力量性锻炼,使肌肉丰满结实,改善体形。矮胖的人通过锻炼可以促进新陈代谢,增加能量消耗和脂肪氧化,使体重减轻,逐步达到体形端正匀称。

3. 对关节、韧带的影响

由于坚持体育锻炼,增强了关节周围肌肉和韧带的收缩性和弹性,同时也使关节囊增厚,关节摩擦增加,所以,关节显得灵活、敏捷、幅度大。骨骼、肌肉、关节等对良好身体形态的形成起着至关重要的作用。

青春期是塑造形体美最佳的时期,大学生应积极参加体育锻炼,使人体形态得到最佳的塑造。

二、体育锻炼是心肺健康之路

经常参加体育锻炼能增强氧运输系统功能,使心肺功能更强,身体更健康。

对人的观察研究同样表明,运动可使人的心脏细胞产生良好的适应性变化,心肌细胞产生运动性肥大,从而使心脏重量增加,容积增大,跳动得更强有力。

一般人心脏约重300克,而经常运动的人心脏可在300克以上,优秀运动员甚至可达到400~500克;一般人心脏容积约为750毫升,而运动员可达1 000毫升以上。由于心脏的强大,因而常锻炼的人安静时心跳较慢,跳动有力。一些专家认为,坚持运动至少可使心脏推迟衰老

10~15年。

经常进行体育锻炼对心血管疾病有良好的预防作用。锻炼可以改善人体内的物质代谢过程,减少脂肪在血管壁的沉积,保持并增进血管壁的良好弹性,对预防心血管疾病有积极的作用。

经常进行体育锻炼能增强呼吸系统功能。首先,使肺泡具有更好的弹性。肺泡是组成肺的最小单位,人的肺约含7.5亿个肺泡,但只有约5%的肺泡工作,因而肺泡活动严重不足。而体育锻炼时人体需氧量增加,促使肺泡大部分参与工作,这对肺泡弹性的改善和保持十分有益,既有助于增强体质,又有预防呼吸系统疾病之效。其次,锻炼可使负责呼吸的肌肉(呼吸肌)更加强大。肺的扩张和缩小是靠呼吸肌收缩和放松使胸廓扩大和缩小实现的,体育锻炼时呼吸加快、加深,迫使呼吸肌收缩得更快、更用力,这对呼吸肌是一种很好的锻炼。呼吸肌的强大,可使呼吸深度加深,使肺吸入气体量更大,肺的储备功能及适应能力更强。

三、体育锻炼有助于神经系统功能的提高

坚持体育锻炼,可促进人体血液循环、新陈代谢,提高消化与吸收能力,特别是使大脑对氧的利用率从25%增加到32%,这样就保证了充足的氧气、营养物质提供给神经系统。从而促进了脑细胞的生长发育,使大脑的沟和回数目增加,大脑皮层增厚,使整个大脑重量增加、体表面扩大。与此同时,也改善和增强了大脑、间脑、中脑、脑桥、延髓和小脑等器官的形态结构与生理功能。

人类的反射活动分为无条件反射和条件反射,前者是先天遗传的,后者是在后天生活实践过程中获得的。体育锻炼项目繁多,内容丰富,动作变化复杂,肌肉活动转换频繁。在体育锻炼实践中,神经系统要作出准确、及时和协调的反应和综合处理。一方面必须提高脑细胞的工作能力和调动更多的脑细胞参与工作(一般人仅有140亿的1/3脑细胞参与工作,而坚持体育锻炼的人可以提高到1/2以上);另一方面必须提高大脑皮质的兴奋与抑制转换的灵活性和均衡性。

第四节 运动处方和锻炼计划的制定

一、运动处方的涵义、内容与制定方法

体育锻炼可以达到防病、治病、健身的目的。不同的身体状况应采取不同的锻炼方法,否则使人体受到伤害,尤其是那些身患疾病的人必须严格按照运动处方进行体育医疗。

(一)运动处方的概念

所谓运动处方,即教练或医师用处方的形式规定体疗病人或健身运动参加者锻炼的内容、运动量和运动强度。它是指导人们有目的、有计划地进行科学锻炼的一种形式。

(二)运动处方的种类

运动处方可分为治疗性运动处方和预防性运动处方两种。

治疗性运动处方是用于某些疾病或损伤的治疗和康复,它使医疗体育更加定量化和个别对待化。例如:某人超重10 kg,他需每天爬山1小时,约16周的时间可以降到标准范围,这就是治疗性运动处方。

预防性运动处方主要用于健身防病。

(三) 运动处方的内容

1. 运动项目

根据体育运动参加者的目的选择有针对性的运动项目。例如：为了增加力量，宜选择力量性项目；为了改善心肺功能，宜选择有氧代谢为主的慢跑、游泳、自行车等项目。

2. 运动强度

在单位时间内完成的运动量。可用最大吸氧量、心率、速度等表示。由于运动强度对锻炼者机体影响最大，因此，它的安排恰当与否是影响运动处方效果的关键。

3. 运动频度

即每周运动的次数。运动间隔时间过长或过短都会影响运动处方的效果。

(四) 运动处方的制定方法

制定运动处方需按一定的程序。首先汇总参加者的个人资料；第二步对每个人进行医学检查以便全面了解参加者的身体状况；然后进行负荷实验和体力测定，为制定运动处方的强度提供依据。在处方中还必须指出禁止参加的项目、锻炼的自我监督指标及出现异常情况下停止运动的准则等。在制定和执行运动处方时，都必须严格遵守循序渐进、个别对待的原则，加强医务监督，充分考虑安全。

二、运动处方的诊断检查与运动安排

(一) 运动处方的诊断检查

运动处方中的诊断检查包括两方面，一是对参加体育锻炼的慢性病患者进行健康诊断；二是进行负荷实验。诊断和实验的指标包括有身高、体重、血压、心电图、心肺功能、摄氧量、血液和尿的化验等。诊断和实验是为运动安排提供科学依据。

1. 健康诊断

健康诊断即医学检查。其目的是掌握被检查者的身体健康状况，评定其等级，排除运动禁忌症，为运动负荷实验提供有效的安全系数。

2. 运动负荷实验

主要是测定有氧工作能力，诊断冠心病并对心脏病病情进行分类，测定运动中最高心率及确定运动时的安全性。实验中的运动负荷有两种，最大负荷和次最大负荷。最大负荷实验更合乎要求，但其危险性较大，尤其是对于老年人。

制定运动处方必须做运动实验，它是最重要的检查方法之一。为了确保运动负荷实验的安全性和运动处方的有效性，平时多采用次最大负荷实验。另外，对那些年老有病的人，必须准备相应的对策。

(二) 运动安排

根据上述诊断和实验的结果，合理安排运动量。

1. 运动强度的确定

(1) 用耗氧量确定强度：健康人、青年人用运动负荷实验中所得的最大吸氧量的百分比控制运动强度。如:80%的最大吸氧量的强度为较大强度;50%~60%为中等强度;40%以下为较小强度。如果为了减肥就必须用中等强度。若为了提高心脏功能,可用50%~80%的最大吸氧量强度,小强度无效。

(2)用最高心率确定强度:因病或年老体弱不能测定最大吸氧量时,只好用最大心率确定强度。最高心率的测定也要通过运动负荷实验,只能用目标心率。例如:一位60岁的老人,安静时的心率为70次/分,按公式计算目标 = 0.9×(160-70)+70 = 151 次/分。当运动负荷实验中,心率达到151次/分时就可以终止实验了。151次为目标心率值,即为上限,不可超越,如果超越就有危险。目标心率的均值 = 0.7×(160-70) = 133 次/分。有效强度的下限不能低于133次/分,否则就不会获得锻炼效果。此人在运动中的心率必须控制在133~151次/分的范围。在无条件进行运动负荷实验时,只能用170或180减年龄这个公式去估计适宜强度。

2. 运动时间

每次运动的持续时间一般要求达到有效强度后,至少持续15分钟以上才能见效。但运动时间的长短与运动强度成反比。最短时间限度是5分钟,最长为1小时。

3. 运动频度的确定

运动频度是每周的运动次数,一般来说每周3~4次或隔日1次。因为,每周运动2次以下,不足以使最大吸氧量得到足够的提高,偶尔参加几次运动也只能增加软组织损伤的可能性。另外,还要考虑体力的好坏、运动能力的强弱。体力好、运动能力强的人运动次数可以多一些,否则反之。

三、制定体育锻炼计划

无论是体育教学,还是课外锻炼,或是走出校门以后的终生体育锻炼,都应有一个目的,如:健身、健美、娱乐、医疗康复、矫正等。在制定体育锻炼计划之前,应该先确定锻炼目标,然后制定切实可行的计划,并付诸实施。

一般情况下锻炼计划可分为阶段锻炼计划和每次锻炼计划。

(一)阶段锻炼计划的制定

阶段锻炼计划是对一段时间内锻炼的内容、时间、方法进行系统的安排。阶段锻炼计划的制定有四个步骤:首先,确定体育锻炼的阶段目标。在确定阶段目标时,要充分分析主、客观的情况,因人而异,运动量和运动技术安排要由小到大,由易到难,使阶段任务定得切合实际。在校学生体育锻炼的主要任务是发展身体素质和运动能力,提高健康水平,在相应级别的《学生体质健康标准》检测中检测合格,并在此基础上争取进一步提高运动水平,创造优良成绩。那么青少年学生就可以以完成这一任务为目的,并按学习实际,或季节、气候变化等来划分阶段,并确定各阶段的锻炼目标。其次,确定锻炼时间。可根据作息时间来确定,在校学生可按学校的作息时间安排来确定自己的锻炼时间。锻炼时间一般不宜安排在睡觉前、饭前饭后半小时等。再次,确定每一阶段的主要锻炼内容。每一锻炼者应根据自己的体质和健康状况、年龄、性别、爱好、特长,以及场地、器材、气候等条件确定内容。青少年夏天可进行游泳等项目的锻炼;冬天除了有条件开展室内运动项目的锻炼外,我国南方可进行长跑、足球等项目锻炼,而北方则可进行滑冰、滑雪、冰球等练习;春秋季节,可进行球类、田径、自行车、武术、爬山等各种项目的锻炼。在确定锻炼内容时应注意全面锻炼,以利于青少年身体的全面发展。最后,确定锻炼次数、练习时间的长短以及运动负荷的大小。可根据生活习惯和状况来确定。锻炼时间以每天60分钟为宜;运动负荷可以每次锻炼后身体有一定的疲劳感为标准,并逐渐增加运动负荷,不宜过度劳累,以免影响学习。

(二)每次锻炼计划的制定

每次锻炼计划是阶段锻炼计划的具体化。

首先,根据阶段锻炼计划制定的目标、标准、内容等,确定每次锻炼内容的搭配、具体锻炼方法、各项目的时间分配及重复的数量等等。

其次,制定实施,包括准备活动、主要内容和整理活动三部分。体育锻炼应重视准备活动和整理活动的作用和意义,每次锻炼前必须有8分钟~10分钟的准备活动,锻炼后应有5分钟~6分钟的放松整理活动。

锻炼计划一经制定,就应坚持不懈,严格执行,注意质量。切勿时紧时松。执行锻炼计划过程中不能盲目追求运动量和运动成绩,要以增强体质为出发点,使体育锻炼有利于调节脑力劳动,提高学习效率;执行计划时,要与医务监督、自我监督相结合,随时了解和掌握自己的身体状况,防止过度疲劳与运动创伤的发生,以利于提高锻炼效果,不断增强体质。在执行过程中,由于身体状况和客观原因的变化,可调整修改计划;也可以随时检查计划是否合理,发现不当之处及时调整,但是切忌随意更改。

青年人健康要点

1. 吃得正确:在青春期保持饮食平衡和有规律,有助于使你现在健美将来健康。
2. 喝得正确:干净的水和果汁是有利于健康的,不要饮酒,喝醉是不明智的。
3. 不吸烟为妙:如果你想健美有吸引力,请别吸烟。
4. 适当放松:运动、音乐、艺术、阅读与其他人交谈,可帮助你成为兴趣广泛的人。
5. 积极自信:要积极自信和富有创造性,要珍惜青春。
6. 知道节制:遇事能三思而后行,大多数的事故是可以避免的。
7. 负责的性行为:了解自己的性行为并对此负责。
8. 运动好处多:运动可以使你健美和感觉良好;参加运动的每一个人都可赢得健康。
9. 没事多散步:散步是一种轻缓的运动,而且散步能使你感到舒适。
10. 千万别吸毒:吸毒是一条死胡同,要坚决自信地说"不"。

思考题

1. 何谓健康?健康的内容有哪些?
2. 世界卫生组织提出人体健康的标准有哪些?
3. 举例说明体育锻炼对身心健康的影响。
4. 试举例说明运动处方和锻炼计划的制定。

第三章　体育卫生与健康

学习目标

1. 了解体育卫生的基本常识。
2. 掌握如何消除运动性疲劳。
3. 了解女子体育卫生的基础知识。

第一节　体育运动卫生

一、体育锻炼的卫生要求

(一)体育锻炼的自我体格检查

体育锻炼中自我体格检查是对个人的身体健康和功能状况,以及在体育运动影响下发生的变化进行系统观察,通过自我监督帮助锻炼者把握自己的健康状况,粗略评定运动负荷的大小,分析自己选用的锻炼方法,了解对个人卫生、生活制度及体育锻炼的执行情况,以避免运动性伤病、锻炼过度及其他有损于身体健康的现象发生,并为及时发现问题,以便配合医务检查及合理处置创造必要的条件。

(二)体育锻炼前要做好准备活动

体育锻炼前进行充分的准备活动对于体育锻炼者来说是非常重要的,由于不重视锻炼前的准备活动而出现各种运动损伤,不仅影响锻炼效果和锻炼兴趣,甚至会对体育活动产生畏惧感。

1. 准备活动的作用

(1)提高全身能量物质代谢水平。准备活动使体温和肌肉温度升高,提高体内酶的活性,有利于肌肉中血流量增加,使肌肉获得更多的氧。同时减少肌肉的粘滞性,扩展肌肉活动的幅度,提高肌肉与韧带的力量、弹性和柔韧性,提高关节灵活性,以减少运动中肌肉、关节和韧带发生拉伤、扭伤等伤害事故。

(2)提高心理上的适应性。准备活动吸引和诱导运动者集中注意力,减少外界环境干扰和自身情绪影响,从而发挥主观能动性,提高运动效率。

(3)提高中枢神经系统的兴奋性。准备活动有利于调节中枢神经系统与肌肉活动有关的器官系统间的联系,使机体发挥最佳工作效率。所以,准备活动可缩短机体进入工作状态的时间,尽快达到最佳运动水平。

(4)可预先克服人体各器官系统机能活动的生理惰性,使其尽快适应肌肉活动的需要。

2. 准备活动的要求

准备活动有一般性和专门性两种,其内容、顺序和时间因人、因地、因运动项目不同而异。

首先是进行一般性的准备活动,若参加竞赛可根据运动项目的特点,进行专门性的准备活动。准备活动应有一定的密度和强度,方能收到预期效果,但也不能过分消耗体力,一般准备活动应达到身体发热、微出汗、呼吸加深、加快、心跳加强、主要关节感到灵活、身体感到轻松有力、兴奋性提高为宜。

(三)体育锻炼结束后要做整理活动

整理活动是人体由运动状态过渡到相对安静状态的活动过程,它是促进体力恢复的一种有效手段。

1. 整理活动的作用

(1)有助于偿还氧债。整理活动是一个轻松、活泼、柔和的放松过程,有助于肌肉血液畅流,排出二氧化碳,消除乳酸等代谢产物,以达到偿还氧债、调节机能、减轻肌肉酸痛、消除疲劳的效果。

(2)有助于人体机能尽快恢复常态。由运动引起的一系列生理、心理变化需要有一个逐步放松恢复的过程,整理活动可促使这一过程的转化。

2. 整理活动的要求

(1)整理活动应着重于全身性放松,尽量采用轻松、活泼、柔和的练习,活动量逐渐减少,节奏逐步减慢,以促使呼吸频率和心率下降。如在长跑到达终点后,继续慢跑一段距离,或边走边做深呼吸或徒手操。特别是在紧张剧烈的运动之后,一定要进行全身放松活动,以免身体受到损伤。整理活动后还要注意保暖,以防身体着凉,引起感冒等疾病。

(2)整理活动应与结束时的运动相衔接,其内容有调整呼吸运动和自然放松,如走步、慢跑、徒手放松练习、简单的舞蹈动作、自我按摩和相互按摩等。

(四)饭后不宜剧烈运动

(1)饭后立即进行剧烈运动会引起呕吐和运动中的腹痛。进食后食物经过胃需要一段时间才能到达肠道,剧烈运动使胃受到震动、颠簸,易发生痉挛性收缩,造成食物逆行,同时肠系膜受到牵拉,刺激内脏感受器引起腹痛,因此,饭后不宜做剧烈运动。剧烈运动应在饭后1~2小时后进行,如在运动中出现呕吐或腹痛,应降低运动强度或暂时停止运动。

(2)人体运动时需要从肝脏调动大量血液参加循环,此时肝脏的血液减少,而饭后在肠胃消化吸收的物质大多需要肝脏进行分解和再加工,进食后肝脏的血量必定增加,以满足代谢的需要。这时进行剧烈运动,要从肝脏中调剂血液,会影响肝脏的正常功能。

(3)人在饭后不宜立即进行剧烈运动,这是因为人在进食后需要加强胃肠蠕动和消化腺体的分泌活动,以利于胃肠对食物的消化和吸收。饭后血液大量进入消化系统,循环血量增加,如果饭后立即运动,消化系统的血液就会被重新调剂到运动系统中去,从而使胃肠工作能力下降,对食物消化吸收不利,久之会使胃肠功能紊乱。

(五)运动时饮水要适量

水是人体的重要组成部分,它参与体内物质代谢、体温调节等生理过程。机体内的水分保持正常,才能保证身体健康。饮水要适量,过多或过少都对器官的正常功能有所影响,从而导致运动效果不理想。饮水过多,会增加消化器官的负担,大量的水进入血液,也加重了心脏的正常工作。饮水过少,使机体缺水,影响正常的生理机能,会出现口唇发干、全身无力、精神萎靡、容易疲乏等现象。

第三章 体育卫生与健康

二、运动场地器材的卫生要求

(一)运动场地的卫生要求

为保证体育锻炼者在锻炼时的自身及他人的安全与卫生,运动场地器材的卫生安全是极其重要的,作为运动者绝不能忽视,否则会造成伤害或染上疾病。在室内进行体操练习时,要仔细检查调整器械的连接部分,助跑道表面及弹跳板是否光滑或有铁钉露出,海绵垫要有弹性且平展,杠面要平稳清洁,室内要采光明亮,无尘、无空气污染且通风良好。在室外进行田径运动时要选择无凹凸、沟坎和碎石杂物的跑道,选择无砖头、石块、木棍、竹片、铁钉等杂物的沙坑,沙坑应掘松耙平。进行球类运动时应选择平坦、结实、无碎石且场地不过硬、过滑的球场。在练习健美运动时要选择平坦、环境清洁、空气流通、没有干扰的场地进行,一方面可以避免事故的发生,另一方面可集中注意力,使心情舒畅,有利于锻炼。

(二)运动器械的卫生要求

运动时使用的各种器械要符合卫生要求和技术要求,如使用的钉鞋要合脚,不能过大或过小,钉子要牢固地稳定在鞋底上,不能使用断钉、缺钉或钉子歪斜的钉鞋;又如单、双杠杠面除保证平整外,应经常将杠面的碳酸镁粉积物用砂纸磨除,各种海绵包垫要经常打扫除尘,并保持平展;又如使用的篮、排、足等球,应保持一定的圆度,表面光洁,皮块裂开的球不能使用。

(三)衣着要适合运动的需要

进行体育锻炼时,应选择衣料透气、疏松多孔、便于散热、便于吸收和蒸发汗液、柔软轻松的服装,否则会因多次重复摩擦而损伤肌肤。运动服的大小要合适,鞋袜大小要合脚,并富有弹性和透气性,穿着要舒适,运动时切勿穿凉鞋、皮鞋或赤脚,硬、滑或过松的鞋袜会造成运动损伤,不合脚的鞋袜易引起脚部疾患,如鸡眼、汗足、脚趾变形等。

第二节 运动性疲劳的产生和消除

一、运动性疲劳的生理本质

运动性疲劳是指人体运动到一定的时候,运动能力及身体功能暂时下降的现象。

(一)运动能力与身体素质的变化是导致运动性疲劳的因素

人体的运动能力与身体素质、身体各器官系统功能紧密联系。身体素质就是人体各器官功能在肌肉工作中的综合反映。各器官功能的下降,必然影响运动能力与身体素质。譬如:长时间的肌肉活动导致肌肉功能下降时,力量、速度等当然下降,于是在完成练习时,往往会力不从心而觉得疲劳;在耐力性运动中,如果心肺功能下降,承受耐力负荷的能力就会下降,机体就会疲劳而降低工作能力。

(二)体内能源贮备的减少和身体各器官功能的降低

当人体从事运动导致疲劳时,往往伴随体内能源物质大量消耗,如极限运动2~3分钟至非常疲劳时,肌肉内的磷酸肌酸(能源物质)接近最低点;在长时间的持续运动中,由于糖的大量消耗,肌糖元及血糖均下降。能源贮备的消耗与减少,会导致各器官功能的降低,加之肌肉活动时代谢产物(如乳酸等)的堆积及水盐代谢变化等的影响,机体就会因工作能力下降而出现疲劳。

（三）精神意志因素与疲劳密切相关

在运动中，人体各器官系统的活动都是在神经系统指挥下完成的，神经系统功能的降低会使疲劳加深。例如：在一定强度和一定持续时间的体育活动过程中，会出现胸闷、呼吸困难、心率急增、肌肉酸软无力、动作迟缓而不协调、情绪低落甚至想停止运动等主客观的变化，这种状态称为"极点"。

此时，如果依靠意志力和稍缓速度继续运动下去，不久这种难受感觉会减轻或消失，动作变得轻松有力，呼吸变得均匀自如，心率减慢，这种现象称为"第二次呼吸"。这样就可以推迟疲劳的出现或减轻疲劳的程度。

二、运动性疲劳的判断

科学地判断运动性疲劳的出现及其程度，对合理安排体育教学和运动训练具有重大实际意义。有关评定方法很多，归纳起来可分为三个方面：

（一）观察法

观察运动员的表现，如出现脸色苍白、眼神散乱、表情淡漠、连打哈欠、反应迟缓、精神不易集中、情绪改变（易激动或沉默寡言）、运动成绩下降等现象，可初步判断为疲劳。

（二）生理指标测定法

1. 闪烁值法

疲劳时，闪烁值测定仪的闪烁值下降。

2. 膝跳反射阈法

疲劳时，叩诊四头肌腱，力量加大才引起反射，即反射阈上升。

3. 呼吸耐力测定

连续测 5 次肺活量，每次间隔 30 秒。疲劳时，肺活量一次比一次下降。

（三）疲劳的主观感觉

疲劳的主观感觉是：疲乏、腿疼、心悸，甚至头疼、胸闷、恶心，等等。

由于运动性疲劳时表现出运动能力下降、疲劳感和某些客观生理指标发生改变等几个方面的变化，这些变化随所观察对象的年龄、性别、训练水平、思想、情绪和运动条件等方面的差异而各有不同，所以不能单独用一种方法评定疲劳，只有综合观察才比较可靠。

三、运动中推迟疲劳出现的因素

在体育锻炼中，如果运动性疲劳出现得迟一些，对提高锻炼效果会有裨益，解决这个问题一般可从下列几个因素考虑：

第一，坚持长期不懈地锻炼，努力提高自己的身体素质。

第二，合理安排训练内容，避免因局部负担过重而产生局部疲劳。

第三，注意发展与运动项目相适应的供能能力。不同的运动项目，供能系统各有特点，发展不同供能系统的练习方法各有特点，在锻炼中如能了解这些特点，着重发展该系统能力，对与之相适应的运动项目疲劳的推迟会有帮助。

第四，加强意志品质与心理训练，提高心理素质，有利于疲劳时精神意志因素的改善，从而推迟疲劳的出现。

第五,饮食营养的合理安排和科学的饮食方法对体内能源的贮备有积极意义。

四、加速消除疲劳的方法

加速疲劳的消除,对提高机体工作能力及提高运动成绩具有重要意义,同时也是预防由于疲劳的累积而导致过度疲劳的积极措施。一般我们可采用以下几种方法:

(一)睡眠

没有充分平静的睡眠,不可能有充分的休息。锻炼导致身体疲劳之后,保证良好而充分的睡眠是使身体得到恢复的重要措施。成年人每日一般要有7~9小时的睡眠,儿童需要的时间较成年人长,而老年人则较短。为保证正常的睡眠,必须遵守一定的作息制度。

(二)活动性休息

所谓活动性休息就是指人们在休息时进行其他活动,这也叫积极性休息。当局部肌肉疲劳后,可利用未疲劳的另一些肌肉进行一些适当活动,借以促进全身代谢过程,加速疲劳的消除;当全身疲劳时,也可通过一些轻松的、兴趣高的体力活动,来达到加速消除肌肉代谢产物的目的。因此,在体育课中应多采用转换活动内容的方法作为休息的手段。

应当注意,作为活动性休息而安排的练习,应是习惯的练习,同时强度不应过大,时间不宜过长,否则将影响活动性休息的效果。

(三)物理性恢复手段

按摩、光疗、电疗等对促进疲劳肌肉的代谢过程、加速疲劳的消除具有良好的作用。此外,吸氧、空气负离子吸入、沐浴(温水浴、蒸气浴、旋涡浴、海水浴等)、局部负压法、针灸、气功等方法,也有益于消除疲劳。

(四)合理补充营养

为了补充因活动而消耗的物质、修复失常的体内机构和消除疲劳,补充适当的营养是非常重要的。通常需及时补充的物质有维生素(C、B_1、B_2、A、E)、糖、蛋白质以及矿物质(如钙、铁)等。

(五)心理调节

快乐的情绪可加速疲劳恢复,例如欣赏优美的音乐、进行自我心理调控与放松调节等,对体力恢复就有很大益处。

第三节　女子体育卫生

一、女生身体生长发育的特点

青春期以前,男女形态指标差异不大,多数指标男略大于女。女子进入青春期的时间一般比男子早两年,结束也早两年。11~12岁女子的多数指标超过男子。13岁后,男子开始迅速发育,其身高、体重、肌肉力量和运动能力等又超过同龄女孩。此后,女子除骨盆较宽、坐高和大腿围较大,皮下脂肪较多,体重占身高比例较大外,其余多项形态、机能指标均落后于同龄男子。这种性别差异在18岁以后更加突出。

在体型方面,女子肩胸部较窄,臂肌肉力量弱。女子体型为上窄下宽,不易承受较大重力。但骨盆较宽,躯干相对较长,下肢短,所以女子重心较低,稳定性高,有利于保持平衡,对进行艺术体操、高低杠、平衡木、自由体操、滑冰、花样滑冰等要求下肢支撑平衡能力较高的运动项目有利。由于女子下肢短、步幅小、易出现疲劳,对力量、跳跃及速度的发挥不利。

女子全身脂肪约占体重的28%(男子约占18%),女子皮下脂肪较多,且多集中在臀部和下肢,使体态显得丰满,并且有较好的保温作用,有利于进行游泳、滑冰和滑雪等运动。女子皮下脂肪虽厚,但下腹部对寒冷刺激很敏感,故在寒冷季节锻炼及月经期要注意下腹部的保暖。

女子在青春发育期间,每月均有一次月经,同时伴有局部和全身性变化。在进行体育锻炼时,应注意区别对待和向她们介绍女子的生理卫生知识,使其提高锻炼的自觉性与科学性。

二、女生体育锻炼注意事项

女子月经属正常的生理现象,应鼓励她们在月经期参加一些力所能及的体育活动,像徒手操、游戏、散步、羽毛球等运动量小的项目,可调节大脑皮层的兴奋与抑制过程,改善盆腔的血液循环,并可使腹肌和盆底肌轻度收缩与放松,有利于月经排出,减轻腹部不适感。但是,月经期子宫内膜脱落、出血,加之生殖器官抗菌力弱,容易导致感染,全身神经体液方面也有较大的变化,故应注意下列卫生要求:

(1)适当减少运动量和运动时间,特别是月经初潮的女生,由于她们的月经周期尚不稳定,要循序渐进,特别是月经第一两天内应减少运动量和运动时间逐步养成经期锻炼的习惯。

(2)月经期要避免过冷、过热的刺激,如冷水浴和阳光下曝晒等,特别是下腹部不要着凉,以免引起子宫及盆腔血管收缩、卵巢功能紊乱而导致月经失调和痛经的发生。

(3)月经期不宜游泳,以免引起子宫内膜感染及病菌侵入等炎症性病变。

(4)月经期不宜从事剧烈运动,尤其是震动强烈、腹压过大的运动和力量性练习等,以免子宫异位和经血过多。

(5)有痛经和月经紊乱的女生,月经期不宜参加体育活动,应积极进行治疗。

吸烟的危害

在卫生部发布的2006年中国"吸烟与健康"报告中,我们看到这样的数据:2002年我国15岁以上人群吸烟率为35.8%,其中男性和女性吸烟率分别为66.0%和3.1%。由此估计,吸烟者约为3.5亿,占世界烟民的1/3。此外,我国吸烟人群有年轻化的趋势,与20世纪80年代相比,开始吸烟的平均年龄由22.4岁降为19.7岁。我国既是烟草生产大国,也是烟草消费大国。我国的烟草产量相当于其他7个最大烟草生产国的总和。我国每年销售的香烟高达1.6万亿支,国人消费的香烟约占世界三分之一。如果将与吸烟有关的各种疾病所致的死亡均统计在内,目前每年约有100万人因此死亡。

思考题

1. 简述体育锻炼的卫生要求。
2. 如何消除运动性疲劳。
3. 简述女生体育锻炼的注意事项。

第四章 常见运动性损伤及运动性疾病

学习目标

1. 学会常见运动损伤的处理方法。
2. 掌握体育锻炼中的安全与防护。

第一节 运动损伤的概述

一、运动损伤的概念和分类

在体育锻炼中,造成人体组织或器官在解剖上的破坏或生理上的紊乱,称为运动损伤。运动损伤按时间可分为新伤和旧伤;按病程可分为急性和慢性;按性质可分为开放性损伤和闭合性损伤。认识运动损伤的分类是处理损伤的前提,也是诊治的依据。

二、运动损伤发生的原因

运动损伤的发生绝非偶然,有其多方面的原因和一定的规律性,掌握了运动损伤发生的原因和规律,就能杜绝或减少运动损伤。学生在体育活动中发生运动损伤的原因,有潜在因素和直接因素。

1. 潜在因素

人体解剖学结构的不完善和弱点是潜在的致伤因素。如肩关节由肱骨和肩胛骨的关节盂构成,由于肱骨头大,肩胛盂小关节活动灵活而稳定性差,加上肌力不足,韧带弹性差,容易造成肩关节损伤。

各项运动项目、运动技术对人体在活动时都有特殊的要求,而这种特殊要求往往会触及机体的易犯部位,成为运动损伤的潜在因素。如篮球运动的滑步动作对膝关节要求很严,膝关节处于屈膝蹲立时,周围几乎没有肌肉保护,其内侧和外侧副韧带处于松弛状态,膝关节的稳定性较差,所以容易发生膝损伤。

人体解剖学结构、运动项目、运动技术对机体活动的特殊要求,也是发生运动损伤不可忽视的潜在因素。

2. 直接因素

直接因素包括内在主观因素与外在客观因素两个方面。

内在主观因素有参加者在思想上对运动损伤的预防、重要性和可能性认识不足;自我保护等安全措施未予重视;体质弱、身体素质差、力量小、速度慢、耐力不足、柔软性差、反应迟钝;技术水平低、动作不熟练、大脑皮层运动中枢的兴奋和抑制扩散,造成肌肉紧张,产生多余动作,使动作僵硬、不协调和不正确等技术动作的错误；违反了身体结构、特点及运动时的力学原理；运动时心情不愉快，操之过急，睡眠、休息不好；带伤、伤病初愈、运动负荷安排不当，运动前不做准备活动或准备活动不充分，神经系统和各部组织器官不能充分动员起来等，都会导致运动损伤的发生。

外在客观因素有锻炼方法不合理，不从实际出发和违反锻炼的原则；保护和帮助缺乏或不及时、不正确；场地器材设备不完善、场地不平、光线不足、器材设备不合要求、器械不牢固；运动服、鞋不适宜或携带校徽、小刀等物品；动作粗野、违反规则、气温过高或过低等都会产生运动损伤。

三、运动损伤发生的预防

要坚持预防为主,加强体育保护意识、道德观念、遵守规则的教育；认真检查场地器材设备和衣着；克服运动损伤不可避免和运动损伤发生的恐惧心理；要根据气候、锻炼内容、时间以及锻炼原则,充分做好准备活动和整理活动；要加强身体的全面发展,提高身体素质,对易受伤的部位要加强锻炼,使身体各个器官、系统的机能都得到发展；要加强自我保护和互相帮助的意识,以防事故的发生；要加强自我医务监督,有伤病或尚未痊愈的人要在医生的指导下参加体育活动,合理安排好运动量和运动强度。

第二节 常见的运动损伤类型与处理方法

一、开放性软组织损伤

擦伤：外伤中伤势最轻、最常见的一种，擦伤是皮肤被粗糙物件摩擦所致。例如，运动中摔倒，发生皮肤擦伤，伤处有擦痕，并有小出血点和组织液渗出。

撕裂伤：由钝器打击所引起的皮肤和软组织裂开的损伤。多见于头部、面部，例如，在器械体操中，器械碰撞头部，使头部破裂；打篮球时眉弓被对方臂肘碰撞而造成皮肤破裂等。撕裂伤的伤口边缘不整齐，周围组织受破坏，易引起出血和肿胀。

刺伤：由细长尖锐的器物刺入体内所致，例如，被运动场上的钉子或跑鞋、跳鞋的钉子、标枪与器械上的木刺刺入体内。

开放性软组织损伤的临场处理方法：开放性软组织损伤都有不同程度的外出血，因此要及时止血，而后处理伤口，以预防感染。小面积皮肤轻度擦伤，可用生理盐水或冷开水冲洗伤口，经双氧水消毒后，以红汞或龙胆紫液和抗菌素涂抹，无须包扎，但脸部擦伤不宜涂抹龙胆紫液。关节附近的擦伤，不宜采用暴露治疗法，否则容易干裂影响关节活动，一旦感染易波及关节，可在伤口上搽抹磺胺软膏，并用消毒敷料敷盖包扎。大面积严重损伤口有煤渣、碎石、砂粒等异物，应用消毒的小镊子细心取出，再处理伤口，伤口消毒后撒消炎粉，用消毒纱布或凡士林油纱布敷盖，并用绷带包扎，伤口较脏时，可用抗生素治疗与肌注破伤风抗毒血清1 500单位（先做皮试）。伤口大者还要及时进行缝合与包扎。

二、闭合性软组织运动损伤

挫伤：由于钝力（打击、挤压、碰撞、摔倒）直接作用于人体，使局部软组织受伤。例如，运动中互相冲撞、被踢打或与器械撞击,均可造成挫伤。这种损伤轻者如皮下组织肌肉、韧带的挫伤;重者如头、胸、腹或睾丸、肌纤维断裂或深部血肿的挫伤。

拉伤:由于外力的作用,使肌肉、肌腱、筋膜和韧带过度牵拉而引起的损伤。例如,短跑中后蹬跑结束屈膝前摆腿、跨栏中摆动腿过栏、跳高时摆动腿上摆时,因原动肌(大腿前群肌)猛烈收缩,而对抗肌(大腿后群肌)不能及时放松或伸展,以致被迫拉长而发生大腿后肌群的拉伤;又如"压腿、劈叉"等练习,会因肌肉拉长范围超过原来的伸展程度而致伤。

扭伤:因动作不慎,例如,拧转、挤压、拼挺等,使关节发生超常范围的活动,造成关节囊、韧带、肌腱的损伤。常见的有踝关节、膝关节和肘关节扭伤。例如,跑、跳中踝关节内翻造成扭伤;体操下器械以及球类运动中的腾空落地不稳时,引起膝关节内侧副韧带扭伤;投掷标枪时,动作不正确,出手时前臂处于极度的外展,又受到较大的反作用力,引起肘关节内侧副韧带损伤、前臂肌附点损伤等。此外,在体操、举重练习中也常常会发生急性腰扭伤。

闭合性软组织损伤的临场处理方法有如下几种:

制动:损伤后伤部功能活动受限,若继续勉强进行活动,会加重组织的损伤和出血,不利于恢复。因此,损伤后应根据伤势程度减少或停止损伤部分的活动或使用局部固定的方法。

止血防肿:损伤后发生内出血,出血越多,血肿越严重,恢复过程也越慢,易形成组织粘连,影响以后功能的恢复。所以,损伤发生后应尽快止血防肿,一般可用冷敷、加压包扎或抬高伤肢等。冷敷可用冷水、冰袋或冷毛巾裹住伤部或用乙烷喷射表面,使局部组织降温和血管收缩,以免伤及周围毛细血管引起扩张而增加出血。

活血祛瘀,消肿止痛:一般在24~48小时后,出血停止,这时可以拆除包扎,进行热敷、按摩、理疗等,以促进伤部的血液循环,解除肌肉痉挛,加速血肿和渗出液的吸收,减轻疼痛和肿胀,以达到活血祛瘀、消肿止痛的目的。

功能锻炼:功能锻炼可以促使受伤肢体较快地康复。功能锻炼能改善受伤肢体的血液循环和代谢,预防损伤组织的粘连与萎缩,加速愈合。进行功能锻炼时,其活动的幅度、强度和数量应逐渐增加,忌用暴力,以免造成再次损伤。

三、脑震荡

脑震荡的体征:脑震荡是指大脑神经细胞和神经纤维受到强烈的外力震荡所引起的意识和机能暂时性的障碍。脑震荡发生后,受伤者立即会出现一时性意识丧失或精神恍惚,肌肉松弛,呼吸表浅,脉搏稍缓,瞳孔稍大但对称,神经反射减弱或消失。这些情况的时间长短不一,短则数秒钟,长则数分钟到半小时。意识清醒后,伤员对于受伤情景的记忆遗忘,并有不同程度的头痛、头晕、耳鸣、恶心、呕吐等症状。

脑震荡的临场处理方法:脑震荡发生后,立即让伤员安静平卧,严禁摇动、牵扯、随意移动位置,头部两侧要用衣服填塞,以免左右摇晃,头部冷敷,身体保暖。对昏迷者可掐其人中、合谷穴,使其复苏。对呼吸发生障碍者,可以人工呼吸,对昏迷超过4分钟以上,两侧瞳孔大小不一,鼻、口、耳出血,眼球青紫,清醒后剧烈头痛、呕吐或又再度昏迷者,应立即送医院抢救。对短时间意识恢复的轻伤者,要让其卧床休息,不宜过早参加体育运动,否则容易留下头痛、头晕等后遗症。

四、骨折

骨折的体征:骨的完整性和连续性中断,称为骨折。骨折常在直接或间接的暴力作用下发生。根据骨折处是否与外界相通,可分为闭合性骨折和开放性骨折;根据骨折的程度和形态可分为不完全骨折和完全骨折。在体育锻炼中发生骨折是较为严重的损伤事故,骨折以闭合性骨折为多,开放性骨折较少,尤为多见四肢长骨完全性骨折。骨折发生后,骨折处有疼痛与压痛,局部肿胀与淤斑,在骨折部可能出现畸形(肢体变长或变短或角度畸形),并由于肢体内部支架断裂,失去杠杆的支持作用,导致功能障碍或丧失活动功能。完全性骨折后,局部可能出现类似关节的活动,搬动患肢可能听到骨擦声。严重骨折常伴有出血和神经损伤,因此容易产生休克,危及生命。

骨折的临场处理方法有如下几种:

止痛抗休克:骨折发生后若疼痛剧烈,容易发生休克。休克的症状如脸色苍白、血压下降、血流缓慢、四肢发冷、体温下降、神志不清呈昏迷状态,这时应立即止痛抗休克。其方法是:让伤员安静躺下,略放低头部,以增加头部供血量,同时注意保暖,并给予止痛或镇静剂。如呼吸困难,应松开衣领,使呼吸畅通或进行人工呼吸。如伤员昏迷不醒,可用手指掐人中、合谷穴,使其复苏。

伤口处理:对开放性骨折,不要把刺出皮肤的断骨送回伤口,以免感染;伤口出血时,应先迅速止血后消毒覆盖包扎。搬运伤肢动作要轻柔,避免伤肢移位。

安全转送医院:在没有把握或条件不具备的情况下,严禁随意复位,不无故移动伤员或伤肢。为了不暴露伤口,不可脱衣,但可松开衣服,尽快护送到医院医治,途中应减少震动,并注意观察。

五、关节脱位

关节脱位的体征:关节脱位(又称脱臼)即组成关节的各骨之间的关节面彼此失去正常的对合关系。常见上肢关节脱位多于下肢,且以肩、肘关节脱位为多见。其原因是上肢关节结构较下肢关节薄弱。例如,篮球、足球比赛中腾空争球互相发生碰撞,身体失去了平衡而使肩部着地、肱骨头突然遭到暴力直接撞击,使关节脱位;摔倒后,上臂外展,手或肘部着地,外力通过传导引起肘关节和肩关节脱位。关节脱位一般都会引起关节囊和韧带损伤。关节脱位后有压痛、肿胀,出现畸形、关节功能丧失,严重者可能合并血管、神经受伤或骨折,发生休克。

关节脱位的临场处理有下述方法:

发生外伤性关节脱位后,首先是止痛抗休克,让伤员安静躺下,注意保暖,并观察其变化。伤员出现休克昏迷时,应及时采取抢救措施(与骨折同样处理);然后固定脱位关节以制动,固定时注意保持脱位关节的位置,使之不得转动,更不能随意使用整复手法,做简易处理后,从速护送伤者到医院进行治疗。

第三节 运动损伤的预防与康复

一、运动中常见的生理反应和疾患

由于运动,使人体生理活动过程的有序性遭到暂时破坏,从而常常出现某种生理反应,简称"运动生理反应"。常见的运动生理反应及处置办法如下:

(一)极点和第二次呼吸

1. 极点

在中长跑时,由于能量消耗大,特别是当下肢回流血量减少加剧了大脑氧债的积累,并达到一定程度时,就会出现呼吸急促、胸闷难忍、下肢沉重、动作不协调,甚至有恶心现象,这在运动生理学上称为"极点"。

2. 第二次呼吸

当极点出现后,情绪要稳定,并应适当减慢跑速,加速呼吸;坚持下去,上述生理现象将会逐步缓解消失,动作会重新变得协调和有力。这标志着"极点"已有所克服,生理过程出现了新的平衡。此现象在运动生理学中称为"第二次呼吸"。

(二)运动中腹痛

1. 原因

人体进入运动状态后,下腔静脉压力上升,血液回流受阻,致使腹部脏器功能失调,引起腹痛;有的因运动时呼吸紊乱,隔肌运动异常,引起肝脾膜张力性疼痛;也有的因运动前吃得过饱,饮水过多,以及下腹部受凉等而引起胃肠痉挛,导致疼痛。运动性腹痛多数在中长跑运动时发生。

2. 征象

运动性腹痛部位不固定,一般因肠痉挛、肠结核引起腹腔中部疼痛,食后运动疼痛常发生在上腹部或中部;肝脾膜张力性疼痛,常在左右两侧上腹部。

3. 处理

对因静脉血回流障碍和准备活动不足或呼吸紊乱引起的腹痛,可采取降低运动强度、放慢跑速,同时按摩疼痛部位,并做深呼吸等方法,疼痛常可减轻或消失。对于胃肠饱胀、肠痉挛和慢性疾病引起的腹痛,如果采取上述措施后仍无效,应停止运动。

4. 预防

合理安排运动时间,饭后至少1小时方可进行活动,且运动前要做好准备活动,运动时要循序渐进。

(三)肌肉痉挛

肌肉痉挛俗称抽筋,症状是肌肉不自主地突然性强直收缩,并变得异常坚硬。

1. 原因

在剧烈运动中,由于肌肉快速连续性收缩,导致肌肉收缩与放松的协调交替关系被破坏,特别是局部肌肉处于疲劳时更容易发生肌肉痉挛。肌肉受到寒冷的刺激,或因情绪过于紧张,也可引起肌肉痉挛。

2. 征象

肌肉痉挛时,局部肌肉产生剧烈性收缩,并变得坚硬和隆起,疼痛难忍,且一时不易缓解。

3. 处理

立即对痉挛部位的肌位进行牵引。如腓肠肌痉挛时,可伸直膝关节,并做足的背伸动作;若屈拇肌、屈趾肌痉挛,则用力将足趾背伸。处理时最好有同伴协助,但切忌施力过猛。此外,可配合局部按摩、点穴(承山、涌泉、委中穴等),以加速痉挛的缓解和消失。

4. 预防

运动前做好准备活动,对容易发生痉挛的肌肉可先进行按摩;冬季锻炼时,要注意保暖;夏季进行剧烈运动时,应注意补充盐分;游泳下水前,应先用冷水淋浴,游泳时不要在水中停留时间过长;疲劳和饥饿时,不要进行剧烈运动。

(四)运动性昏厥

运动中,由于脑部供血不足,氧债不断积累并达到一定程度时,即可发生一时性知觉丧失,这一现象称为运动性昏厥。

1. 原因

由于剧烈运动或长时间运动,大量血液积聚在下肢,回心血流量减少,导致脑部供血不足而常出现昏厥状态。如跑后立即停止不动,亦可出现"重力休克"现象。

2. 征象

全身无力、眼前一时发黑、面色苍白、手足发凉、失去知觉而昏倒;脉搏慢而弱、呼吸缓慢、血压降低等。

3. 处理

立即将患者平卧,足略高于头部,并进行向心方向按摩,同时指压人中、合谷等穴位。如有呕吐,应将患者头偏向一侧,以利呼吸道畅通。如呼吸停止,应立即进行人工呼吸。轻度征象者,由同伴搀扶慢走,并进行深呼吸,即可消失症状。重症患者,经临场处理后送医院治疗。

4. 预防

不要在饥饿情况下参加剧烈运动;疾跑后不要立即停下来;久蹲后也不要突然起立;平时要加强体育锻炼,以增强体质。

(五)中暑

1. 原因

在高温环境中,特别是在温度高、通风不良、头部又缺乏保护而被烈日直接照射的情况下进行体育锻炼,因体温调节功能障碍,易发生中暑。

2. 征象

轻度中暑可出现面部潮红、头晕、头痛、胸闷、皮肤灼热、体温升高等症状;严重时,可出现恶心、呕吐、脉搏快而细弱、精神失常、虚脱抽搐、血压下降,甚至昏迷等。

3. 处理

迅速将患者移至通风、阴凉处,解开衣领,冷敷额部,用温水抹身,并给予含盐清凉饮料或十滴水,数小时后即可恢复正常。对严重患者,经临时处理后应迅速转送医院治疗。

4. 预防

在高温炎热季节锻炼时,应适当减少运动量,缩短运动时间,避免在烈日下长时间锻炼;夏天在室外锻炼时,宜穿浅色衣服、戴遮阳帽;在室内锻炼时,应有良好的通风,并注意饮用低糖含盐饮料。

（六）运动性贫血

我国成年健康男子每100mL血液中含血红蛋白量为12.5~16g,女性为11.5~15g。若低于这一生理数值,则视为贫血。因运动引起的血红蛋白量减少者,称为运动性贫血。

1. 原因

（1）由于运动时机体对蛋白质与铁的需要量增加,一旦需求量得不到满足,即可引起运动性贫血。

（2）运动时,脾脏释放的溶血卵磷脂能使红细胞的脆性度增加;加上剧烈运动时血流加快,易引起红细胞破裂,从而导致运动性贫血。

（3）少数学生由于偏食或爱吃零食,影响正常营养摄入;长期慢性腹泻,影响营养吸收,运动时也常出现贫血现象。

2. 征象

运动性贫血发病缓慢,平时表现有头晕、恶心、气喘、体力下降,运动后出现心悸、心率加快、脸色苍白等。

3. 处理

如运动中（后）出现头晕、无力、恶心等现象时,应适当减少运动量,必要时暂停运动,补充富含蛋白质和铁的食物,口服硫酸亚铁片剂和维生素C,对缺铁性贫血的治疗有明显的效果。

4. 预防

锻炼时要遵循循序渐进原则,并克服偏食习惯。

（七）肌肉酸痛

在一次运动量较大的锻炼以后,或是隔了很长时间未锻炼又开始锻炼之后,往往会出现肌肉酸痛。这种酸痛不是发生在运动结束后即刻,而是发生在运动结束1~2天以后,因此也称为延迟性疼痛。其原因是运动时肌肉活动量大,引起局部肌纤维及结缔组织的细微损伤,以及部分肌纤维的痉挛所致。

处置方法:可对酸痛的局部肌肉进行热敷按摩,促进血液循环及代谢过程,有助于损伤组织的修复及痉挛的缓解;口服维生素C以促进结缔组织中胶元之合成;针灸电疗等手段对缓解肌肉酸痛也有一定的作用。

二、运动损伤的预防及处置

（一）运动损伤的主观原因

造成运动损伤的主观原因有下述五种:

（1）思想麻痹大意是所有运动损伤因素中最主要的因素。

（2）体质弱、身体素质差或机能状态不良。

（3）技术水平低,动作不熟练或做动作时在某个环节上出现错误。

（4）运动情绪低下,伴有畏难、恐惧、害羞、犹豫以及过分紧张,致使注意力不能集中。

（5）运动前准备活动不充分,特别是缺乏针对性的准备活动。

（二）运动损伤的客观原因

造成运动损伤的客观原因有下述五种:

(1)锻炼时缺乏保护帮助,或保护帮助不及时,方法不正确。
(2)场地、器材及锻炼设施不合规范。
(3)运动负荷安排不当,局部负担过重。
(4)动作粗野、违反规则(对抗项目)。
(5)内容组合不科学,方法不合理。

(三)运动损伤的预防

为避免运动带来的损伤,可按下述方法预防:
(1)加强运动安全教育,克服麻痹思想,提高预防损伤意识。
(2)认真做好准备活动。
(3)改进技术动作,合理安排运动负荷。
(4)加强保护与帮助,特别是提高自我保护能力。
(5)做好医务监督工作,掌握运动损伤的预防与处置方法。

(四)常见运动损伤的处置

1. 软组织损伤

这类损伤可分为开放性损伤和闭合性损伤两类。前者有擦伤、撕裂伤、刺伤等;后者有肌肉、肌腱、韧带、关节囊的挫伤、损伤和扭伤等。

(1)开放性软组织损伤的处置。开放性软组织损伤均有发生伤口感染的可能。初步处理时,要特别注意保护伤口,可暂用干净的纱布、绷带或毛巾等物覆盖、包扎,以防感染;如出血不止,可选择适当的方法止血。

轻度擦伤可用生理盐水(或凉开水加适量食盐)进行冲洗,再用20%的红汞药水或1.2%的龙胆紫药水涂抹,不需包扎。

严重的擦伤、撕裂伤、刺伤需清洗伤口,并用抗菌素治疗。伤口大者还需及时缝合、包扎,对有可能受污染的伤口,应及时注射破伤风抗菌素。伤口处理后,要注意护理,停止伤口局部运动,至伤口愈合。

(2)闭合性软组织损伤的处置。这些损伤的主要症状是疼痛、肿胀、活动受限。处置这些损伤时,应视受伤程度,减少或停止受伤肢体的局部活动,或做局部固定。重者应及时采用冷敷、局部加压包扎、抬高患肢等方法处理。待24小时后,可根据伤情采取综合治疗。例如,外敷药物、理疗、按摩等。如肌肉韧带严重断裂或关节严重扭伤者,加压包扎急救后应立即送医院手术治疗。

①肌肉拉伤。肌肉拉伤是在外力直接或间接作用下,使肌肉过度收缩或被动拉长时造成的损伤。受伤后,伤处疼痛,局部肿胀、压痛,伤后肌肉功能减弱或丧失。处理肌肉拉伤,一般施行冷敷、局部加压包扎并抬高伤肢,24小时后可施行理疗和按摩。

②关节韧带损伤。关节致伤后,一般表现为压痛、疼痛,急性期有肿胀和皮下淤血、关节功能发生障碍等。

一般性扭伤在24小时内可采用冷敷,必要时可加压包扎,24小时后采用理疗、按摩和针灸治疗。待疼痛减轻后可增加功能性练习。对急性腰扭伤,如果出现剧烈疼痛,则不可轻易扶动,应让患者平卧,并用担架送医院诊治。处理后,应卧硬板床(或腰部下面垫一枕头),使肌肉韧带处于放松状态。

2. 关节脱位、骨折、脑震荡

（1）关节脱位。因受外力作用，使关节失去正常的连接关系，叫关节脱位，又称脱臼。关节脱位分为完全性脱位和半脱位（或称错位）两种。

关节脱位后常出现伤肢畸形，即刻发生剧烈疼痛和明显压痛，关节周围显著肿胀，关节功能丧失，有时发生肌肉痉挛，严重时出现休克。

出现关节脱位后，用夹板或三角巾固定伤肢，并尽快护送至医院治疗。如果没有整复技术和经验，切不可随意做复位动作，以免加重伤情。

（2）骨折。骨折后伤处出现肿胀，疼痛难忍，肢体失去正常功能，肌肉可产生痉挛，骨的部位可见到畸形。严重骨折伴有出血和神经损伤、发烧，乃至发生休克等症状。

一旦出现骨折后，暂勿随意移动伤肢，应先用夹板或其他代用品固定伤肢。如出现休克，应先施行人工呼吸；若伴有伤口出血，应同时施行止血，并及时护送至医院治疗。

（3）脑震荡。脑部受到严重打击后，即刻发生意识丧失，呼吸表浅，脉搏缓慢，肌肉松弛，瞳孔稍大但保持对称的征象。清醒后，常有头晕、头痛、恶心或呕吐、失眠、耳鸣、记忆力减退等症状。

致伤后，应立即让伤者平卧，不可坐起或立起，头部冷敷，对昏迷者可施行指压人中、内关穴；对呼吸障碍者，可施行人工呼吸，并立即送医院诊治。

伤者在恢复期要保持环境安静，卧床休息，直至头痛、头晕症状消失。切忌过早地参加体育运动和脑力劳动。

"高压锅人"的锻炼指南

有不少人只有在工作中遇到压力、生活中遇到烦恼的时候，才选择参加体育运动来排解不愉快的心情。就像高压锅，压力达不到一定程度，压力阀是不会被弹起的，压力也得不到释放。这些人被形象地称为"高压锅人"。但是在巨大压力的压迫下参加运动，不仅不能缓解压力，反而会导致精神紧张、身体疲劳的副作用。

因此，"高压锅人"在参加体育运动前应该充分酝酿一下，制定一个较为符合自身实际的锻炼计划，养成天天参加体育运动的习惯，做到当天的压力当天解决。另外，"高压锅人"在选择运动方式时，首先要集中精神，这样才能避免受伤。同时，"高压锅人"要选择自己喜欢并能享受的运动，比如网球、羽毛球、太极拳、健美操等，这样才能产生正面的身心效果。

思考题

1. 说明运动损伤发生的原因有哪些？
2. 简述脑震荡的体征及处理办法？
3. 如何处理开放性软组织损伤。

第五章 高职高专院校体育教育

学习目标
1. 明确高职高专院校体育教育的目的与任务。
2. 明确高职高专院校体育课程的学习评价标准。

第一节 高职高专院校体育教育的目的和任务

一、高职高专院校体育教育目的

体育教学是教育系统的重要组成部分,高职高专院校的体育教育是学生接受学校体育教学的最后时期,也是学校体育向社会体育的过渡时期,更是学校参与建设社会主义精神文明和促进学生全面发展的关键时期。根据我国社会主义现代化建设事业和现代人才培养的要求,增强学生体质,培养学生终身体育意识,注意学生个性心理素质的培养,促进学生在德、智、体、美、劳等诸方面全面发展,成为德才兼备、体魄强健的社会主义事业的接班人。这是体育教学的最终目的。

综合来讲,高职高专院校的体育教育的目的就是以健康为本,以终身体育为目的,借助运动和身体练习等基本手段,对大学生的身体素质进行科学地培养,在提高人的生物潜能、心理潜能的过程中促进德、智、体、美、劳的全面发展,达到身心健康和全面发展的教育目的。

二、高职高专院校体育教育的基本任务

(一)增进学生的身心健康,增强学生体质

通过体育课和体育活动增进学生身心健康,增强学生体质,提高学生身体素质水平是学校体育的首要任务。身心健康是指生理和心理两个方面,生理健康的标志是发育正常、功能健全、体质强壮,对疾病有较强的抵抗力,对外部刺激有一定的适应能力;心理健康的标志是情绪稳定、思维敏捷、意志坚定、行为举止协调,对社会和生活中偶然发生或突然发生的事故表现出较高的自控能力。心理和生理的发育水平有较密切的内在联系,并且相互影响。世界卫生组织对健康的定义是:"健康应是在心理上、身体上以及在社会上保持健全的状态。"健康不仅只是没有疾病和伤害,而且还包括身体、心理方面能适应社会环境。

(二)培养良好的体育意识,养成终身锻炼身体的习惯

通过体育教学,向学生传授体育知识、技术和技能,使学生掌握科学的锻炼方法和手段,对体育锻炼有深刻的认识,养成自我锻炼身体的习惯。体育基本知识包括实用生理解剖知识,锻

炼身体的原理、原则和方法,体育保健,自我监督和评价,常见运动项目的基本技术、战术理论和竞赛规则等。体育的基本技术和技能是指参加体育运动的实践能力。

(三)培养良好的思想品德,注重学生个体道德素质的提高

实践证明,在对学生进行德、智、体、美、劳全面发展的教育过程中,必须把德育放在首位,并贯穿在各类教育的全过程。体育是对学生品德教育最活泼、最直接、最生动的形式。体育是一个有目的、有计划、有组织的教育过程,在学校的教育体系中,唯有体育是教师与学生进行手把手最直接的教学活动,个体行为在技能形成的反复练习中表现得最为突出,这也是体育教育不同于其他课程的特征之一。

(四)丰富校园文化生活,提高学生相关的职业能力

大学生紧张的学习生活需要健康、文明、和谐的课余文化生活来调节,以适应大学生身心健康发展的要求。体育活动能使大学校园充满活力与生机,并以其丰富多彩,形式多样的内容,吸引广大学生参与和观赏。大学校园是高素质的文化领域,高层次的文化园地。但随着我国改革开放政策的进一步深化,中外文化交流的日益增多,难免也会有一些假、恶、丑的文化现象鱼龙混杂于校园内外。体育不仅可以丰富大学生的课余文化生活,而且可以促进校园的精神文明建设。

通过专项教学和一些课外活动的开展,培养学生具有直接胜任岗位资格所需要的相关素质,提高学生相关的职业能力,体育课程具有很强的基础性、实用性及综合性。

第二节 高职高专院校的体育活动

一、体育课

体育课程是完成大学体育工作任务的主要组织形式,是高职高专院校教学计划中规定的必修课之一,属于基础课范畴。体育课程除了给学生传授体育理论知识外,更主要的是进行各种身体练习和活动。根据体育课的任务、内容和性质,体育课程分为理论课和实践课两部分。

理论课是在课堂内组织的体育教学,通过向学生传授高校体育的学习目的和任务、体育理论知识、科学锻炼身体的方法,使学生广泛了解体育的本质,激发学生参加体育锻炼的兴趣,掌握科学锻炼身体的方法。

实践课是指在体育运动场进行的身体练习课。通过身体练习向学生传授提高身体素质和基本活动能力的方法,使学生掌握不同体育运动项目的基本技术、技能,提高学生的基本活动能力和运动能力,最终达到增强学生体质、促进身心健康的目的。

根据学校教育的总目标和体育学科的规律,一般有以下几种类型的体育课供学生选择。

(1)选项课。专为高校一、二年级学生开设,为必修课,有的学校称之为"俱乐部教学"。它是在提高学生身体素质的基础上,根据学生本人的爱好和特长,以某一项体育运动项目为主,使学生掌握该项运动的基础知识和技术技能,提高学生的体育特长和运动技术水平,促进体育锻炼的兴趣和习惯,达到增强体质的目的,并为终身体育锻炼奠定技能基础。

（2）选修课。针对高校三年级以上学生开设。在必修课的基础上，根据学校体育场地、器材条件和自身的个性爱好，学生自主选择一项体育运动，目的是进一步提高学生体育专项运动理论和技术水平，培养学生独立锻炼身体的能力，为终身体育锻炼打好基础。

（3）保健课。针对身体异常和病弱学生开设的必修课或选修课，目的是帮助这些学生学习体育医疗、保健和康复教学。

二、早操（早锻炼）

早操。它是大学生清晨起床后进行的体育锻炼，是作息制度的一项内容。早晨的身体活动有跑步、做操或其他的体育活动锻炼，它能使学生以良好的身体状态进入一天的学习生活，有利于提高学习效率。长期坚持早操，养成好的习惯，不仅有利于广大学生的身心健康，对培养学生良好的生活习惯，以及走向社会后继续保持科学的作息规律也具有深远的影响。

三、课间操（课间活动）

课间操又称为课间体育活动，是大学生上了两节课后，在课间进行的 20～30 分钟的体育活动，是学生每天必须参加的一项体育活动，是学生紧张学习中的一种积极性休息，同时也是校园体育文化建设的重要内容和综合反映。课间操是学校生活制度的一项合理规定，是根据学生健康和学习的需要而安排的。学生正在长身体、长知识，大脑发育还不完全，学习效率有一定的界限，超过了界限就会产生头昏、注意力不集中等现象。从记忆的规律来说，中间不休息，会产生一种"倒摄抑制"现象。所以，在学习记忆活动之后，应该做课间操。因为课间操能迫使原来在上课时思维中枢神经细胞得到抑制，更好地休息。如果能按课间操的要领认真地做，用力地做，使肢体的活动量加大，加强支配运动中枢神经细胞的兴奋程度，还会使支配学习思维中枢神经细胞抑制得更深，使大脑思维中枢神经细胞休息得更好，这样，再学习时，效率会更高一些。此外，课间操还能加快心脏的搏动，加深呼吸，促进血液循环，加速体内新陈代谢过程，从而使在前两节课中积累的疲劳更快消除。

第三节　学校体育竞赛的组织形式和编排方法

一、学校体育竞赛的组织形式

（一）全校性田径运动会

我国各级各类学校，把组织好一年一度的全校性的田径运动会，列入学校体育工作计划。全校性田径运动会规模大，参加人数多，是检查学校体育工作和学生体育训练成绩的体育盛会，对推动田径运动的普及与提高，推动群众性的体育竞赛有明显的影响。

为贯彻落实各省、市、地区体育竞赛计划，各级各类学校相应举行单项选拔赛，选出体育尖子组成代表队，准备参加上一级的体育比赛。单项选拔赛成为不断优选体育苗子的好方法。

（二）传统项目的比赛

根据各省、市地区的体育项目布局，一些学校设置一项或几项能保持一定水平的传统体育项目。学校要求全校学生积极参加该项的锻炼与训练,定期举行传统项目比赛。传统项目的比赛,又有力地推动了该项运动的普及与提高。

(三)达标测验赛

按照《国家体育锻炼标准》,各级各类学校定期举行达标测验赛。《国家体育锻炼标准》达标赛有利于增强学生体质,全面发展学生运动素质,有利于调动学生锻炼的积极性和参加比赛的热情。

(四)教学比赛

学校教学比赛经常安排在体育课中进行。通过比赛,使学生把体育课所学的知识、技术、技能进行综合地运用,全面检查教学效果,提高学生学习的兴趣。

(五)学校体育节

学校体育节是综合性的体育运动会。每年举行一次,时间安排可以在"五·四"青年节、"十·一"国庆节或校庆时进行。体育竞赛项目不仅包括了田径等主要竞技体育项目,还包括了许多健身健美的、娱乐性的体育项目。有的学校还安排了体育游戏、团体操等表演赛项目。学校体育节是学校体育工作的一次总检查。以学校体育节命名,举行体育运动会,更具有号召性,适合大学生的竞赛心理特点。

(六)体育知识比赛

学校以体育教材内容为主,组织学生进行体育知识比赛。笔试、口试兼用。也可以系、班级为单位,组成代表队参加比赛,形式活跃,受到广大学生的欢迎。

(七)早操、课间操竞赛周

由学校体育教研室、学生会、团委联合举办早操、课间操竞赛周。这是开展学校群众性体育竞赛的好办法。通过竞赛周检查评比全校各系、各年级早操、课间操出勤率,队列队形,做操质量,对形成体育锻炼风气和培养集体主义精神有良好的作用。

(八)以节日命名的体育比赛

学校可在每年节日时举办竞赛,如:举办"五·四"广播操比赛、武术游泳比赛,"一二·九"长跑比赛等群众性的体育竞赛活动,对学生进行革命传统教育、爱国主义教育、集体主义教育。这种紧密结合学生思想教育的体育竞赛形式,被许多学校所采用。

二、学校体育竞赛的基本编排方法

学校体育竞赛有很多,组织编排方法也很多。在举办竞赛时,应根据不同的竞赛目的和任务、竞赛时间的长短、参赛队的多少、场地器材设备等情况来选定竞赛方法。竞赛中经常采用的方法一般有循环制、淘汰制、混合制、顺序法、轮换法和特殊的比赛方法六种。

(一)循环制

循环制使参加比赛的各队都有相遇比赛的机会,是一种公平合理的比赛制度,能够合理地确定名次。

1. 单循环

单循环就是所有参加比赛的队都是相互比赛一次,最后按照全部比赛过程中胜负场数与得分多少排列名次,这是一种比较公平合理的竞赛方法。一般在参加比赛的队数不多,又有足够的竞赛时间时采用。

(1) 比赛轮次和场数的计算方法。

比赛轮次在循环比赛中,各队都参加完一场比赛即为一轮。参加比赛队数为单数时,比赛轮数等于队数。如7个队参加比赛,则比赛轮数为7轮;参加比赛队数为双数时,比赛轮数等于队数减1。如8个队参加比赛,则比赛轮数为8-1=7(轮)。单循环比赛的场数用下面的公式计算:

$$比赛场数 = \frac{队数(队数-1)}{2}$$

如8个队或5个队参加比赛,则比赛场数为:8×(8-1)/2=28(场),5×(5-1)/2=10(场),由此可以算出:8个队进行比赛,需比赛7轮、28场。

(2) 单循环比赛秩序的编排方法。

① 排出各轮次的比赛表。先用数字代表参加比赛单位的顺序。这个排列可以按照上届比赛的名次或报名先后顺序,也可通过抽签排出顺序。如果参加比赛队数是双数时,把参加队数平分为左、右各一半,左一半号数由1依次下排,右发左边自然数由下至上排,再用横线把相对的号数连起来,这就是第一轮的比赛。以后各轮次的循环方法是把1号固定不动,其余号数按逆时针(或顺时针)方向移动一个位置,再用横线把相对的号数连接起来,这就是第二轮的比赛。以此类推,排出其余各轮次比赛表。例如:6个队参加比赛,其循环方法如表5-1所示。首先把6个队伍编号,1~6。

表5-1

第一轮	第二轮	第三轮	第四轮	第五轮
1—6	1—5	1—4	1—3	1—2
2—5	6—4	5—3	4—2	3—6
3—4	2—3	6—2	5—6	4—5

如果参加比赛的队数是单数时,用"0"代替一个队使之成为双数,然后按上述单循环办法排表,与"0"排在一起的队就是轮空队。例如5个队参加比赛,其循环方法如表5-2所示。

表5-2

第一轮	第二轮	第三轮	第四轮	第五轮
1—0	1—5	1—4	1—3	1—2
2—5	0—4	5—3	4—2	3—0
3—4	2—3	0—2	5—0	4—5

现代排球从1985年以后,国际上采用贝格尔编排法。如6个队参加比赛,先将各队按1~6成"U"字形排列,(序号由抽签方法确定)即成第一轮比赛组合,以后按"贝格尔表"顺序排列,如表5-3所示。

表 5-3　贝格尔编排法轮次

轮次 队数	一	二	三	四	五
6队(含5队)	1—6 2—5 3—4	6—4 5—3 1—2	2—6 3—1 4—5	6—5 1—4 2—3	3—6 4—2 5—1

②抽签。各队抽签后,按抽签的号数把队名填入轮次表中,然后排出比赛日程表。其余各轮次按同样方法填写。

③编排比赛日程表。根据轮次表来编排比赛日程表,编排时,必须考虑到各队在规定的正式比赛场地比赛的机会尽量均等;两次比赛之间的休息时间应大体一样;白天和晚上比赛的次数应当尽量相同;一个单位有男、女队时应尽量安排在同一场地进行比赛等。编排比赛日程表时,首先排出草表,经过反复核对最后排定,印发给各队比赛日程。

④比赛成绩记录表。在竞赛处把赛前制定好成绩记录表贴在引人注目的地方,比赛结束后,立即把当天比赛成绩登记在记录表上。

2. 双循环

双循环多在参加比赛人数较少时采用。它比单循环增加了一倍的比赛机会。参加比赛的队在比赛中均能相遇两次,最后按各队在全部比赛中胜负场数、得分多少排列名次。双循环比赛秩序编排、成绩表的格式与单循环相同。在记录成绩栏上部记第一次循环成绩,下部记第二次循环成绩。目前,双循环制已在排球比赛中很少采用。

3. 分组循环

(1)分组循环比赛秩序的编排方法。

在参加比赛队数多、时间短时采用分组循环。一般分为2~4个小组进行单循环比赛,然后再把各组的优胜队或同名次队分别组织单循环决赛,排出名次。

如16个队参加比赛,可平均分成四个小组分别进行单循环比赛,决定每组名次后,再进行决赛,决赛阶段有以下几种比赛方法。

①将预赛各小组同名次的队划为一组进行决赛。如将预赛各小组第1名划为一组,决定第1~4名;将各小组第2名划为一组,决定第5~8名;将各小组第3名划为一组,决定第9~12名;将各小组第4名划为一组,决定第13~16名。

②将预赛各小组第1、2名划为一组,决定第1~8名;将各小组第3、4名划为一组,决定第9~16名。

③只将预赛各小组第1、2名组成一组参加决赛,决定前8名,其余队不再继续比赛。

④在预赛中相遇的队,如决赛相遇即不再比赛,则按两队在预赛阶段的比赛成绩排列名次。

⑤采用交叉法。当前一些大型国际比赛采用这种方法。如12个队参加比赛,第一阶段分为两个小组,每组6个队采用单循环。第二阶段采用交叉法。即第一组的第1名与第二组的第2名;第一组的第2名与第二组的第1名进行比赛。然后两个胜队进行比赛,决定第1名和第2名;两个负队进行比赛决定第3名和第4名。两组的第3、4名和第5、6名,分别采用同样的方

法决定第 5~8 名和第 9~12 名。

(2) 抽签法。

为了使比赛较合理地确定各队的名次,应设种子队。首先在领队会议上协商确定比赛的种子队。种子队的队数一般等于分组的组数。如果分四个小组进行比赛应有 4 个种子队,也可多选出几个种子队,但必须是组数的倍数。如四个小组比赛可确定 8 个种子队,并按下列方法编成小组:第 1 号种子与第 8 号种子编为一组,第 2 号种子与第 7 号种子编为一组,依次类推。种子队的选定一般是根据过去成绩和该队的发展情况,经过协商讨论而定,或由有关协会选定。

先用抽签法将种子队安排在各小组内,以免强队集中在一个小组,然后再用抽签法确定其余各队所在组的位置。

(3) 循环制的成绩计算方法。

① 记分方法在竞赛过程中应明确规定,胜一场得 2 分,负一场得 1 分,弃权 0 分。

② 决定名次的办法也要在竞赛过程中明确规定。

根据规定,按各队在比赛中积分多少决定名次,积分多者名次列前。如遇两队或两队以上积分相等,C 值高者名次列前。

$$C 值 = \frac{胜局总数}{负局总数}$$

如果 C 值仍然相等,则 Z 值高者名次列前。

$$Z 值 = \frac{总得分数}{总失分数}$$

如果两队 Z 值相等,则按两队之间胜负来决定名次。如三个队以上 Z 值相等,则按净胜局数决定,即胜局总数减负局总数。

(二) 淘汰制

淘汰制有单淘汰和双淘汰两种。单淘汰是在比赛中失败一次即被淘汰。双淘汰是比赛中失败二次即被淘汰。淘汰制在球类比赛中,参赛运动队或运动员多,而比赛时间较短的情况下采用。

(1) 轮数。参赛队如果是 2 的乘方数,则轮数是以 2 为底的幂的指数。如 $8 = 2^3$ 则 8 个队比赛就是 3 轮。如果参赛队介于两个 2 的乘方数之间,则轮数是较大的一个 2 为底的幂的指数。如 14 个队参加比赛,则按 16 个队的轮数来计算为 4 轮。

(2) 比赛场数。单淘汰比赛总场数等于队数减一。

(3) 单淘汰比赛秩序的编排。如果参赛队数是 2 的乘方数,则第一轮比赛没有轮空队,全部参赛。如图 5-1 所示。

(三) 混合制

在一次竞赛中,同时采用淘汰制和循环制叫混合制。参加比赛队数较多时,可先用单淘汰制,后用单循环制的混合制比赛方法;或者把比赛分成两个阶段,前一阶段采用分组循环,后一阶段采用淘汰制进行决赛;或者相反。当前一些国内和基层单位比赛时也经常采用分组循环交叉法。这种编排方法分预赛、复赛、决赛三个阶段。下面以 12 个队参加比赛为例。

(1) 预赛。预赛分两个小组进行单循环,排出第 1~6 名。

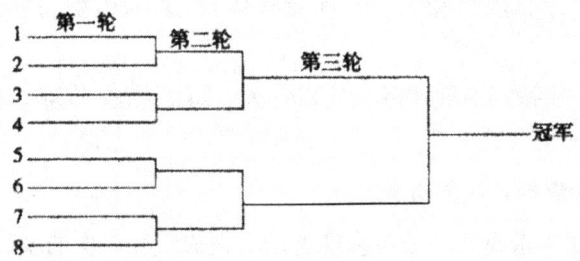

图 5-1

(2)复赛。将预赛第一组第1、3、5名与第二组的第2、4、6名六个队编为A组;预赛第一组第2、4、6名与第二组第1、3、5名六个队编为B组。A、B组各自进行单循环赛,比赛中将预赛相遇的队的成绩带入复赛(也可不带入),排出第1~12名。

(3)决赛。由A组的第1名对B组的第2名,A组的第2名对B组的第1名,胜者决出第1名和第2名,两个负队决出第3名和第4名。其余名次依此进行,决出名次。

这种方法也可以不进行复赛阶段,预赛后直接采用交叉式淘汰制。

(四)顺序法

顺序法是指参赛者按一定的先后顺序表现成绩的方法。一般适用于以时间、距离、重量、环数等指标确定成绩的项目。

(五)轮换法

在竞技体操的比赛中,通常都采用轮换法。

(六)特殊的比赛方法

在学校体育竞赛中,常常采用一些非正规的、游戏性的比赛法。有的学校因为场地小,器材设备不足,因地制宜设计了一些特殊的比赛方法。随着体育内容的创新,特别是趣味性、娱乐性的体育项目的出现,比赛时所采用的方法也应是多样的。

设计和选择体育竞赛方法,应使参加竞赛的各方在竞赛中获得均等的机会。同时还要考虑到比赛的结果,应该符合或者基本符合各参赛者的技术水平。

三、评定竞赛成绩与名次的方法

体育竞赛成绩和名次的评定,包括个人和团体两种。评定体育竞赛成绩和名次的方法要严格按照竞赛规程和竞赛规则的规定进行。

(一)评定个人(或集体)的成绩与名次的方法

个人(或集体)的体育竞赛成绩,必须按照竞赛规程和竞赛规则评定,然后根据成绩确定名次。

(1)根据时间、距离、重量、数量等客观标准的实际数据评定运动员竞赛的成绩和名次。如田径、游泳等项目。若遇到两人或两人以上成绩相等时,竞赛规程与规则都应有具体的规定,按规程与规则要求进行处理。

(2)根据规定条件和动作质量判断运动员完成动作的数量、质量、动作难度、编排要求等评定成绩,再以得分多少计算成绩和名次。如竞技体操、艺术体操、技巧运动、健美操、武术等项目。

(3)根据战胜对手或特定因素评定成绩和名次。如乒乓球、排球、羽毛球以局为单位,足球赛在规定时间内射进球决定胜负等。

(二)评定团体成绩与名次的办法

团体的成绩和名次一般是在各单位参赛者的个人成绩和名次的基础上计算与评定的。

(1)按参赛者所得分数的总和评定。它适用于田径、游泳等项目。

(2)按照规定参加人数所得名次的总和评定成绩与名次。

(3)按参加者的平均成绩来评定成绩。

(4)按达到规定标准的人数评定成绩。

无论选用哪一种成绩与名次评定方法,都应力求客观,能正确反映教学、锻炼和训练质量,防止偶然性因素;应尽量使参赛运动队或运动员在同等条件下比赛;应严格遵守竞赛规程和竞赛规则的规定;力求公平、公正,应使参赛的运动员和运动队在体育竞赛中受到教育和鼓舞。

青少年体质状况让人担忧

肺活量、速度、力量等体能素质持续下降,糖尿病、高血压等成年疾病提早上身——一位体育老师大发感慨:为什么现在学生的体质这么弱?据有关部门统计,近20年来,我国青少年体质状况一直呈下滑的势头。

从1985年开始,我国共进行了四次全国青少年体质健康调查,结果显示:我国学生的耐力素质在这20年里持续下降,速度、爆发力、力量素质呈阶段性下降,学生中超重与肥胖检出率不断增加,视力不良检出率居高不下。

全国学生体质健康监测结果显示:肥胖和超重学生的比例在迅速增加,城市男生达到了近1/4;学生视力不良检出率居高不下,初中生达到58%,高中生达到76%,大学生达到83%。

根据对体质健康调查结果的分析,我国青少年体质下降表现为因营养过剩而体力衰退。一方面,青少年身体形态发育指标,如身高、体重、胸围等有所增长;一方面,代表体能素质的肺活量、力量、速度等日益下滑。伴随青少年体能下降的还有心理承受能力弱、情绪调控能力差等心理状况的发育不良,以及糖尿病、高血压等成年疾病的提早上身。

思考题

1. 简述高职高专院校体育教育的目的和任务是哪些?
2. 学校体育竞赛的组织形式和编排方法有哪些?
3. 如何评定竞赛成绩与名次?

中篇　运动实践篇

第六章　田径运动

学习目标

1. 掌握田径运动的动作要领和技巧。
2. 能够将所学到的技巧运用到实践中。

第一节　田径运动的起源与发展

一、田径运动的概述

田径运动历史悠久,它是在人类社会发展中逐步产生和发展的。随着工农业生产和科学技术水平的提高,田径运动竞赛项目、竞赛条件、竞赛办法逐渐改进,并逐步形成了现代田径运动。

公元前776年在希腊奥林匹克村举行的古代奥运会上就有了田径项目的比赛。1896年在希腊雅典举行的第一届现代奥林匹克运动会上,田径运动的竞走、跑、跳和投掷就被列为大会的主要比赛项目。当前国际重大田径比赛主要有:奥林匹克运动会的田径比赛、世界杯田径赛和世界田径锦标赛等。

1912年国际业余田径联合会成立,确定了国际统一的田径竞赛规则、项目,拟定竞赛规则,组织国际比赛,并负责审批世界纪录。当前重大国际比赛有:奥运会田径比赛、世界杯田径比赛和世界田径锦标赛。

田径运动在一个多世纪的发展过程中,大体可为以下五个阶段:

第一阶段:19世纪末至20世纪初,是现代田径运动开始形成、发展,在较低水平上逐步提高的阶段。

第二阶段:1913年至1920年受第一次世界大战影响,是世界田径运动成绩的下降阶段。

第三阶段:1921年至1936年是世界田径运动恢复、发展与提高阶段。

第四阶段:1937年至1948年受第二次世界大战的影响,是世界田径水平第二次下降阶段。

第五阶段:1952年至今是世界田径运动成绩持续不断提高并达到很高水平的阶段。在这个阶段里,从运动员的选材,到科学训练、技术更新、场地器材不断改进,裁判工作自动化及电子化,都直接或间接地应用了多学科的研究成果,保证了田径运动的健康、迅速发展和运动成绩的提高。

二、田径运动分类及项目

田径运动是由走、跑、跳、投组成的,但具体分析,内容很多。在历史发展过程中,也曾把拔河和跳绳包括在田径之中。如果从广义上来说,田径运动除了正式的比赛项目外,还应该包括立定跳远和立定三级跳远等。但现在一般意义上所说的田径运动,是指按一定规则进行的走、跑、跳、投的身体运动。

田径运动中的走、跑、跳、投和全能项目共有40多项。通常把不同距离的竞走、赛跑、跨栏跑、障碍跑、接力跑等用时间计算成绩、决定名次的项目叫做径赛;把跳跃(跳高、跳远、三级跳远、撑杆跳高)和投掷(铅球、铁饼、标枪、链球等)用高度、远度计算成绩、决定名次的项目叫做田赛。田赛和径赛合称为田径运动。田径运动的正式比赛项目如表6-1所示。

表6-1 田径运动的分类及项目

类别	项目	成年		少年			
				男子		女子	
		男子组	女子组	甲组	乙组	甲组	乙组
径赛	竞走	20千米 50千米	5千米 10千米				
	短距离跑	100米 200米 400米	100米 200米 400米	100米 200米 400米	60米 100米 200米 400米		
	中距离跑	800米 1 500米	800米 1 500米	800米 1 500米 3 000米	800米	800米 1 500米 3 000米	800米
	长距离跑	5 000米 10 000米	5 000米 10 000米				
	跨栏跑	110米 (1.067米) 400米 (0.914米)	100米 (0.84米) 400米 (0.762米)	110米 (0.914米)	110米 (0.914米)	100米 (0.84米)	100米 (0.762米)
	阻碍跑	3 000米					
	马拉松	42 195米	42 195米				
	接力跑	4×100米 4×400米	4×100米 4×400米	4×100米	4×100米	4×100米	4×100米

续表

类别	项目	成年		少年			
				男子		女子	
		男子组	女子组	甲组	乙组	甲组	乙组
田赛	跳跃	跳高 跳远 撑杆跳高 三级跳远	跳高 跳远 撑杆跳高 三级跳远	跳高 跳远 撑杆跳高 三级跳远	跳高 跳远 撑杆跳高 三级跳远	跳高 跳远	跳高 跳远
	投掷	铅球(7.26千克) 标枪(800克) 铁饼(2千克) 链球(7.26千克)	铅球(4千克) 标枪(600克) 铁饼(1千克)	铅球(6千克) 标枪(700克) 铁饼(1.5千克)	铅球(5千克) 标枪(600克) 铁饼(1千克)	铅球(4千克) 标枪(600克) 铁饼(1千克)	铅球(3千克)
全能运动		十项(100米、跳远、铅球、跳高、400米、110米栏、铁饼、撑杆跳高、标枪、1500米)	七项(100米栏、铅球、跳高、200米、跳远、标枪、800米)	五项(跳远、标枪、200米、铁饼、1500米)	三项(100米、铅球、跳高)	五项(100米栏、铅球、跳高、跳远、800米)	三项(100米、铅球、跳高)

注:跨栏跑中括号内数字为栏架高度

(一)径赛项目

径赛项目是周期性项目之一,动作多次重复进行,特点是距离一定,要求人体在最短的时间内通过所规定的距离。从供能方式上看,短距离跑是以无氧供能为主的,中距离跑是以糖酵解供能为主的,长距离、超长距离跑则是以有氧供能为主的。此类项目的练习可提高人跑的能力。

(二)田赛项目

田赛项目是非周期性项目,可分为跳跃和投掷两大类。跳跃是比赛整个人体移动能力的。跳远是比赛远度,跳高是比赛高度。投掷项目则是通过比赛物体(器械)移动的距离来比赛投掷能力的。跳跃项目的练习可以提高跳的能力,而投掷项目的练习则可以提高投的能力。

(三)全能项目

全能项目是由若干田赛和径赛项目组合在一起,根据田径全能项目评分表,把各项的成绩换算为分数,然后加在一起评定成绩的。由于项目的多样性,全能项目对人体能力的要求也带有综合性,是人体综合运动能力的竞赛。从事全能项目的练习,可以全面提高人体综合运动能力。

第二节 跑

一、短跑

(一)100米跑的技术要领

1. 起跑

起跑的任务是使身体迅速摆脱静止状态,为起跑后加速跑创造条件。田径规则规定,在短跑比赛中运动员必须采用蹲踞式起跑,必须使用起跑器。运动员要按发令员的口令完成起跑动作。

2. 起跑后的加速跑

起跑后的加速跑是从蹬离起跑器到途中跑开始的一个跑段,一般为 30 米左右,其任务是尽快加速达到自己的最高速度。起跑后第一步约三脚半长,第二步约为四脚至四脚半长,以后逐渐增大,直至途中跑的步长。脚蹬离起跑器后,身体处于较大的前倾姿势,为了不使身体向前摔倒,继续加速,要积极加快腿与臂的摆动和蹬地动作,保持身体平衡。

加速跑的最初几步,由于运动员的身体由静止状态开始起动,跑的速度还较低,所以两脚的着地点并非在一条直线上,随着速度的加快,两脚着地点逐渐趋于一条直线。

3. 途中跑

途中跑的任务是继续发挥和保持最高跑速。加速跑结束后即进入途中跑,一个单步由后蹬、腾空、着地和缓冲四个部分组成。

①后蹬和前摆

后蹬是推动人体向前的重要动作。当身体重心移至支撑垂直面时,支撑腿开始积极有力地后蹬。后蹬的用力以伸展髋关节开始,依次蹬伸膝、踝关节,直到脚掌蹬离地面。随着支撑腿的蹬地,摆动腿迅速有力地向前上方摆出,并带动同侧髋前移。

支撑腿与摆动腿的协调配合是途中跑的技术关键。正确完成蹬摆技术,特别是加快摆动腿前摆的幅度和速度,对于增大支撑反作用力、减小支撑腿的后蹬角度、增大水平速度和减小身体重心上下波动具有十分重要的作用。

②腾空

腾空是指支撑腿结束后蹬离地面,进入无支撑状态。

③着地和缓冲

腾空结束时,摆动腿积极下压,用前脚掌富有弹性地着地,着地瞬间小腿与地面接近垂直。摆动腿积极着地有利于缩短前支撑的时间,并能减小着地时的阻力,身体重心迅速前移转入后蹬阶段。然后迅速屈膝、屈踝缓冲,随着跑动惯性,摆动腿大小腿折叠,迅速向前摆动并与支撑腿靠拢。

④终点跑

终点跑是全程跑的最后一段,要求运动员在离终点线 15～20 米处时,尽力加快两臂摆动速度和力量,保持身体前倾角度。当运动员离终点线前一步距离时,上体急速前倾,双手后摆,用胸部或肩部撞终点线。跑过终点后逐渐减速。

(二)200 米和 400 米跑的技术要领

200 米和 400 米跑,有一半以上的距离是在弯道上进行。为了适应弯道,技术上应有相应的变化。

1. 弯道起跑和起跑后有一段直线距离进行加速跑,应将起跑器安装在弯道的跑道右侧,起跑器对着弯道的切线。

弯道起跑后前几步应沿着内侧分道线跑。加速跑的距离适当缩短,上体抬得较早。

2. 弯道跑技术。运动员从直道进入弯道时,应尽可能沿着跑道内侧跑,身体应有意识地向内倾斜,加大右侧腿和臂的摆动力量和幅度。后蹬时,右脚用前脚掌的内侧,左脚用前脚掌外侧蹬地。两臂摆动时,右臂前摆稍向左前方,后摆时肘关节稍偏向后方;左臂稍离躯干做前后摆动。弯道跑的蹬地与摆动方向都应与身体倾斜方向一致。

从弯道跑入直道时,应在弯道最后几步,身体逐渐减小内倾程度,自然跑几步,然后全力向前跑。

二、接力跑

接力跑是田径运动中以集体形式出现的竞赛项目,是田径场上最具吸引力的项目之一。

接力跑设置的项目一般为男、女 4×100 米接力跑和男、女 4×400 米接力跑。规则要求必须在 20 米长的接力区内完成传接棒动作。

(一) 4×100 米接力跑技术要领

1. 第一棒运动员采用蹲踞式起跑

一般用中指、无名指和小指握住棒的末端,用拇指和食指分开撑地,但接力棒不得触及起跑线及起跑线前面的地面。第二、三、四棒运动员多采用半蹲式或站立式起跑。接棒运动员起跑姿势的选择,主要取决于能否快速起跑,并能清晰地看到传棒选手以及设定的起动标志。

2. 传、接棒方法

传棒方法一般分上挑式、下压式和混合式三种。

(1)上挑式:接棒人手臂自然后伸,手臂与躯干约成 40°～50°角,掌心向后,虎口张开朝下,传棒人将棒由下向前上方"挑"送到接棒人手中。此种方法的优点是接棒人手臂后伸的动作比较自然放松,易掌握;缺点是第二棒接棒后,手已握在棒的中部,这样不便于持棒快跑。另外,第三、四棒传接棒时,棒的前端已剩下不多,所以相对容易掉棒。

(2)下压式:接棒人手臂后伸,与躯干约成 50°～60°角,掌心向上,虎口向后,拇指向内,传棒人将棒的前端由上向下"压"送到接棒人手中。这种方法的优点是每一次传接棒都能握住棒的一端,便于持棒快跑;缺点是接棒人在手臂后伸时相对紧张。

(二) 4×400 米接力跑技术要领

4×400 米接力跑的传棒技术相对简单。由于传棒人最后跑速已不快,所以接棒人应顺其跑速接棒,然后再快速跑出。

三、中长跑

中长跑包括中距离跑和长距离跑。中距离跑对速度和耐力都要求较高,而长跑以耐力为主。现代中长跑技术的特征为:身体重心位移平稳,动作实效、经济、轻松、自然,并保持良好的节奏、高步频,积极有效地伸髋和快速有力地摆动动作。

中长跑时,应注意呼吸的节奏。呼吸的节奏取决于个人的特点和跑的速度。一般是跑两或三步一呼气,跑两或三步一吸气,随着跑速的提高,呼吸频率也相应加快。在强度大、竞争激烈的情况下,应采用半张口与鼻同时呼吸来最大限度地满足机体对氧气的需要。中长跑时,由于内脏器官机能的惰性,氧气的供应暂时落后于肌肉活动的需要,跑一段距离后会不同程度地出现胸部发闷、呼吸困难、动作无力等现象,迫使跑速降低,甚至有难以坚持下去的感觉。这种生理现象叫极点,它与准备活动、训练水平有关,训练水平高,内脏器官的适应能力强,极点出现就缓和、短暂。当极点出现时,可适当降低跑速,注意加深呼吸,同时要以顽强的意志坚持下去。

四、跑步健身运动处方

跑步是一项全身运动,能够加速周身血液循环。通过下肢活动,有力地驱使静脉血回流心脏,减少下肢静脉和盆腔淤血,预防静脉内血栓形成。跑步可以调节大脑皮层的兴奋和抑制,可提高神经系统功能。跑步还可以保护心脏,调节人体内环境平衡,调剂情绪,振奋精神,促进新陈代谢,降低血脂水平和胆固醇水平,控制体重。经常参加长跑锻炼,有明显的健身强心作用。

跑步前应做下肢热身活动。由于跑步对膝关节压力较大,因此要加强膝关节热身。在锻炼初期,跑步的速度以没有不舒服感觉为限度,跑步的距离以没有吃力感觉为宜。跑步可能出现下肢肌肉疼痛,这是正常反应,坚持锻炼几天后这种现象就会消失。

跑步健身的具体方法有如下几种。

(一)慢速放松跑

一般慢跑时感觉到轻松舒适,无疲劳感,心率控制在每分钟110~130次,呼吸自然,稍有喘气。动作无要求。一般每周练2~3次,每次练习20分钟左右。坚持经常锻炼,对呼吸系统、心血管系统等有明显的改善。

(二)中速跑步法

在一定意志努力下,速度在每秒5米或心率在每分钟140~150次的跑步方法。这种健身跑步法是较流行的中等强度健身法,对增强心脏功能,调节内脏平衡等有显著效果。但练习中应注意做好准备活动和放松活动,练习感到明显疲劳,就要停止跑步,做些放松练习。每周练习1~2次,每次练到疲劳为止。

(三)快速跑步法

在较大意志努力下,以较快的速度向前跑进,练习时心率一般都在每分钟170~180次。这种跑法运动强度较大,持续时间较短,可以重复练习。每周可练习1~2回,每回重复3~6次。练习应循序渐进,并做好准备活动和放松整理活动,防止过度疲劳。这种方法对提高人体无氧耐受力,肌肉功能以及心脏功能具有很好的作用。但有内脏慢性病、心血管、肝、肾病患者不宜采用这种练习方法。

(四)变速跑步法

采用快慢结合、走跑结合的交替练习方法。这种跑步法适用于中老年人,由于运动量变化较大,练习时可根据个人的锻炼水平,控制练习的时间和跑速。一般来说,体质较好的,可快跑与慢跑交替进行,体质较差的,可慢跑与走步交替练习,练习时间控制在明显感到疲劳为宜,做一些放松活动,并循序渐进提高练习要求。

(五)定时跑步法

限定一定时间,延长跑步距离,或限定一定距离,缩短跑步时间的练习方法。一般用12分钟跑或6分钟跑来评价自我锻炼的效果和身体功能水平。经常进行定时跑练习,可以帮助了解自我身体状况。锻炼中如出现疲劳极点现象时,应逐步放慢跑步速度,甚至停止练习,以防出现发病现象。

(六)原地跑练习

在固定的一块小地方做原地跑步动作的练习方法,如在房间里、阳台上、跑台上做跑的动作。这种方法不受场地、气候、设备条件的限制,较为方便。这种练习方法要求练习时间较长,大腿尽量抬高。增加重复次数,会收到很好的锻炼效果。此方法适用于户外无法练习时,或有疾病做康复保健时练习。

注意跑后不要马上停下休息,应使身体各部位慢慢放松下来,建议跑完后漫步几百米,再做些力所能及的腰、腹、腿、臂的活动。跑步锻炼应坚持循序渐进的原则,逐步加大练习时间或距离。应从自身的体质和健康条件出发,因地制宜,灵活掌握,选择适宜的跑步练习方法和运动量。

第三节 跳跃

一、跳远

(一)技术要领

助跑要提高重心、高抬腿、富有弹性、节奏明显。最后几步要有积极向踏板进攻的意识。快速、准确是助跑技术的要点,节奏是完成这一要点的关键。技术动作由助跑、起跳、腾空、落地组成,重点为助跑和腾空步。动作姿势分为蹲踞式、挺身式、走步式(图6-1)。

图6-1

(二)练习方法

练习1:原地摆臂动作模仿练习。两腿前后站立,起跳腿在前,起跳腿同侧臂以大臂带动小臂由后下方向前上方摆动;摆动腿同侧臂由前下方向后上方摆动。摆动时要做到耸肩带上体,头部正直,眼看前上方。

练习2:原地摆动腿模仿练习。两腿前后站立,起跳腿在前。摆动腿前摆时,大小腿要充分折叠,大腿带髋部向上高摆。踝关节自然放松,脚尖不得超过膝关节。两臂配合摆动。

练习3:原地蹬摆结合练习。摆动腿在前,起跳腿前摆做着地动作。重心前移缓冲,当放脚缓冲后,重心和脚跟的连线垂直地面时,开始做蹬摆动作。摆动腿在蹬的基础上向前上方摆,起跳腿在摆的同时快速蹬伸髋、膝、踝关节。摆动腿可落在适当的台阶上。

练习4:两步助跑起跳练习。两腿前后站立。起跳腿在前,摆动腿向前跑出第一步落地后,积极后蹬推动髋部迅速前移,起跳腿积极放脚起跳。同时,摆动腿积极前上摆,落地时摆动腿先着地。

练习5:短、中距离的助跑成腾空步练习。丈量步点,采用走步丈量法。先确定助跑步数,然后根据助跑步数确定走的步数。走的步数一般为跑的步数乘2减2。例如,8步助跑的步数确定:8×2-2=14(走步)。助跑要做到"三高":高重心、高频率、高速度。起跳强调一个快字。

练习6:利用俯角跳板或斜坡跑道的短、中程助跑起跳腾空步练习。

二、三级跳远

(一)技术要领

第一跳要尽可能做到平稳和放松,保持良好的向前冲力,控制好身体平衡,落地放脚有积极的"扒地"动作。起跳腿蹬离地面时,做好双臂的制动动作。第二跳起跳离地后,完成"跨步"飞行自然腾空,一直延续到腾空的2/3处,后1/3为下次起跳作准备。第三跳用蹲踞式或挺身式跳远腾空和落地技术。

(二)练习方法

练习1:连续跨步跳练习。在整个跨步跳过程中,应做到动作幅度大而自然,持续时间较长。在腾空中段的1/3处可稍团身,以便在最后1/3处接着前摆和强有力地"扒地"和起跳。

练习2:短距离助跑单足跳练习。4~6步助跑起跳后,腾空中两腿换步,以起跳腿落入沙坑后继续跑进。重点体会空中换步时机和幅度。

练习3:连续单足3~5级跳练习。控制好蹬地方向、跳跃的节奏和"扒地"落地,同时两臂要协调配合。

练习4:连续做三步助跑起跳—单脚跳—腾空步动作。

练习5:六步助跑三级跳远练习。助跑六步,在起跳板上起跳做单脚跳—跨步跳—跳跃动作。第一跳"平",第二跳"远",第三跳"高"。初学者应掌握好三跳的比例,一般为第一跳35%,第二跳30%,第三跳35%。

三、跳高

(一)技术要领

助跑要积极加速、步点准、有弹性、节奏好。后段弧线助跑保持身体向内倾斜。过杆时形成较大背弓,充分利用身体重心腾起的高度和身体各环节之间的补偿作用。技术动作由助跑、起跳、过杆、落地组成。动作姿势分为跨越式、俯卧式、背越式。重点是助跑、起跳的结合,过杆动作(图6-2、图6-3)。

(二)练习方法

练习1:利用跳箱仰卧做背弓成"桥"练习。

练习2:在垫子上原地站立,后倒背弓练习。

练习3:原地双腿跳起做后倒背弓练习。背对海绵包站立,然后双脚跳起,肩后倒挺髋,成背弓仰卧落在垫子上,先不要抬大腿,保持小腿自然下垂姿势。

练习4:原地双脚跳起做背弓过杆练习。背对海绵包站立,背后放一低横杆,屈膝半蹲,两臂在体侧后下方,两臂上摆,提肩提腰,两腿蹬伸跳起,肩后倒挺髋成背弓,小腿自然下垂。下落时,提大腿,甩直小腿。过杆后,以肩背落在海绵包上。

练习5:确定助跑步点,全程助跑起跳练习。

练习6:4步弧线助跑起跳成背弓练习。助跑起跳后,成背弓姿势,落在高于臀部的海绵垫上,小腿放松自然下垂。强调倒肩、放摆动腿的时机。

练习7:4~6步助跑起跳过杆练习。
练习8:逐渐升高横杆高度的全程助跑背越式跳高完整技术练习。

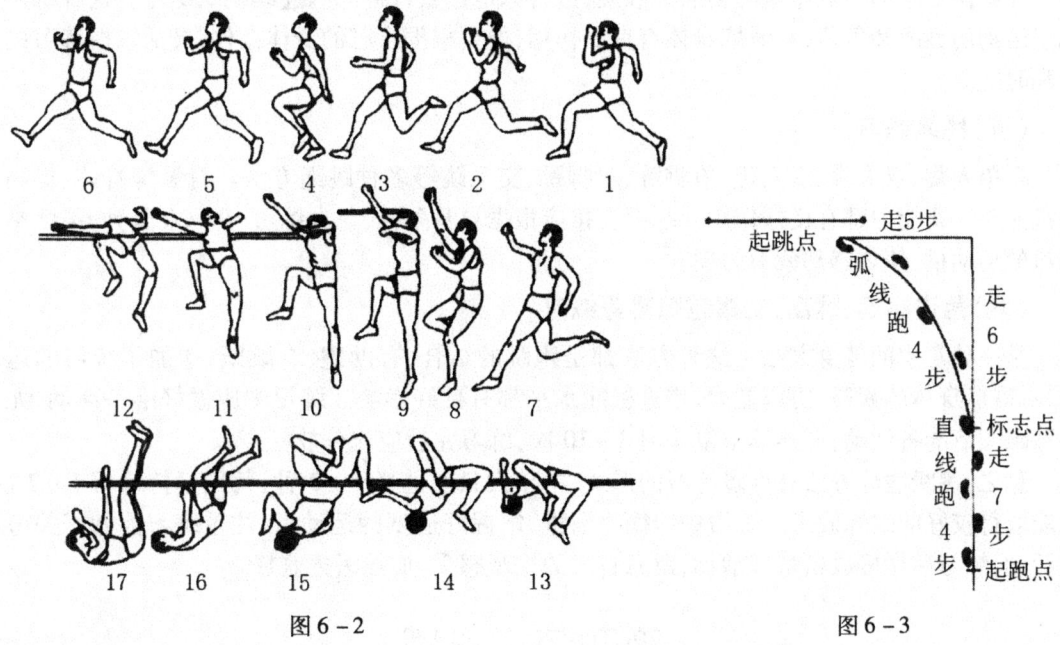

图6-2　　　　　　　　　　　　　　图6-3

四、跳的健身运动处方

跳跃运动也是一种良好的健身方法。经常进行跳跃性锻炼,使体内得到保健性振荡按摩,从而增进身体健康,增强体质,提高运动素质水平。反复地重复持续练习跳跃动作,使人体承担一定的运动负荷,有利于提高身体机能水平,平衡能力,发展协调用力和灵敏素质。

跳跃健身的具体方法如下。

(一)原地徒手跳跃练习

不用任何器械进行原地向上连续重复练习跳的动作。如:直腿跳——从深蹲开始摆臂蹬地向上跳起,下落缓冲还原到深蹲,如此反复练习5~10次一组,每周练习2~3次。收腹跳——从半蹲开始摆臂跳起收腿收腹,下落还原后,再连续重复练习。每周2次,每次练3组,每组10~20个,对腹部减肥很有效。原地跳起旋转练习——从半蹲开始摆臂跳起旋转90°~360°,下落还原后再重复练习,每周2次,每次5~10个。对提高人体平衡协调能力十分有效。还有原地单脚跳,交替腿跳、抱膝跳、拍手跳等等练习方法。在练习中应在较松软的地上练习,如沙地、草地比较好,练习后要注意放松按摩小腿部位,防止颈膜发炎,影响健康。

(二)行进间跳跃练习

有双腿连跳(又叫蛙跳),单腿向前连跳,交替腿向前跨跳等练习,都是在行进中练习的跳跃。这种练习一般固定练习距离,10~30米,连续重复练习,每周1~2次,每次2~3组,就可以收到健身效果。

(三)立定跳远

原地两脚蹬地,同时摆臂向前猛力一跳的练习。这种方法可以重复数次练习,一般重复3~10次。可以用来评价自己的弹跳能力、腿部力量、协调能力,也是一种良好的锻炼方法。

体育与健康

（四）负重跳跃练习

在身体上附加一定重量的物质如沙袋,进行原地的或行进间的连续跳跃练习。这种练习增加了运动的难度和负荷,对锻炼身体有良好作用,但要根据自己的身体条件,灵活掌握练习的次数和时间。

（五）跳绳练习

有单人跳、双人跳、多人跳、单脚跳、双脚跳、交叉跳等多种跳绳方法。对锻炼身体、提高身体机能与协调能力都有良好作用。练习安排应根据自身条件,每次练习10~20分钟,灵活掌握练习的运动量,使之感到疲劳为度。

（六）急进跳远、跳高、支撑越障碍等练习

是一种常用的健身方法。这种方法都是跑跳的结合,有助跑、有跳跃,增加了练习的运动量,对锻炼身体的素质、协调能力,增进机能水平都有良好影响。练习中应做好准备活动,尤其腰膝踝关节准备活动,可连续重复练习3~10次,练习完后应充分放松。

总之,跳跃锻炼方法有许多练习的形式,中年人只要选择1~2种,每周坚持练习1~2次,就能取得较好的锻炼效果。练习中应循序渐进,掌握好适度的运动量,注重练习前做好关节准备活动,练习后做好放松整理活动,留意自己的主观感受,加强医务监督。

第四节 投掷

一、技术要领

滑步时身体要平稳,腿部动作以摆带蹬,以压促收,低滑快落,与最后用力紧密衔接。推铅球是在直径为2.135米的投掷圈内,将铅球推在40°角的扇形区之内。推铅球技术有侧向推铅球、背向推铅球、旋转推铅球。推铅球技术由五个方面组成:持球、预备姿势、滑步、最后用力、维持身体平衡。重点是滑步和最后用力技术。

二、练习方法

练习1:向前下方推球。两脚前后自然开立,上体直立,右手握持好球（也可用左手扶住球）,然后上体右转,挺胸、转肩、伸臂拨球,将球向前下方推出。

练习2:徒手模仿出手动作。两腿前后开立,右臂模仿持球动作,两膝微屈,重心移至后腿,在后腿用力蹬伸并将重心移向前腿的同时,做转髋、转体、送肩、伸臂、拨腕的最后用力动作。完成动作后应稍停顿。

练习3:原地正面推轻铅球。两脚前后开立,面对投掷方向握持好球。左脚在前,脚尖内扣约30°,右脚在后,膝微屈。左臂前伸内旋,肩稍有转,含胸,做向前上方挺胸、送肩、伸臂、拨球动作,以体会下肢蹬伸发力和左侧支撑与右侧转体顶肩动作的用力配合。

练习4:原地侧向推球。侧向推预备姿势站立,身体预摆1~2次后,接着做蹬伸起转体送肩、伸臂拨球动作,将球推出。

练习5:原地背向推球。背向推铅球预备姿势站立,完成推球动作。

三、力量发展的健身运动处方

(一)上肢哑铃操练习

用哑铃进行上肢力量训练,是初学者发展力量素质的一种有效方法。根据不同的年龄,使用不同重量的哑铃,选择不同的练习负荷。重量大,负荷次数少,完成动作速度稍慢。重量小,负荷练习次数可以增加,完成动作速度相对加快。哑铃的重量通常有3、5、7、10磅不等,负荷次数可以安排10×3组、15×3组、20×3组、30×3组不等。

①哑铃头上推举练习;②哑铃胸前推举练习;③哑铃体侧平举练习;④哑铃体前平举练习;⑤哑铃扩胸练习;⑥哑铃体侧提收练习。

上肢哑铃操可采用两种负荷方法完成训练,一是采用重量较大的哑铃,以上6项练习内容的每1项做1组,连续完成全部6项内容为1大组,每大组间间隙2~3分钟,共练习3~6大组。另一种负荷是选用重量较小的哑铃,6项练习内容中的每1项分别各做3小组,分小组间休息一定时间,逐步完成6项内容。

(二)简单有效的肌肉力量训练方法

肌肉力量训练重在坚持,而对于广大上班族来说,受时间和空间的限制往往没有办法做系统锻炼。下面介绍几种安全简单、不需要使用道具的运动。每天可以随心情选择不同的运动方式。

1. 膝盖伸缩运动

两脚张开,比肩稍宽,两手交握于脑后;后背伸直,吸气,两腿弯曲;吐气,慢慢站直。

每组动作做5~10次,做完一组动作后休息1分钟,再重复做3~5组相同动作。可以适当增加难度,加大屈膝的角度,增加蹲起的次数。

2. 肌肉忍耐力训练

(1)两手手指交扣于胸前,用力向两边拉,持续7秒。

(2)手指姿势不变,将双手绕到脑后,继续互相拉,持续7秒。

(3)两手保持(2)的状态不动,腹部用力,持续7秒。

(4)保持(3)的姿势不变,两腿用力7秒钟。

(5)从(4)的姿势开始,慢慢下蹲,从臀部开始到下肢,用力7秒。

(6)从(5)的姿势开始,身体向上提,脚尖着地,保持这个姿势7秒。

3. 脚跟升降运动

两腿轻轻分开,站立;脚跟提起、落下、提起、落下,反复运动。

一组做5~10个,做完一组动作后休息一分钟,再重复3~5组相同动作。在等电车或公共汽车时就可以轻松地完成该运动。

马拉松的故事

马拉松原为希腊的一个地名。在雅典东北30公里。其名源出腓尼基语marathus,意即"多茴香的",因古代此地生长众多茴香树而得名。体育运动中的马拉松赛跑就得名于此。

希腊波斯战争(公元前492年~公元前449年)中,公元前490年,波斯王流士一世渡海西侵,进击阿蒂卡,在距雅典城东北的马拉松海湾登陆。雅典军奋勇应战,在马拉松平原打败波斯军队。史称马拉松之战。为了把胜利消息迅速告诉雅典人,希腊派遣长跑优胜者斐迪庇第斯(Pheidippides)从马拉松跑至雅典中央广场(全程42公里195米)。在极速完成36.2公里的路程并传达胜利的消息后,斐迪庇体力衰竭倒地而亡,因其奇迹般光荣的功绩而成为希腊的民族英雄。

1896年举行首届奥运会时,顾拜旦采纳了历史学家布莱尔(Michel Breal)以这一史事设立一个比赛项目的建议,并定名为"马拉松"。比赛沿用当年斐地比第斯所跑的路线,距离约为40公里。此后十几年,马拉松跑的距离一直保持在40公里左右。1908年第4届奥运会在伦敦举行时,为方便英国王室人员观看马拉松赛,特意将起点设在温莎宫的阳台下,终点设在奥林匹克运动场内,起点到终点的距离经丈量为26英里385码,折合成42.195公里。国际田联后来将该距离确定为马拉松跑的标准距离。女子马拉松开展较晚,1984年才被列入第23届奥运会。

思考题

1. 简述短跑的技术。进行短跑锻炼有哪些手段?
2. 简述中长跑的技术。进行中长跑锻炼有哪些手段?
3. 简述跳远过程及如何进行跳远练习。
4. 简述跳高过程及如何进行跳高练习。
5. 简述推铅球的技术及如何进行练习。

第七章 篮球运动

学习目标

1. 掌握篮球运动的常识和技巧。
2. 把学到的篮球运动知识运用到日常的球类运动中。

第一节 篮球运动概述

提起篮球人们就会想起 NBA 精彩纷呈的篮球比赛。明星们出神入化的篮球技术,让我们赞叹不已。篮球运动起源于美国,是在 1891 年由美国马塞诸塞州斯普林菲尔德市基督教青年会的体育教师詹姆斯·奈斯密斯发明的。最初是两个竹制桃篮钉在健身房内看台的栏杆上,向桃篮投球的游戏。篮球运动是将球投入对方球篮、以得分多少决胜负的集体球类运动项目,是最受人们喜爱的球类运动项目之一。

1932 年成立的国际业余篮球联合会(有巨大的吸引力,不论是参与者还是观赏者,都能从这项运动中体会到锻炼的价值,感受到其中的乐趣)是国际篮球运动的最高权力机构。目前国际篮球主要赛事有世界锦标赛、世界青年锦标赛和奥运会比赛。NBA 是美国篮球协会的缩写,NBA 联赛是全世界目前公认的篮球水平最高的联赛,成立于 1946 年。CBA 是中国篮球协会的缩写,CUBA 是中国大学生篮球协会的缩写。

第二节 篮球运动的基本技术

一、移动技术

(一)起动

从基本站立姿势开始,向前起动时以后脚或异侧脚(向侧起动)前脚掌短促有力地蹬地,同时上体迅速前倾或侧转,向跑动方向移动重心,手臂协调摆动,充分利用蹬地的反作用力,迅速向跑动方向迈出。

动作要领:移重心,起动后的前两三步前脚掌蹬地要短促有力。

(二)变向跑

变向跑是队员在跑动中利用方向的变化完成攻守任务的一种方法。从右向左变向时,最后一步用右脚前脚掌内侧用力蹬地,同时脚尖稍加内扣,迅速屈膝降重心,腰部随之左转,上体向左前倾,移动重心,左脚向左前方跨出,蹬地脚及时跟上。

动作要领:变方向的瞬间屈膝降重心、移重心,异侧脚前脚掌内侧迅速蹬地,同侧脚迅速跨出,蹬地脚及时跟上。

(三)侧身跑

侧身跑是队员在向前跑动中,为观察场上情况,侧转上体进行攻守动作的一种方法。队员在向前跑动时,头部与上体侧转向球的方向,脚尖正对跑动的前进方向,内侧腿深屈,外侧脚用力蹬地。

动作要领:面向球转体,切入方向的内侧腿深屈,外侧脚用力蹬地,重心内倾。

(四)急停

(1)跨步急停。急停时向前跨出一大步,腿微弯曲,脚跟先着地,同时上体稍后仰,重心后移,上第2步时重心下降,用脚掌内侧蹬地,停后重心移至两脚上。

动作要领:第1步要大,第2步要跟得快,脚前掌内侧用力蹬地。

(2)跳步急停。移动中用单脚或双脚起跳,上体稍后仰,落地时全脚掌着地,两腿弯曲,两臂屈肘微张,以保持身体平衡。

动作要领:重心放在两脚之间,两腿弯曲,两臂屈肘在体侧,保持平衡。

(五)滑步

滑步是防守移动的一种主要方法,可分为侧滑步、前滑步和后滑步。以侧滑步为例:滑步前,两脚左右开立约与肩同宽,膝微屈,上体稍前倾,两臂侧伸,目平视。向左滑步时,右脚前脚掌内侧用力蹬地,左脚同时向左跨出,在落地的同时,右脚迅速随同滑行,然后重复上述动作,滑步时身体要保持平稳。

动作要领:重心平稳,移动时做到异侧脚先蹬,同侧脚同时跨出,异侧脚再跟上。

(六)移动技术学练方法

(1)在明确各种移动技术动作要领的基础上做模仿练习,重点体会重心变换和脚用力的部位。

(2)在练习过程中,根据熟练程度,逐渐加快移动速度,直至达到实战需要。

(3)做各种移动技术的组合练习,以提高动作的连接能力。

(4)结合对抗做移动技术练习,以增加对抗性。

(5)在实战中体会移动技术要点,以提高动作的实效性。

二、传球技术

传球是篮球比赛中进攻队员之间有目的的转移球的方法。它是场上队员之间相互联系和组织进攻的纽带,是实现战术配合的具体手段。

(一)双手胸前传球

两手手指自然分开,拇指相对成八字形,用指根以上的部位持球,手心空出,屈肘持球于胸前。传球时,后脚蹬地重心前移,同时前臂迅速向传球方向伸出。拇指用力下压,手腕前屈,中、食指用力拨球将球传出(图7-1)。

动作要领:蹬地,展体,伸臂,扣腕,手腕急促地由下而上、由内向外翻,同时拇指下压,中、食指用力拨球。

(二)单手肩上传球

以右手传球为例。双手持球于胸前,两脚平行开立。传球时,左脚向传球方向迈出半步,同时将球引至右肩上方,肘外展,右手托球,左肩侧对传球方向,重心落在右脚上,右脚蹬地,身体向传球方向转动,以大臂带动小臂,肘关节领先,前臂迅速向前挥摆,手腕前屈,通过食指和中指拨球将球传出。球出手后,重心前移,右脚向前迈出半步,保持基本站立姿势(图7-2)。

图7-1 双手胸前传球

图7-2 单手肩上传球

动作要领:转体挥臂,扣腕,自下而上发力。

(三)传球技术学练方法

(1)明确传球的动作要领,做原地徒手的模仿练习。
(2)对墙设定目标,做原地传球练习,体会手臂、腕、指的动作及传球路线和掌握落点。
(3)原地将球传给跑动中的队员,体会移动中传球的提前量和落点。
(4)在消极防守的情况下练习传球的落点。
(5)在实战中体会合理地运用不同的传球技术,控制球的速度、路线。

三、投篮技术

投篮是篮球运动的关键技术,是唯一的得分手段,投篮得分的多少决定着比赛的胜负。

(一)双手胸前投篮

两脚前后站立,与肩同宽。双手持球于胸前,肘关节自然下垂。上体稍前倾,两膝微屈,身体重心放在两脚之间,目视目标。投篮时,两脚蹬地,腰腹伸展,两臂上伸,拇指向前压送,两手腕同时外翻,指端拨球,用拇指、食指、中指投出,腿、腰、臂自然伸直(图7-3)。

图7-3 双手胸前投篮

动作要领:动作的关键在于掌握好屈膝蹬地,腰腹伸展,手臂上伸和球出手时手腕、手指用力要连贯协调。

(二)单手肩上投篮

以右手投篮为例。右手五指自然分开,向后屈腕,屈肘持球于肩上,左手扶球,右脚稍前,左脚稍后,重心放在两脚之间,上体稍前倾,两腿微屈,目视目标。投篮时,用力蹬地,伸展腰腹,抬肘,手臂上伸,手腕、手指前屈,指端拨球,用中、食指将球投出,手臂向前上方自然伸直(图7-

4)。

动作要领：投篮时要自下而上发力，抬肘，手臂上伸，屈腕拨球，将球投出。

（三）行进间单手低手投篮

右手投篮时，一般右脚腾空接球落地。接球时第1步稍大，第2步稍小，用左脚向前上方起跳。腾空时，持球手五指自然分开，托球的下部，手臂向上伸展。接近球篮时，手腕柔和上摆，食指、中指、无名指向上拨球，擦板或空心投篮（图7-5）。

图7-4 单手肩上投篮

图7-5 行进间单手低手投篮

动作要领：第1步大，第2步稍小且继续加速，腾空高，投篮瞬间要控制好身体的平衡。

（四）运球急停跳起投篮

在快速运球中，运用跳步或跨步急停，突然向上起跳，同时持球上举。当身体接近最高点时，前臂向前上方伸直，手腕前屈，食指、中指用力拨球，通过指端将球投出（图7-6）。

图7-6 运球急停跳起投篮

动作要领：运球急停跳投的关键在于快速运球中急停的步伐要稳，连接起跳技术要协调，身体腾空和投篮出手要协调一致。

（五）投篮技术学练方法

(1) 明确投篮动作要领后，徒手做原地投篮的模仿练习。
(2) 持球原地对墙或人做投篮练习。
(3) 面对球篮做投篮练习，根据投篮技术掌握程度，变换投篮距离和角度。
(4) 在消极防守下进行投篮练习。
(5) 在实战中体会投篮动作，掌握投篮出手的力量、角度和时机。

四、运球技术

运球是一项重要的进攻技术，是控制球、组织战术配合及突破防守的重要手段。

（一）高运球

运球时，两腿微屈，目平视，运球手用力向前下方推压球，球的落点在身体的侧前方，使球反弹起的高度在腰腹之间，手脚配合协调，使球有节奏地向前运行（图7-7）。

图7-7　高运球

动作要领：运球手虎口向前，注意球的落点。

（二）低运球

两脚前后开立，两腿弯曲，重心下降，上体前倾，用远离防守队员的手用力向下短促地推压球，使球从地面向上反弹起的高度在膝部以下（图7-8）。

图7-8　低运球

动作要领：大小臂的发力要协调，手腕的用力要柔和，控制好球的反弹高度。

（三）运球急停急起

在快速运球中，突然急停时，手拍按球的前上方。运球急起时，要迅速起动，拍按球的后上方，要注意用身体和腿保护球（图7-9）。

动作要领：运球急停急起时，要停得稳，起得快。

图7-9 运球急停急起

(四)转身运球

以右手运球为例。变向时,右脚在前为轴,做后转身的同时,右手将球拉至身体的左侧前方,然后换手运球加速前进(图7-10)。

图7-10 转身运球

动作要领:运球转身时要降低重心,拉球动作和转身动作要连贯一致。

(五)背后运球

以右手运球为例。向左侧变向时,右脚在前,右手将球拉到右侧身后,迅速转腕拍按球的右后方;将球从身后拍按至身体的左侧前方,然后左手接着运球,左脚向前加速前进(图7-11)。

图7-11 背后运球

动作要领:右手将球拉至右侧身后时,要以肩关节为轴,并迅速转腕拍按球的后上方。

(六)运球技术学练方法

(1)做原地的各种运球练习,体会手臂、手腕、手指及上下肢配合的协调性。

(2)做左、右手的直线运球,体会行进间运球的部位。

(3)运球熟练后,做多种运球的组合练习。

(4)结合防守做各种运球练习。

(5)在实战中体会各种运球的合理运用。

五、持球突破技术

持球突破是持球队员运用脚步动作和运球技术快速超越对手的一项攻击性技术。

（一）交叉步突破

以右脚做中枢脚为例。两脚左右开立,两膝微屈,降低身体重心,持球于胸腹之间。突破时,左脚前脚掌内侧用力蹬地,上体稍右转,左肩向前下压,重心移向右前方,左脚向右侧前方跨出,将球引于右侧,右手运球,中枢脚蹬地向前跨出,迅速超越对手(图7-12)。

图7-12 交叉步突破

动作要领:蹬跨积极,贴近防守队员,转体探肩保护球。

（二）顺步突破

准备姿势和突破前的动作要求与交叉步相同。突破时,右脚向右前方跨出一步,向右转体探肩,重心前移,右手将球运在右脚的外侧,左脚迅速蹬地,向右前方跨出,突破防守(图7-13)。

图7-13 顺步突破

动作要领:蹬跨积极,起动迅速,转体探肩保护球。

（三）持球突破技术学练方法

(1)原地徒手做持球突破练习,体会脚步动作的要领。
(2)原地持球做突破练习。
(3)结合球篮做持球突破接行进间投篮练习。
(4)消极防守做持球突破接行进间投篮练习。
(5)在实战中结合比赛的情况,合理运用突破技术。

六、防守对手技术

防守对手是防守队员合理地运用各种步法和手臂动作积极地抢占有利位置,阻挠和破坏对手的进攻意图和行动,并以争夺控制球权为目的。

（一）防守无球队员

防守时,位置要保持在对手与球篮之间,偏向有球的一侧。防守队员要根据球和人的移动合理地运用上步、撤步、滑步、交叉步、并步和快跑等步法,并配合身体动作抢占有利防守位置,堵截其摆脱移动路线。在与对手发生对抗时,重心下降,双腿用力,两臂屈肘外展,扩大站位面积,上体保持适宜紧张度,在发生身体接触瞬间提前发力合理对抗。

动作要领:要抢占"人球兼顾"的有利位置,防守时,要做到内紧外松,近球紧、远球松,松紧结合。防止对手摆脱空切,随时准备协防补防。

(二)防守有球队员

应站位于对手与球篮之间。平步防守时,两脚平行站立,两手臂侧伸,不停地挥摆,适合于防运球和突破。斜步防守时,两脚前后站立,前脚同侧手臂向前上方伸出,另一手臂侧伸,适合于防守投篮。

动作要领:要及时抢占对手与球篮之间有利的防守位置,并根据进攻队员的技术特点,采用平步防守或斜步防守步法。

(三)防守对手技术学练方法

(1)在对手静止站立状态下,选择正确位置和距离。
(2)在对手移动时选择正确的位置和距离。
(3)结合移动技术练习,进行消极对抗下的防守练习。
(4)结合实战,根据场上情况,合理运用技术动作。

七、抢球、打球、断球技术

抢球、打球、断球是防守中具有攻击性的技术,它是积极的防御思想在防守过程中的体现,是积极防守战术的基础。

(一)抢球

抢球动作可分为两种。一种是转抢,防守队员抓住球的同时,迅速利用手臂后拉和两手转动的力量,将球从对方手中抢过来。另一种是拉抢,防守队员看准对手的持球空隙部位,迅速用两手抓住球后突然猛拉,将球抢过来(图7-14)。

图7-14 抢球

动作要领:判断准确,下手及时。

(二)打球

打持球队员手中的球时要根据持球的部位采用不同的动作。队员持球高时,打球时掌心向上,用手指和手掌打球的下部;队员持球低时,打球时掌心向下,用手指和手掌打球的上部(图7-15)。

动作要领:打球时动作要小而快,切记不要过大过猛。

图 7-15 打球

(三)断球

断球方法分两种,一是横断球,二是纵断球。横断球时,降低身体重心,当球由传球队员传出时,单脚(或双脚)用力蹬地,突然跃出(两臂前伸将球断掉)。纵断球时,当防守队员从接球队员的右侧向前断球时,右脚先向右侧前方跨出半步,然后侧身跨左脚绕过对方,左脚(或双脚)用力蹬地向前跃出,两臂前伸将球断掉(图7-16)。

图 7-16 断球

动作要领:掌握断球时机,动作快速突然。

八、抢、打、断球技术学练方法

(1)徒手体会抢、打、断球时的手部动作。
(2)练习抢、打、断球时的脚部动作。
(3)抢、打持球队员手中的球。
(4)结合实战,合理运用抢、打、断球技术。

九、抢篮板球技术

比赛中双方队员在空中争抢投篮未中从篮板或篮圈反弹出的球,统称为抢篮板球。抢篮板球技术又分为抢进攻篮板球和抢防守篮板球。抢篮板球技术由抢占位置、起跳动作、抢球动作等组成。

(一)抢占位置

无论是进攻队员或防守队员,在抢篮板球时,应根据对手和投篮队员所处的位置,判断球的反弹方向,运用快速的脚步移动,抢占在对手与球篮之间靠内线的位置,力争将对手挡在自己的身后。

动作要领:判断准确,移动及时,抢位得当。

(二)起跳动作

两腿屈膝,重心降低,上体稍前倾,两臂稍屈,举于体侧。起跳时,两脚用力蹬地,两臂上摆,手臂向上伸展,腹、腰协调用力。防守队员一般多采用转身跨步起跳,进攻队员则多采用助跑单脚起跳或跨步双脚起跳。

动作要领:起跳迅速,时机掌握好。

(三)抢球动作

双手抢篮板球时,两臂用力伸向球反弹的方向。身体和手达到最高点时,双手将球握紧,腰腹用力,迅速屈臂将球下拉置于身前。单手抢篮板球时,身体在空中要充分伸展,达到最高点时,手臂要伸直,指端触球,用力屈腕、屈指、屈臂拉球于胸前,另一手护球。当遇到对方身材比较高,不能直接得到球时,可用手指点拨的方法,将球点拨给同伴或点拨到自己便于接球的位置。

动作要领:抢到球时,要迅速持球到有利位置,并加以保护或采用下一个进攻动作。

(四)抢篮板球技术学练方法

(1)徒手模仿起跳和抢球练习。

(2)自己向上抛球,练习单、双脚起跳抢球动作。

(3)两人一球,站篮圈两侧,轮换跳起在空中用单手或双手将球托过篮圈,碰板后传给同伴。

(4)三人一组,一人投篮,另两人练习抢进攻篮板球或防守篮板球。

(5)结合实战,练习抢篮板球。

第三节 篮球运动的基本战术

一、篮球战术概念

篮球战术,是指在比赛中为了战胜对手,队员个人技术的合理运用和队员之间相互协调的组织形式。

二、组成篮球战术的因素

无论攻、守基础配合,还是攻、守战术都包含有位置(落位)、任务、路线、技术、时间五个因素。

(1)位置(落位):任何战术都有一定的落位队形,每个队员按一定阵形站位,这就是位置。

(2)任务:在完成战术配合过程中,每个队员都必须有明确的角色意识(自己是一个什么角色),并各尽其职去完成任务。

(3)路线:组织任何技术,人和篮球都应有固定的移动路线。根据战术要求和每个人的任务,队员和篮球有计划、有目的地移动,这就形成了一定的路线。

(4)技术:技术是战术的基础。每个队员必须有全面的技术。在执行全队战术配合时,每个队员根据具体职责,以娴熟的技术去保证战术配合的完成。

(5)时间:在完成战术配合时,必须根据战术的结构、组成情况,严格地按一定程序去完成,这就是时间上的要求。

以上五种因素互相联系,相辅相成,任何一个环节解决不好都会影响战术的质量。

三、组织战术原则

（1）根据战略指导思想、技术风格和本队的具体条件确定适合本队情况的战术。

（2）应贯彻"积极、主动、勇猛顽强、快速、灵活、全面准确"的技术风格。

（3）组织进攻战术：第一，组织快攻要体现快速、灵活的风格，并具有本队的特点。第二，组织阵地进攻要坚持"点面结合"、"内外结合"、"左右结合"、"主攻与辅攻结合"、"组织抢进攻篮板球与退守结合"，组织好战术配合的连续性、队员之间配合的协调性以及队员在场上行动的统一性，充分发挥每个队员的攻击性。

（4）组织防守战术要贯彻攻势防守的原则。重视由攻势转守势的意识和速度，确定各种防守的固定队形和不固定队形，确定由攻转守时的紧逼、找人和封堵的分工、边堵边退的配合以及分布阵等，贯彻以集中优势兵力打歼灭战的原则。组织夹击，回防区域，积极进抢、打、断和堵防、补防的结合，组织内外线防守力量和防守重点队员的分配，积极组织拼抢守篮板球，积极反攻。

四、篮球战术基础配合

战术基础配合是两三人之间协同动作组成的简单配合。

（一）进攻战术基础配合

1. 传切配合

传切配合是两三名队员利用传球和切入组成的简单配合。

传切配合的要点：①合理选择进攻位置，队形要拉开，按战术路线跑动；②持球队员运用投篮和突破等假动作，吸引对手，以便及时把球传给切入的伙伴；③切入的队员要先靠近对手，然后突然快速侧身跑，摆脱对手向篮下切入，随时注意接球进攻。

2. 掩护配合

掩护配合是进攻队员选择正确的位置，运用合理的技术，以身体挡住同伴的防守队员的移动路线，给同伴创造摆脱防守、获得进攻机会的一种配合方法。

掩护配合的要点：①掩仿队员要站在同伴的防守队员的移动线上；②掩护配合行动要突然、快速，运用假动作造成防守队员错觉，完成掩护配合；③同伴之间必须掌握好配合动作的时间；④当防守队员交换防守时，掩护队员要运用掩护后的第二个动作，突然转身切入篮下或寻找其他的进攻机会；⑤在进行掩护过程中，掩护队员和同伴都要做一些进攻动作，吸引住对手，达到隐蔽掩护配合的意图（图 7–17、图 7–18）。

3. 突分配合

突分配合是持球队员运用突破打乱防守部署或吸引防守，并及时将球传给同伴，使同伴获得进攻机会的配合方法。

如图 7–19 所示，⑤从防守者的左侧突破，并吸收 7 上来和 5 "关门"防守。此时⑦及时跑到有利的进攻位置上去接⑤传来的球投篮或做其他进攻配合。

突分配合的要点：①突破队员的动作要突然、快速。在突破过程中，既要有传球的准备，又要有投篮的准备；②突破队员在突破过程中，要始终注意观察场上攻、守队员位置变化，及时分球或投篮；场上其他进攻队员要掌握时机跑到有利的进攻位置上去接球。

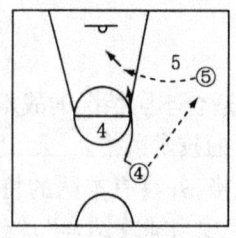 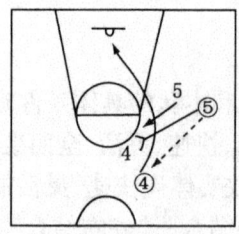 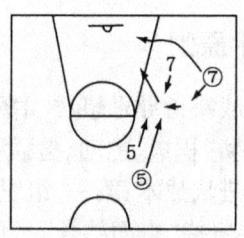

图7-17 掩护配合一　　图7-18 掩护配合二　　图7-19 突分配合

4. 策应配合

策应配合是指进攻队员背对或侧对球篮接球,并以他为枢纽,与同伴相互配合而形成的里应外合的进攻方法。

策应配合的要点:①正确选择策应点,迅速摆脱防守,抢占策应的位置;②策应队员接球后两脚开立,两腿弯曲,上体稍前倾,两肘微屈,两手持球于腹前,用臂和身体保护好球,要随时注意观察场上情况,以便及时将球传给有利进攻机会的同伴或自己伺机进攻;③策应队员在策应过程中,运用好跨步、转身来调整策应方向和位置,以便协助同伴摆脱防守或为自己创造进攻机会;④同队队员传球给策应队员后,要及时摆脱、接应或切向篮下进攻。

(二)防守战术基础配合

防守战术基础配合是两三名队员在防守中运用协同防守配合的方法,它包括挤过、穿过、交换防守、"关门"、夹击、补防等防守配合,是组成全队防守的基础。

1. 挤过配合

挤过配合是当掩护队员在进行掩护的一刹那,被掩护的防守队员主动上前,靠近自己的防守对象,并随其移动,从两名进攻队员之间侧身挤过去,继续防守自己对手的配合方法。

挤过配合要点:①防守掩护的队员,应及时提醒同伴注意对方掩护,自己随移动应稍向后撤,以便补防;②被掩护的防守队员要及时、主动上步贴近自己的对手。

2. 穿过配合

当防攻队员进行掩护时,防守掩护的队员主动后撤一步,让同伴(即被掩护的防守队员)及时从自己和掩护队员之间穿过去,以便继续防守住自己对手,称为穿过配合。

穿过配合要点:①当对方掩护时,防守掩护的队员要主动、及时后撤一步;②被掩护的队员要快速穿过堵住的进攻路线。

3. 交换防守配合

交换防守是当对手进行掩护或策应时,两名防守队员及时交换自己防守对手的一种配合方法。

交换防守配合要点:①交换防守前,防守掩护的队员要及时地把换人的信号告诉同伴并积极堵截切入队员的路线;②被掩护的防守队员接到换人的信号后,积极堵截掩护队员向内线切入的移动路线。

4. "关门"配合

"关门"是当进攻队员持球突破时,防守突破的队员向侧后滑步。同时,临近突破一侧的防守队员迅速向进攻队员的突破路线滑动,与防守突破的队员靠拢,像两扇门一样地关起来,堵住持球突破队员的一种配合。

"关门"配合要点:①防守突破队员要积极防守,堵住进攻队员的突破路线,临近突破一侧的防守队员及时、快速地向同伴靠拢进行"关门",不给突破队员留有空隙;②"关门"后,突破队员一停球,协助"关门"的队员迅速回防自己的对手。

5. 夹击配合

夹击配合是两个防守队员利用有利的区域和时机,封堵持球队员的传球路线,造成持球队员传球失误或违例的一种协同防守的配合方法。

夹击配合要点:①正确选择夹击的区域和时机;②夹击配合时,行动要果断、突然,两名夹击队员应充分运用身体、两臂严密固守持球队员,两人的双脚位置约成90°,不让其对手向场内跨步;③夹击时,防止身体接触或抢球造成的不必要的犯规动作;④防守的两名队员在夹击配合过程中,其他防守队员要紧密配合,放弃远离球的进攻队员,严防近球的进攻队员接球。

6. 补防配合

当防守队员被对手突破或绕过时,临近的其他防守队员主动放弃自己的对手,去补漏防守的配合方法,称为补防配合。

补防配合要点:①当同伴被对方突破后,临近的防守队员要大胆放弃自己的对手,果断、突然、快速地补防;②补防时,应合理运用技术,避免犯规;③被对手突破而漏防的队员应积极追防,补防同伴的对手,注意观察对手传球路线,争取断球。

(三)快攻与防守快攻

快攻是指在由防守转入进攻时以最快的速度、最短的时间,在人数上造成以多打少的优势,或在人数相等以及人数少于对方的情况下,乘对方立足未稳,果断而合理地进行攻击的一种快速进攻战术。

快攻战术是全队战术的主要组成部分,是篮球比赛中得分的重要方法,为国内外篮球队所重视。因此,在快攻训练中,必须加强快攻基础战术的练习以及攻防转化意识的练习,培养勇猛顽强的意志品质和勇于取胜的集体主义精神,不断提高快攻战术质量。

1. 发动快攻的时机

①抢到防守篮板球时发动快攻。②抢、打、断球,获球时发动快攻。③掷界外球时,要想到发动快攻。④跳球,获球后发动快攻。

2. 快攻战术的形式和组织结构

快攻的形式分为长传快攻、短传快攻和结合运球突破快攻三种。

①长传快攻。长传快攻是防守队员在后场获球后,立即快速地用一次或两次传球给迅速超越对手的同伴进行投篮的一种配合方法。

长传快攻的要点:全队要有快攻意识;由攻转守获球队员迅速观察场上情况,机警、快速地传球;快攻队员要全力快跑超越对手,并准确判断来球的方向和落点,在跑动中完成接球和投篮(图7-20)。

②短传快攻。短传快攻是防守队员获球后,立即以快速的短传推进和快速跑动获得投篮机会的一种配合方法(图7-21)。

3. 防守快攻

防守快攻是防守战术的主要组成部分。它是在进攻转入防守的刹那间,快速地、有组织地

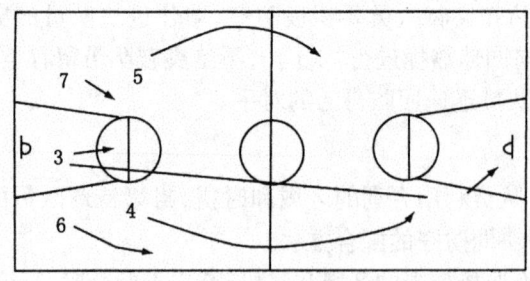

图 7-20 长传快攻

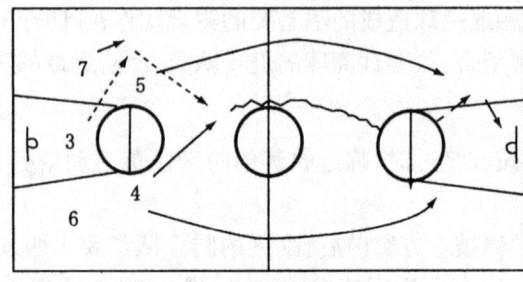

图 7-21 短传快攻

制约对方的反击速度和破坏对方快攻路线的配合方法。

防守快攻的要点：

①提高投篮命中率,拼抢篮板球：从比赛规律看,抢篮板球发动快攻的次数最多。因此,提高投篮命中率,减少对方抢篮板球的机会最重要。即使投篮不中,也要拼抢篮板球,破坏对方在空中点拨球发动第一传。

②封第一传,堵接应：当对方控制了篮板球时,离持球队员最近的队员要迅速上前封锁对手的传球路线,其他队员应判断好接应点,阻挠对方接应第一传和有组织地退守。

③堵中路,卡好两边：除封第一传,堵接应外,还应组织力量堵截中路,迫使对手沿边线推进。同时,卡好两边,以防对方偷袭快攻。

④提高以少防多的能力：防守快攻结束阶段,若遇以少防多时,防守队员要沉着冷静,有信心,充分发挥防守的积极性,判断准确,积极移动,合理运用技术,及时补位,提高防守效果。

(四)防守战术的基础配合

防守战术的基础配合有挤过、穿过、换防、补防、"关门"和夹击配合等形式。

(1)挤过、穿过配合。当对方进行掩护时,如果防守者发觉,可根据对方掩护者和被掩护者的距离远近,决定向前一步挤过或后撤一步穿过及时防住对手。

(2)换防配合。是为了破坏对方的掩护配合,防守队员之间彼此及时地交换自己所防守的对手的一种配合方法。

(3)关门配合。"关门"是临近的两个防守队员协同防守突破的配合方法。

(4)夹击配合。是两个防守队员运用合理的防守技术,积极防守一个进攻队员的配合方法。

(5)补防配合。是两三个防守队员之间的一种协同防守的配合。当同伴失去有利防守位置,进攻队员有直接得分的可能时,临近的防守队员要立即放弃自己的对手进行补防。

五、区域联防

区域联防是防守时,每个人分工负责防守一定的区域,严密防守进入该区域的球和进攻队员,并与同伴协同防守的集体防守战术。

区域联防要求合理地分配队员的防守区域,在分工负责防守区域的基础上,五个队员必须协同一致,积极随球移动,加强对有球一侧的防守,做到近球者紧,远球者松;有球者上,无球者补。区域联防的战术队形常用的有"2-1-2"、"2-3"、"3-2"、"1-3"等。

区域联防应根据进攻队的特点和本队的条件来决定采用哪种站位队形进行防守。"2-1-2"联防是区域联防的基本形式,五个队员的位置分布较均衡,移动距离短,便于相互协作,能相对减少犯规。

六、半场人盯人防守

半场人盯人防守是指在后场每个防守队员盯住一个进攻队员,同时协助同伴完成集体防守任务的全队防守战术。

它的特点是以盯人为主,分工明确,能有效地控制对方进攻重点。半场人盯人防守分为有球一侧防守与无球一侧防守。

有球一侧防守:球在正面圈顶一带时,要错位防守,以防守对手接球为主。球在45°角一带时,要侧前防守。

无球一侧防守:球在圈顶一带和45°角时,无球侧防守者应回缩球,注意协防和篮下。进攻人盯人防守时有各种阵形打法,主要是由传切、掩护策应等局部配合组合而成。

第四节 篮球竞赛的主要规则

篮球比赛中,分为主裁判和副裁判。但是在判罚时,主裁判无权改判副裁判的判罚。

主裁判有权决定规则中没有明确规定的事项,决定计时员和记录员意见不同的事项等。

副裁判员协助主裁判员组织好比赛,并与主裁判共同履行规则。

(一)暂停和替换队员

每队上半场可请求暂停两次,下半场可请求暂停三次,决胜期可请求暂停一次。

替换队员:球成死球并停止比赛计时时;在最后一次或仅有一次的罚球成功后,球成死球时;(非得分队)在第四节的最后2分钟或每一决胜期的最后2分钟期间,投篮得分时。

(二)违例

违例是违反规则但未造成犯规的行为。场上的违例情况是多种多样的,常见的违例有:两次运球、带球走、踢球或用拳击球、球回后场、3秒、5秒等。

两次运球、带球走、踢球、球回后场:队员第一次运球结束后不得再次运球,除非他失去了对球的控制,否则为两次运球。持球合法停步后确定了中枢脚,投篮或传球时,可提起中枢,否则为带球走。故意踢球或用腿的任何部分拦阻球为踢球,脚或腿偶然碰球不算踢球,有意用拳击球为拳击球。控制球的队员在前场不得使球回后场,如果球回到后场即为球回后场。一名队员从他的前场跳起,在空中直接从中圈跳球中获得控制球,并一脚或双脚落在后场,不是球回后场。

违反时间规定的违例:某队控制球时,该队队员在对方限制区内停留不得超过持续的3秒钟。当一名持球队员被严防守,在5秒钟内没有传、投、滚或运球时;或掷界外球和罚球时超过5秒钟。当一名队员在后场控制球时,该队必须在8秒钟内使球进入前场。当一名队员在场上控制一个活球时,该队必须在24秒钟内完成投篮,违反上述规则均分别为3秒钟、5秒钟、8秒钟、24秒钟违例。

凡属以上违例,均判由对方在违例地点最近的边线掷界外球重新进入比赛。无论何时,在边线掷界外球时,裁判员必须将球直接递交给掷球队员或将球放置在他可处理处。如果罚球时5秒钟违例,不属最末一次或仅有一次罚球,均判为失掉一次罚球机会。

除上述违例外,还有干扰球、使球出界与掷界外球违例,罚球和跳球违例等。

(三)争球与跳球

当双方球队一名或数名队员用一只手或双手紧紧地握着球,以致如不采用粗野动作任一队员就不能获得球权时,应判争球。当出现下列情况:双方同时触球使球出界时,当球夹在篮圈支颈上时,当出现双方犯规时,都判为争球,除第一节比赛开始跳球外,以后所有争球都按交替拥有原则进行处理。

(四)犯规及罚则

犯规是违反规则的行为,含有身体接触和不道德举止。犯规有侵人犯规(包括违反体育道德犯规、双方犯规)、技术犯规两大类。

1. 侵人犯规

(1)一般性经常发生的犯规。在球进入比赛状态,活球或死球时,队员使用不合理的动作,造成与对方身体接触(如推、撞、打、拉、绊、顶和阻挡等),有碍于比赛的正常进行,应判为侵人犯规。分为推人、徒手和带球撞人、打手、拉人、阻挡等犯规。在所有情况下,都登记犯规队员一次侵人犯规,并按下列情况处理:

①如被犯规队员未做投篮动作,应由被侵犯队的队员在犯规地点最近的边线掷界外球继续比赛。

②如被犯规的队员在做投篮动作。A. 如投中,得分有效,再判给一次罚球;B. 如2分的投篮未中,判给两次罚球;C. 如3分的投篮未成功,判给三次罚球。

(2)违反体育道德犯规。队员蓄意地对持球或不持球的对方队员造成侵人犯规为违反体育道德犯规。它不决定于动作的激烈程度,而决定于这个接触是有预谋或是有企图的。罚则:登记犯规队员一次侵人犯规。如果对未做投篮动作的队员犯规,则判给两次罚球;如果对在做投篮动作的队员犯规,如投中,应判得分,并再判给一次罚球;如果对在做投篮动作的队员犯规,投篮未得分,则根据投篮的地点判给两次或三次罚球。上述三种情况罚球后,无论罚球成功与否,均由罚球队的任一队员在记录台对面边线的中点处掷界外球。

(3)双方犯规。双方队员同时互相犯规为双方犯规。罚则:如双方犯规,不罚球,应登记每个犯规队员的一次侵人犯规。由双方犯规队员在就近的圆圈内跳球继续比赛,如在犯规的同时某方投篮、得分有效,从端线掷界外球继续比赛。

2. 技术犯规

对场上或球队席上的球队成员的没有体育道德的行为或违例的行为,是技术犯规。在球成活球前,与对方队员发生非法的接触,也可判为技术犯规。

（1）没有体育道德的行为。对任何队员、教练员或训练员的没有体育道德的行为最多可判罚两次技术犯规。任何违犯者只要有一次没有体育道德的行为，就可被驱逐；有两次没有体育道德的行为必须被驱逐。没有体育道德的行为如：与裁判员讲话无礼貌；以身体接触裁判员；对宣判公开表示不满；使用亵渎的言语；未经裁判员允许教练员进入场地；故意伸肘或试图动手脚但未包含接触。还有一些技术犯规不是由不符合体育道德的行为造成的，如：延误比赛；球队席区域的违例；球成活力球时场上队员不足或多于 5 名；进攻队员故意地吊在篮圈或篮板上等等。在死球期间发生非法接触，如果在性质上被认为是不符合体育道德的，可判为一次技术犯规；如果接触是不必要的和过分的，可判为恶意犯规。

（2）打架犯规。比赛中或死球期间，队员、教练员或训练员打架，要登记技术犯规，不判给罚球，参加打架的人员应立即被驱逐。另根据情况判打架人员不超过 20000 美元的罚款和停赛。

技术犯规的罚则与违反体育道德犯规的罚则一样都是两罚一掷。

知识窗

怎样才能提高投篮的命中率

选择良好的投篮时机，果断出手；投空心篮时，瞄准点是篮圈的中心点；选择合适的投篮出手角度和球的飞行弧线；投出后旋转球以保持球的飞行方向和均匀速度；要有强烈的投篮欲望和自信心；规范投篮动作，加强投篮练习。

思考题

1. 篮球运动基本技术包括哪些内容？
2. 快攻的组织形式和结构是什么？发动快攻的时机有哪些？
3. 试述篮球交叉步持球突破时，造成走步违例的原因。

第八章　足球运动

学习目标
1. 掌握足球运动的常识和技巧。
2. 把学到的足球运动知识运用到日常的球类运动中。

第一节　足球运动概述

　　古往今来足球运动令无数人兴奋和痴迷。足球场上，比赛双方以争夺、追赶同一个球的简单又易于理解的形式，向对方发起进攻……从中我们可以看到人性中积极、向上的一面。足球唤起人们欢乐与绝望、喜悦与悲哀的极端情感，这使它最终成为世界上名副其实的开展最普及、影响最深远的运动，从而赢得了"世界第一运动"的美誉。

　　古代足球运动起源于中国，早在炎黄之初，华夏土地上就产生了世界上最古老的足球——蹴鞠运动。黄帝是蹴鞠运动的创造者，曾用蹴鞠来训练武士。在3000多年前的商代甲骨文中，已有蹴鞠舞的记载。司马迁在《史记》中描述过战国时期齐国临淄的蹴鞠活动。到汉代，汉高祖刘邦在宫苑内修建了很大的校场——鞠城，两端有鞠室，进鞠室多者为胜，比赛已设裁判。东汉的李尤，曾写过有关裁判职责的《鞠城铭》。到唐朝，鞠内充毛发作为皮壳（动物膀胱）内充气，仲无颜曾作《气球赋》描述壮观的赛场。宋朝改球门设立在场中央，两队攻一门，当时已有宫廷蹴鞠组织。明清两代蹴鞠趋向于个人表演。

　　现代足球起源于英国，是当今世界上最有影响、开展最广泛的一项运动，被誉为"世界第一运动"。足球运动是以脚支配球为主体，在踢、运、停、顶、守门等基本技术的基础上两队互相攻、对抗，是以射门为目标，以射入球多少判定胜负的球类运动。足球运动的激烈对抗性有利于培养队员的顽强拼搏精神、团队精神和意志品质，以及全面改善和发展身体素质。

　　1863年国际足球组织英格兰足球协会成立，欧洲和南美洲国家也相继成立了足球协会，并不同程度地仿效英格兰足球进行各自的锦标赛。随着足球运动在世界各地的迅猛发展，各国足球协会相继成立，一个超国界足球组织的形成条件成熟了。1904年5月21日，国际足球协会（简称国际足联，缩写为HFA）在巴黎圣奥诺雷街法国体育运动协会联盟驻地正式成立，创始国为法国、瑞士、瑞典、比利时、西班牙、荷兰、丹麦等。1932年，国际足联总部移至瑞士苏黎士直至今日。

第二节　足球运动的基本技术

一、控球

　　控球是持球队员以脚的各个部位，通过拖、拨、扣、颠、推、挑等动作，将球置于自身控制范围之内的技术。

(一)拖球

拖球是脚底触球的上部,将球由前向后或由左(右)向右(左)进行拖拉的动作。当拖球到位后,一般均以脚内侧做挡球动作,然后进入下一动作。见图8-1。

图8-1 拖球　　　　　　　　图8-2 拨球

(二)拨球

拨球是持球队员用脚腕抖拨的动作,以脚背内侧或脚背外侧触球,使球向侧方或侧后(前)方滚动。拨球根据脚触球部位的不同分"内拨"和"外拨"两种。运用脚背内侧拨球称为"内拨",以脚背外侧拨球称为"外拨"。拨球技术通常是与对手相持时,当对方伸脚抢截球的一刹那,以拨球技术避开抢截从对方一侧越过。见图8-2。

(三)扣球

扣球是持球队员快速转身变向,用踝关节急转压扣的动作,以脚背内侧或脚背外侧触球,将球迅速停住或转变球滚动的方向。用脚背内侧扣球的动作称为"内扣",用脚背外侧扣球的动作称为"外扣"。扣球动作改变方向后,用推拨动作突然加速越过对手。见图8-3。

图8-3 扣球

(四)颠球

颠球是持球队员用身体各有效部位连续击球,并尽量不使球落地的技术动作。经常练习,能有效地促进人体对球的各种特性(弹性、重量、旋转等)的熟练程度,同时加深练习者对触球部位,击球力量的感觉,颠球的部位包括脚背、脚内侧、脚外侧、大腿、头部、胸部、肩等。

练法点拨:

(1)控球技术主要采用重复练习法。

(2)可以采用一人一球,两人一球的练习形式,在规定的时间内,将拖、拨、扣、颠球等控球技术重复练习一定的次数和组数。

二、踢球

踢球是有目的地把球传给同伴或射门,它是完成战术配合的主要手段。同时它也是足球基本技术中的主要技术。踢球的方法有很多种,包括脚内侧踢球、脚背正面踢球、脚背内侧踢球等。

无论采用何种踢球的方法,其动作过程都是由助跑、支撑、摆腿、击球和跟随动作五个部分组成。

(一)脚内侧踢球

动作要领(见图8-4):

图8-4 脚内侧踢球

(1)直线助跑,最后一步步幅稍大,支撑脚踏在球侧12～15厘米处,膝关节微屈,脚尖正对出球方向。

(2)踢球脚屈膝外展,脚底与地面平行,脚尖微上翘。

(3)小腿加速前摆,用脚内侧部位击球的中后部,用推送或敲击的踢法将球击出。

(二)脚背正面踢球

动作要领(见图8-5):

图8-5 脚背正面踢球

(1)直线助跑,最后一步步幅稍大,支撑脚积极着地,踏于球侧约10～12厘米处,膝关节微屈,脚尖正对出球方向。

(2)踢球腿以髋关节为轴,大腿带动小腿由后向前摆动击球一刹那,脚面绷紧,脚背绷直。

(3)小腿加速前摆,以脚背正面部位击球的后中部。

(4)击球后,身体及踢球腿随球前移。

(三)脚背内侧踢球

动作要领(见图8-6):

(1)斜线助跑,与出球方向约成45°角(见图8-7),最后一步略大,支撑脚外沿积极着地,踏于球的侧后方约20～25厘米处,膝关节微屈脚尖指向出球方。

(2)身体稍向支撑方一侧倾斜,踢球腿以髋关节为轴,大腿带动小腿向前摆,大腿摆至与支撑腿接近同一平面时,小腿加速做鞭打动作。

(3)踢球腿击球时,脚尖稍外转指向地面,脚趾紧扣,脚背绷直,脚跟提起。

(4)以大腿带动小腿加速前摆,根据传球的目的,击球的后中部或中下部,传出的球会出现高、中、低不同的效果,击球后继续随球前移。

图 8-6 脚背内侧踢球

练法点拨：
(1)传球不准确,应调整支撑脚的站位。
(2)传球力量不够,应加快小腿摆动速度。
(3)传球落点不准确,应注意整体动作的协调性和脚形的准确性。

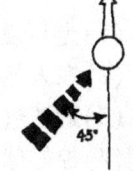

图 8-7 助跑

实际练习：
(1)两人一组,一人用脚底踩住球,另一人采用一步或三步助跑做各种踢球动作的模仿练习。
(2)对墙踢球练习。
(3)两人一组,相距一定的距离,互相踢球练习。
(4)踢准练习。

三、运球

运球技术是指持球队员在跑动过程中有目的地用脚的某一部位推拨球,使球保持在自己控制范围内的连续触球动作。运球技术包括运球和运球突破,常用的运球方法有正脚背面运球、脚背内侧运球、脚背外侧及脚内侧运球等。

(一)脚背外侧运球

动作要点(见图 8-8)：

图 8-8 脚背外侧运球

(1)持球队员身体自然放松,上体稍前倾,双臂自然摆动,步幅中小。
(2)运球时膝关节弯曲,提脚跟。
(3)脚尖内扣,用脚背外侧推拨球的后中部。

(二)脚背内侧运球

动作要领(见图 8-9)：
(1)持球队员身体自然放松,上体前倾并向运球方向转动,步幅小,双臂自然摆动。
(2)运球时膝关节稍弯曲,脚跟提起。
(3)脚尖稍向外转,在迈步前冲着地前,用脚背内侧推拨球。

图 8-9 脚背内侧运球

实际练习：
(1)走与慢跑中，先单脚后双脚，先直线后曲线。
(2)在人丛中或 5 米内间距的绕杆运球。
(3)运球过人练习或变换运球速度的练习。
(4)控好球并结合假动作练习。
(5)离场队员观看其他运球队员练习。
练法点拨：
(1)运球和运球突破技术一般采用重复练习方法，可运用无对抗练习、消极对抗练习、积极对抗练习及小组比赛练习等形式。练习要求可根据练习者的水平进行调整。
(2)运球时步幅要小，身体重心应紧跟球的移动。
(3)运球时要随时注意抬头观察情况。

四、接球

接球是队员有意识、有目的地利用身体的合理部位，把运行中的来球停挡在自身控制范围之内的技术。一般常用的接球方法有：脚内侧接球、脚底接球、胸部接球等。但不管采用何种接球方法，都应包括判断球速、落点、接球及接球后控球四个过程。接球形式包括接地滚球、空中球和反弹球 3 种。

（一）脚内侧接球

接地滚球动作要领（见图 8-10）：
(1)支撑脚正对来球，膝关节微屈。
(2)接球脚屈膝外转，脚尖稍翘起主动前迎来球。
(3)球接触脚内侧一刹那，接球脚后撤缓冲，把球控制在便于衔接下一个动作处。
接反弹球的动作要领（见图 8-11）：
(1)支撑脚踏在球的落点侧前方，屈膝上体稍前倾。
(2)接球脚放松提起，用脚内侧对准球的反弹角度。
(3)当球反弹刚离地时，用脚内侧部位推压球的中上部。

图 8-10 脚内侧接地滚球　　　　图 8-11 脚内侧接反弹球

接空中球的动作要领(见图8－12)：
(1)根据来球的高度,接球脚举起前迎,对准来球路线。
(2)当球与脚内侧接触瞬间,后撤缓冲。
(3)把球控制在有利于衔接下一个动作的位置。

(二)脚底接球

脚底接球包括接地滚球和接反弹球两种技术。
接地滚球动作要领(见图8－13)：

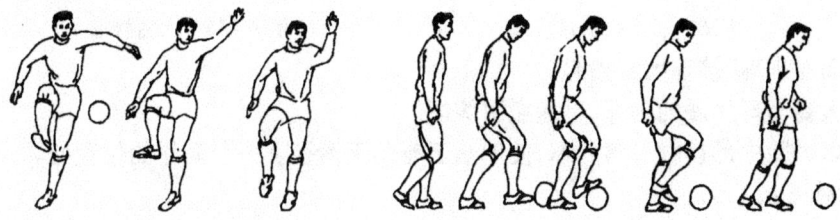

图8－12　脚内侧接空中球　　　　图8－13　脚底接地滚球

(1)支撑脚踏于球的侧后方,屈膝脚尖正对来球。
(2)接球脚提起,自然屈膝,脚尖上翘高于脚跟,踝关节放松。
(3)用脚掌前部触球的中上部。
接反弹球的动作要领：
(1)支撑脚踏在球落点的侧后方,对准来球反弹角。
(2)当球着地瞬间,用脚掌前部对准球的反弹路线,推压球的中上部。

(三)胸部接球

胸部接球是利用胸部接球的一种技术动作。其特点是面积大,有弹性,争取接球时间,易于掌握。胸部接球分挺胸式和收胸式两种方法。
挺胸式接球动作要领(见图8－14)：
(1)面对来球,双臂自然张开,两脚分开微屈膝,重心落于两脚之间。
(2)当胸部与球接触前瞬间,两脚蹬地,胸部稍上挺,收腹,上体后仰缓冲来球力量。
(3)以胸部触击球后,使球落于自己能控制的范围。

图8－14　挺胸式接球

收胸式接球动作要领(见图8－15)：
(1)面对来球,两脚开立,双臂自然张开,挺胸迎球。
(2)当球与胸部接触前瞬间,收胸、收腹,同时臂部后移,使来球缓冲。
(3)以胸部接球后,使球落于自己能控制的范围。

(四)大腿接球

动作要领(见图 8-16):

图 8-15　收胸式接球

图 8-16　大腿接球

(1)面对来球,接球大腿抬起。
(2)大腿与球接触的刹那,迅速撤引缓冲。
(3)以大腿中部接触下落的球,使球落于有助于衔接下一个动作的位置处。

实际练习:
(1)利用足球墙进行各种接球技术练习。
(2)将球踢高,完成各种接反弹球的练习(用手抛高球亦可)。
(3)两人一组,相隔一定的距离,练习踢、接球动作。
(4)多人三角传、接球练习。

练法点拨:接球练习形式繁多,一般采用重复练习方法,练习时,要从实战与战术配合出发。2~4人为一练习组较为合适。应根据练习者的基础,安排切实可行的练习内容与方法。

五、头顶球

头顶球作为争取时间、争夺空间的有效手段,在比赛中被广泛使用,它是指队员有意识,有目的地用前额正面或侧面将球击向预定目标的动作。

足球比赛中,头顶球是传球、射门和抢截的有效手段之一,常用的有原地、跑动、起跳、鱼跃等方式顶球。

(一)原地前额正面头顶球

动作要领(见图 8-17):

(1)身体正对两眼注视来球,两脚前后开立,微屈膝,上体后仰展腹,重心落于后脚,双臂自然张开。
(2)球运行至身体垂直上方时,后脚用力蹬地,收腹,快速向前屈体,重心由后脚移向前脚。
(3)击球时,颈部肌肉紧张,用前额正面顶球的后中部,上体随球前摆。

图 8-17　原地前额正面头顶球

（二）跳起前额正面头顶球

动作要领：

（1）原地起跳时，双脚用力蹬地，两臂屈上摆自然张开，身体在上升中，上体后仰展腹成反弓形，注视来球。

（2）球运行至身体垂直上方时，收腹，上体快速前摆，颈部紧张。

（3）用前额正面把球顶出，随后屈膝缓冲落地。

实际练习：

（1）各种头顶球技术的模仿练习。

（2）两人一组，一人抛球另一人做头顶球练习，交替进行。

（3）自抛自顶或两人对顶。

练法点拨：

（1）练习应运用自抛自顶的重复练习法，也可以借助墙，同伴抛来或传来的球，并要求有目标、有意识地提高头顶球技术和顶球的准确性。

（2）顶球时不能闭眼、缩颈，要主动迎球，颈部保持紧张。

（3）准确判断起跳时间和来球速度与落点。

六、抢截球

抢截球是转守为攻的积极手段，是防守技术的综合体现。抢截球包括抢球和截球两部分内容。抢球是指在足球规则允许的条件和动作下，把对手控制的或将要控制的球抢夺过来或破坏掉。截球是指将对手相互间传出的球，堵截或破坏掉。

（一）正面跨步抢截球

动作要领（见图8-18）：

（1）两脚前后开立，膝微屈，身体重心下降并落于两脚间。

（2）当对手脚触球后，脚即将落地或刚落地瞬间，抢球者后脚用力蹬地，抢球脚以脚内侧堵截球，当球被堵时，另一脚快速跟上。

（3）如双方同时触球，则抢球脚顺势向上提拉，使球从对手脚背滚过，并身体重心迅速跟上，控制球。

（二）侧面合理冲撞抢球

动作要领（见图8-19）：

（1）当防守队员与对手并肩跑动追球时，身体重心下降。

（2）用靠近对手方一侧的手臂，以肩部以下，肘以上的部分贴紧自己身体去冲撞对手相同部位。

图8-18 正面跨步抢截球

图8-19 侧面合理冲撞抢球

(3)使对手失去平衡而失去球的控制,乘机把球夺下。

实际练习:

(1)无球情况下做抢截球各种技术的模仿练习。

(2)两人一球,一人运球另一人完成抢截球练习,交替进行。

(3)两人相对站立,中间放一球,听信号后做抢球练习。

练法点拨:

(1)最好是在对抗的条件下并结合简易的攻防战术,效果较能体现,在练习过程中,若能结合游戏则有利于提高练习兴趣。

(2)抢截球时机要准确,要合理。

(3)抢球时动作要迅速、果断。

七、掷界外球

掷界外球是指在比赛中越出边线的球,按足球竞赛规则规定用手将球掷入场内,恢复比赛的一项技术。

掷界外球有原地掷界外球和助跑掷界外球两种方法。

(一)原地掷界外球

动作要领(见图8-20):

图8-20 原地掷界外球

(1)面向比赛场地,双手持球于头后。

(2)把球从头后经头顶用连贯的动作把球掷入场内。

(3)球掷出后,双脚均不得全部离地和踏进场内。

(二)助跑掷界外球

动作要领:

(1)助跑时双手持球于胸前,助跑距离不宜太长。

(2)掷球的动作与原地掷界外球相同。

实际练习:

(1)两人一球互掷,距离可由近至远。

(2)需要增加掷球远度,可用实心球代替。

练法点拨:

(1)单人对墙进行掷球练习,也可采用两人对掷界外球练习或一人掷球,另一人做接球练习,两人轮流练习的形式。

(2)足球规则规定:掷界外球时脚不能离地、进场或远离规定的掷球点。

第三节 足球运动的基本战术

一、足球运动战术的分类

足球运动战术是足球比赛中,根据主、客观条件而采用的个人与集体之间的配合。它与技术、身体素质和心理品质有相当紧密的联系。

整场比赛是由进攻和防守两大部分组成的,因此,足球战术可分为进攻战术和防守战术。进攻和防守分别包含了个人和集体战术两类。如表8-1所示。

表8-1 足球战术的分类

进攻足球战术	个人战术	传球、射门、运球、过人、接球、掷球、摆脱、跑位
	局部配合	局部二过一配合、传切配合、三人配合等
	全队	阵地、快速反击、边路、中路、转移
	定位球	开球、角球、任意球、掷界外球、罚点球等
	阵形	4-2-4、4-3-3、4-4-2、3-5-2、4-5-1等
防守足球战术	个人	盯人、选位、抢截
	局部配合	保护、补位、临近位置配合
	全队	区域盯人、混合盯人、中前场压迫、逐步回撤等
	定位球	开球、角球、任意球、掷界外球、罚点球等

二、足球运动的基本战术

(一)比赛阵形

比赛阵形是比赛场上队员的位置排列、攻守力量搭配和职责分工的形式。阵形人数排列一般是从后卫排向前锋,根据队员排列层次分成后卫线、前卫线、前锋线。守门员职责固定,一般不予计算。常见的比赛阵形有"4-3-3"、"4-4-2"、"3-5-2"、"4-5-1"等。

(1)4-3-3阵形的特点。在这个阵形中,把三个前锋放在前锋线上,中场也设立了三名球员,不但加强了防守能力,还使进攻的方式变得更加灵活。一般来说,此阵形中的后卫可分为两个中后卫,两个边后卫,使得防守更加有层次,更加有立体性。前卫可分为一前二后或二前一后,不管哪种安排,中场都必须起到一个攻守的枢纽作用;边前卫主要负责加强进攻,中前卫主要负责组织进攻和参与防守。前锋也可分为中锋和边锋两种:边锋主要通过运球突破对方防守、射门或传中,同时要负起门前强点射门的任务;中锋是锋线的尖刀,主要是突破、抢点和射门。

(2)4-4-2阵形的特点。此阵形和前面阵形最大的区别就是把一个前锋队员放到了中场,加强了防守的能力。后防的位置和任务基本和"4-3-3"一样。中场有4名队员,有利于防守,同时也有利于夺取中场的优势和主动权。前锋的要求是突破能力强,善于把握破门的机会。整个队员的分布虽然是攻少守多,但是可以通过合理有序的组织,保证比赛中攻守力量的平衡。

(3)3-5-2阵形的特点。此阵形最明显的特点是中场人数多,力量强大,有利于控制中场主动权,有效地阻止对方的进攻,减轻后场的防守压力;后卫线的3名队员大胆地紧逼盯人,相互保护补位;中场队员插上进攻的点多,而且隐蔽性较强。

(4)4-5-1阵形的特点。此阵形是一个相对侧重于防守的阵形。后卫线的4名队员主要的力量用于防守,并协助控制中场和组织进攻;中场人数多,力量大,能够很好地控制中场的主动权,减轻后场的防守压力;前锋线上只有1名队员,进攻的力量相对薄弱,不过从防守反击战术来说,也有它的优势所在。

（二）进攻战术

1. 个人进攻战术

个人进攻战术是队员在比赛中,为了战胜对手,完成整体进攻任务而采取的个人行动。它包括摆脱、跑位、传球、射门等。

①摆脱与跑位。每当队员得球,都要发动进攻,同队队员要迅速摆脱对手,造成空当,给有球同伴创造多条传球路线,以更好地进攻。摆脱对手紧逼,可采用突然启动、冲刺跑、急停、突然变向、变速和假动作等。跑位就是有目的地跑向有利位置或空当。跑位能使自己在短时间内摆脱对手接球,推进进攻。

②传球。传球是配合的基础,是完成战术配合创造射门机会的主要手段。选择目标、把握时机、控制力量与方向是传好球的重要环节。

③射门。射门是一切战术配合的最终目的。准确、有力的射门,往往使守门员猝不及防而失球。

2. 局部进攻战术

局部进攻战术是指进攻中两个或几个队员之间的配合方法。它是集体配合的基础。其配合形式有"二过一"配合、传切配合、三人配合等。局部进攻战术通常以"二过一"配合为基础。"二过一"配合是在局部地区两个进攻队员通过两次以上的连续传球配合,越过一个防守队员的配合行动。"二过一"配合包括"斜传直插二过一"、"直传斜插二过一"、"回传反切二过一",见图8-21、图8-22、图8-23,以及"踢墙式二过一"、"交叉掩护二过一"

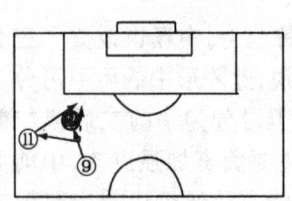 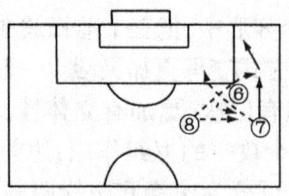 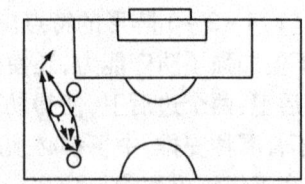

图8-21　斜传直插二过一　　图8-22　直传斜插二过一　　图8-23　回传反切二过一

3. 整体进攻战术

①阵地进攻中的边路传中、中路渗透、中路转移。

边路传中是指在对方半场两侧地区发动的进攻,通过传中来创造射门机会。此方法是针对对方边路防守人数较少、空间较大的缺点,突破防线,然后传中,由中路或异侧的同伴包抄完成射门。

中路渗透一般有后场发动进攻、中路发动进攻、前场发动进攻三种形式。

中路转移是针对在比赛中,中路聚集着双方较多的队员,中路渗透不能奏效的情况,将球从中路转移到边路以分散防守力量,然后再从边路突破或者传中的一种进攻战术。

②快攻。快速进攻是非常有效的一种进攻战术。主要特点就是由守转攻时对方的防守还不是很到位,通过最简单的快速传递配合来创造射门机会。主要有:一是守门员获得对方射门的球时,守门员快速地踢球或手抛球发动进攻;二是在中前场抢截到对手的球时马上快速发动进攻;三是在中后场获得任意球时,快速发球也能形成快攻机会。

(三)防守战术

1. 基础战术

①选位和盯人。它是防守战术中的基础。防守队员站位时一般应处于对手与本方球门中心所构成的一条直线上。一般情况下,对对方有球队员以及可能接球的队员要紧逼;对离球远的对手可采用松动盯人。

②局部防守配合。保护和补位是局部地区集体防守的基础,队员之间应保持适当的斜线站位。当一侧被突破时,另一个应立即补位,被补位队员迅速回到补位队员的位置。

2. 全队战术

①人盯人防守。除拖后中卫外,每个队员都要盯住一个指定对手。原则上对手跑到哪里就盯到哪里,拖后中卫进行区域防守,执行补位的任务。

②区域盯人防守。每个队员在自己防守的区域内进行盯人防守,无论哪个对手进入自己的防区就盯住他,一般不越区盯人,拖后中卫执行补位的任务。

③混合防守。混合防守是现代足球用得较多的一种防守方法,就是把人盯人防守和区域盯人防守结合起来。一般拖后中卫执行补位,另外三个后卫盯人,前卫和前锋区域盯人。"全攻全守"的踢法在防守时,每个队员都有防守任务。防守的关键是:场上队员要做到延缓对方进攻;快速回防到位,保持防守层次;紧逼盯人,严密守住球门前30米区域。

在现今的比赛中全队的防守方法一般有三种。一种是在进攻丢球后立即就地抢截;另一种是在进攻中丢球后,前锋队员在前场封抢,其他队员立即退回本方半场防区进行防守抢截;第三种是在进攻失误丢球后,全队退至禁区前组织密集防守,阻击对方的进攻。

第四节　足球运动规则和裁判法

一、足球运动规则

1. 足球比赛场地必须是长方形,在任何情况下长度必须长于宽度,一般场地长度为90~120米,宽度为45~90米。国际比赛场地长100~110米,宽64~75米,设在400米跑道的田径场内足球场,以长105米、宽68米为宜。

2. 足球场由四线,三区,二点,一圈,一弧组成。四线:边线,端线,中线和球门线;三区:罚球区,球门区和角球区;二点:开球点和罚球点;一圈:中圈;一弧:罚球弧。

3. 足球比赛判断球是否出界或进球是以球的整体是否从地面或空中的垂直线越出边线、端线或球门线,不以人所处的位置为依据。足球场上的各线宽度均不得超过12厘米。

4. 在足球比赛中,有以下七种情况,将球直接踢进球门都不算胜一球:①中线开球。②掷界外球。③间接任意球。④直接任意球直接踢进本方球门。⑤裁判员坠球,球着地后未经其他队员接触即进球门。⑥攻方队员用手或臂将球掷入、带入或故意碰入球门。

5. 足球门宽 7.32 米高 2.44 米。

6. 国际足球比赛开始前,裁判员对比赛用球要做严格的检查。按规则要求,开始比赛时球的圆周不得超过 71 厘米,或少于 68 厘米,球的重量不得超过 453 克或少于 396 克,球的气压为 0.6 公斤/平方厘米~1.11 公斤/平方厘米。

7. 足球比赛每队上场队员不得多于 11 人,其中必须有一人为守门员,在比赛开始或比赛进行中,某队队员人数不足 7 人时,比赛应该终止。场外和场上队员未经裁判员许可不能擅自进出场地。比赛时守门员和其他队员的位置不能随意交换,如需要交换,须经过裁判员同意。

8. 正式国际比赛,每队每场最多可以替补 3 名队员,一般比赛或友谊比赛可由举办单位或比赛双方确定替补人数。

二、足球运动的裁判法

1. 一场足球比赛一般由一名裁判员,两名巡边员,一名替补巡边员,一名记录员,五人组成。裁判员和巡边员担任比赛场上的执法工作,替补巡边员和记录员担任场外工作。

2. 在足球比赛中,有以下五种情况裁判员必须鸣哨!(1)比赛开始开球;(2)胜 1 球;(3)罚点球;(4)停止比赛;(5)比赛结束。

3. 足球比赛全场时间为 90 分钟,上下半场各 45 分钟,除经裁判员同意外,中间休息时间不得超过 15 分钟。如进行决胜期比赛,加时 30 分钟,15 分钟交换场地,中间不休息。

4. 越位规则规定:"凡队员较球更接近于对方端线者。即处于越位位置"。
下列情况除外:
(1)该队员在本方半场内;
(2)至少有对方队员在两人比该队员更接近于对方的球门线;
(3)他齐平于最后两名对方队员。
判罚队员越位必须同时具备以下条件方可判罚:
(1)该队员处在对方半场内;
(2)该队员较球更接近于对方端线;
(3)该队员于对方端线之间的对方队员少于两人;
(4)同队队员在触球的一刹那,该队员正在干扰比赛或干扰对方,或企图从越位位置获得利益。
如果队员直接从下列情况下接到球,则没有越位犯规:
(1)球门球;
(2)界外球;
(3)角球。

5. 在足球比赛中,凡队员故意违反下列 10 项规定之一者裁判员都应判罚直接任意球:
(1)踢或者企图踢对方队员;
(2)绊摔对方队员。即在对方身前或身后,伸腿或屈体绊摔对方;
(3)跳向对方队员;
(4)猛烈地带有危险性地冲撞对方队员;
(5)除对方正在阻挡外,从背后冲撞对方队员;
(6)打或企图打对方队员,或向他人吐唾沫;

(7)拉对方队员；
(8)推对方队员；
(9)手触球，即用手或臂部携带、击或推球(守门员在本方罚球区内除外)；
(10)铲球未触球前触及对方。
在比赛进行中无论球在什么位置，如果队员在本方罚球区内违反了上述十种犯规中的任何一种，应被判罚点球。

6. 在足球比赛中凡队员故意违反下列规定之一者裁判员都要判罚间接任意球：
(1)守门员在对方罚球区内违反下列四种犯规中的任何一种。
①用手控制球后在发出球之前持球超过6秒；
②用手触及同队队员故意踢给他的球；
③在发出球之后未经其他队员触及，再次用手触球；
④用手触及同队队员直接掷入的界外球。
(2)裁判员认为其动作具有危险性。
(3)阻挡对方队员。
(4)阻挡对方守门员从其手中发球。
(5)冲撞守门员。

7. 在足球比赛中如果队员违反下列七种犯规中的任何一种，将被警告并出示黄牌：
(1)有非体育道德行为；
(2)以语言或行动表示异议；
(3)持续违反规则；
(4)延误比赛重新开始；
(5)未得到裁判员许可进入或重新进入比赛场地；
(6)当以角球或任意球重新开始比赛时不退出规定的距离；
(7)未得到裁判员许可故意离开比赛场地。

8. 如果队员违反下列七种犯规中的任何一种，将被罚令出场并出示红牌：
(1)严重犯规；
(2)暴力行为；
(3)向对方或其他任何人吐唾沫；
(4)用故意手球破坏对方的进球或明显的进球得分机会(不包括守门员在本方罚球区内)；
(5)用可判为任意球或点球的犯规破坏对方向本方球门移动着的明显得分机会；
(6)使用无礼的、侮辱的或辱骂性的语言及动作；
(7)在同一场比赛中得到第二张黄牌。

9. 掷界外球
掷界外球不能直接进行得分，在掷出球的一瞬间，掷球者应面向比赛场地，任何一只脚的部分站在边线上或站在边线的地上。使用双手将球从头后经头上掷出。掷球队员在其他队员触球前不得再次触球。球一进入比赛场地，比赛即为进行。

10. 合理冲撞和合理冲撞应具备的条件：合理冲撞是指在比赛中，球在对方控制范围内和在机会均等的情况下，用肩部做力量适当的和不带危险性的冲撞动作，即接触方式上允许做的合乎情理的冲撞，为合理冲撞。
合理冲撞应具备如下条件：

(1)冲撞的目的在于争球;

(2)球必须在双方控制范围以内;

(3)冲撞时身体接触的部位必须以自己的肩以下,肘关节以上的体侧部位去冲撞运载方的相同部位;

(4)力量要适当,不得猛烈地带有危险性;

(5)冲撞时手臂不得扩张。

同时具备以上五条,为合理冲撞,否则即为不合理冲撞,就要判罚犯规。

世界杯之父

国际足联成立之初,只有7个成员(法国、比利时、丹麦、荷兰、西班牙、瑞典、瑞士),1910年南非作为第一个非欧洲成员国加入,开始逐渐发展。谈到国际足联真正的壮大,不得不提一个人:儒勒斯·雷米特(Jules Rimet),这个法国人开创了国际足联历史上伟大的"雷米特时代"。

1921年3月1日,48岁的雷米特当选国际足联第三任主席,他在任期内做了两件事,创立了一个时代。其一,雷米特凭借出众的外交能力,壮大了国际足联的规模,1954年他卸任时,FIFA的成员协会已从20个发展为85个,特别是1946年,雷米特争取到了英伦三岛四个足协(英格兰、苏格兰、威尔士、北爱尔兰)的加入,作为现代足球的发源地,这四个足协至今仍拥有独立参加世界杯的资格。其二,雷米特创立了世界杯大赛,1930年7月18日,首届世界杯在乌拉圭揭幕,世界足球发展进入了新的阶段,为此,雷米特也得到了"世界杯之父"的称号,最初的世界杯奖杯也以他的名字命名。1956年10月16日,雷米特在巴黎去世,享年83岁。

思考题

1. 足球运动基本技术包括哪些内容?
2. 脚背内侧踢球的动作要领有哪些?
3. 正面头顶球技术的动作要领有哪些?

第九章　排球运动

学习目标

1. 掌握排球运动的常识和技巧。
2. 把学到的排球运动知识运用到日常的球类运动中。

第一节　排球运动概述

排球运动是两队对抗,在间隔一网的场地上主要用手或身体任何部位击球过网以决胜负的一项球类运动。1895年由美国人威廉·摩根发明。

目前,为中国广大排球爱好者所关注的赛事有奥运会排球比赛、世界排球锦标赛、世界杯比赛、亚洲杯比赛、中国排球联赛等,其中女子比赛更令球迷关注,这主要是因为自1981年到2003年以来,中国女子排球队先后六次夺得世界冠军。

经常参加排球运动,不仅能提高人们的力量、速度、灵敏、弹跳、反应等身体素质和运动能力,还能培养勇敢、顽强、积极果断等优良品质和集体主义精神。排球场设备简单,比赛规则容易掌握,运动量可大可小,因而成为我国人民喜爱的运动项目之一。

第二节　排球运动的基本技能

一、准备姿势与移动

准备姿势:双脚前后并立,略与肩宽,脚跟微微地提起,屈膝稍内收,上体前倾、抬头双眼注视来球,身体重心保持在两脚之间。

移动:主要表现起动与制动的步法,其步法包括并步、滑步、交叉步、跨步、跑步和综合步等。

实际练习:

(1)全班成2~4列横队站立,教师向前平举手时,学生做半蹲姿势;向上举手时,学生做稍蹲姿势;向下举手时,学生做低蹲姿势,如此反复进行。

(2)队形同上,教师指向左方,学生向右侧移动;指向右方,学生向左移动;指向前方,学生后退移动,指向后方,学生向前移动,如此反复进行。

二、传球

传球是利用手指手腕伸臂动作来进行传球的技术,它分为正面传球、背传球、侧传球和跳传球四种。

【基本要求】

(1)做好排球的准备姿势。

(2)手型:手腕后仰,手指自然分开微屈成半圆球形,小指朝前,拇指相对成一字形,间隔约2厘米左右,置于头的前额上方一球处,准备传球。

(3)用拇、食、中指承受球的压力,无名指和小指控制球的方向,触球瞬间,用手指弹力和手腕、伸臂、蹬地的力量将球传出。如图9-1所示。

图9-1 传球

实际练习:
(1)徒手模仿手型和协调用力。(2)自抛自接(用传球手型接球)。(3)对墙近距离传球。(4)自传。(5)两人一组间隔两米一抛一传。(6)两人对传。

三、垫球

垫球是利用双手小臂形成的垫击面插入球的下面,根据来球的反弹力向前上方击球的过程,主要用于接发球、防守、救各种难球,是组织进攻的基本环节。其技术有:正面双手垫球、体侧垫球、跨步垫球、单手垫球、背垫球以及前扑、鱼跃垫球。

动作要领:

(1)叠指法:两手小鱼际平行靠拢,一手四指并拢重叠在另一手并拢的四指上屈指,两手拇指平行靠拢。

(2)双臂夹紧、伸直、含胸收肩,压腕插入球下。

(3)蹬地送腰,以肩关节为轴,手腕上10厘米处迎击来球。如图9-2所示。

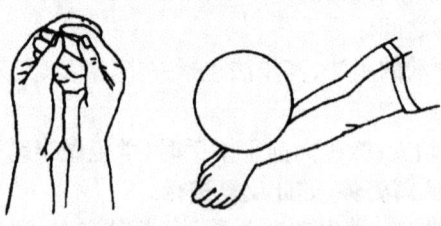

图9-2 垫球

实际练习:
(1)徒手练习协调用力。(2)自垫。(3)对墙垫。(4)一抛一垫。(5)对垫。(6)一抛一移动垫球。

四、发球

发球标志着比赛的开始,是一种直接得分的进攻方法,同时还能破坏对方的战术。发球可用手掌、手根、虎口击球。它分为正面和侧面下手发球，正面上手发球、正面发飘球、勾手大力发球、勾手发飘球和跳发球。

（一）正面下手发球

动作要领：

（1）两脚前后开立，前手持球手臂略伸直轻抛球25厘米左右高，身体重心放在前脚上。

（2）后手后引，以肩关节为轴经后、下、前挥臂击球的后下部，同时身体前送，随之进场。如图9-3所示。

图9-3　正面下手发球

（二）正上手发球

动作要领：

（1）两脚前后开立，重心落在后脚上。

（2）左手向前上方抛球，高度适中，同时右手臂抬起弯屈后引，上体右转，挺胸，展腹。

（3）击球时右臂上举伸直，随着蹬地，收腹迅速挥臂击球的后中下部，重心移至前脚。如图9-4所示。

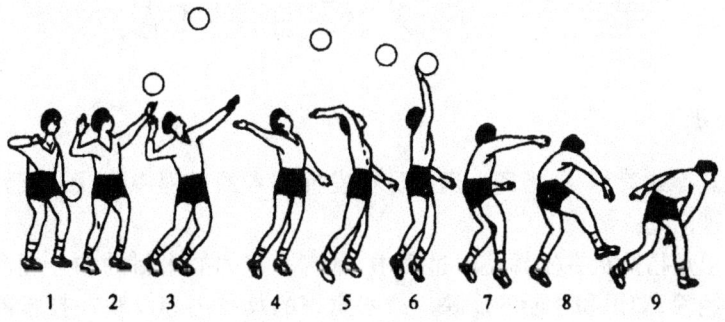

图9-4　正上手发球

实际练习：

（1）练习抛球。（2）在限制线后隔网发球。（3）降低球网全场发球。（4）对发球。

五、扣球

扣球是利用良好时机和跳起的高度，用手将球快速直接地击在对方场区内。扣球是进攻的最有效的方法，是进攻得分的重要手段。扣球的种类有正面扣球、勾手扣球、扣快球、调整扣球。

动作要领：

（1）根据球速、方向、高度作好判断步和起跳步选点，屈膝深、起跳快、蹬地猛，上肢配合摆动等有效动作的配合。

（2）起跳后展腹挺胸，展肩拉肘，击球时手臂伸直，收腹转肩，迅速挥臂，以手掌击球中上部，并包卷球体。如图9-5所示。

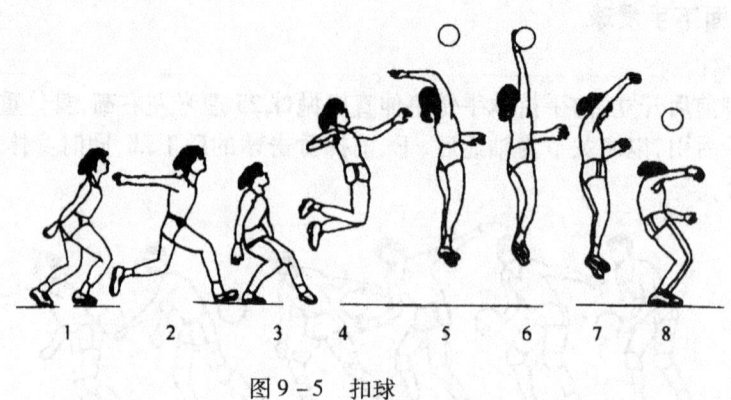

图9-5 扣球

实际练习：
（1）挥击悬吊物。（2）两人一组原地对扣球。（3）徒手练习助跑步法。（4）降低球网自抛自扣。（5）两人一组降低球网一抛一扣。（6）助跑扣球。

六、拦网

拦网是队员在网上利用自己跳起的高度和掌握的时机，用双手阻击对方扣击过来的球，所以拦网是防守的第一道防线，反攻的重要环节，得分的重要手段，还可以直接破坏对方的进攻战术。拦网技术是根据对方扣球的位置，技术特征来决定拦网起跳时机。起跳时双手从额前向网前上方伸出，两臂伸直，提肩，手指自然分开，触击球时，手指紧张，迅速压腕。

第三节 排球运动的基本战术

一、排球战术分类

战术是一种意识或素养，是指场上运动员在发挥技术的过程中，支配自己行动的并带有一定战术目标的心理活动。

排球战术意识是指队员在发挥技术过程中，具有一定的战术目的的心理活动，是队员在运动实践中具备的经验、知识和才能的反映。战术意识的具体内容反映在技术的目的性、行动的预见性、判断的准确性、攻防的主动性、战术的灵活性、动作的隐蔽性和配合的一致性等方面。排球战术分为个体战术和群体战术，其群体战术可分进攻战术和防守战术。

（一）进攻战术

进攻是为了使击入对方的球落地或让对方失误而采用的符合规则的方法与手段。群体进攻战术，主要内容包括"中一二"、"边一二"进攻战术。

（1）"中一二"进攻战术，是由二传（3号位）把球传给4号位和2号位的进攻形式（图9-6）。

（2）"边一二"进攻战术，是由2号位担任二传，把球传给3号位和4号位的进攻形式（图9-7）。

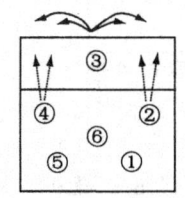
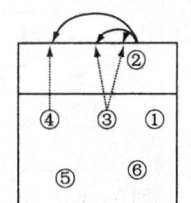

图9-6 "中一二"进攻战术　　　　　图9-7 "边一二"进攻战术

(二)防守战术

防守是使把对方击来本方的球在个体或群体按规则规定而取得的成功而得分的球。防守战术主要包括接发球、接扣球及拦网等内容。

接发球站位阵形是指在对方发球时,本方为接好球而站的位置。主要有以下几种：

(1)六人接发球站位或称"一二一二"站位(见图9-8),这是初学者教学比赛用的站位阵形。

(2)五人接发球站位或称"一三二"站位,亦称"W"阵形(图9-9①、图9-9②),是各种比赛时的站位阵形。

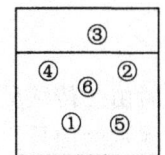
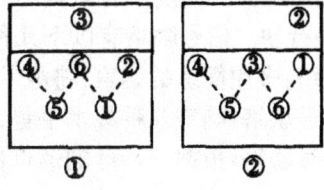

图9-8 "一二一二"站位　　　　　图9-9 "W"阵形

(3)四人接发球站位(图9-10a)。

(4)边跟进防守站位(图9-10b)。

(5)心跟进防守站位(图9-11)。

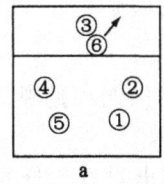
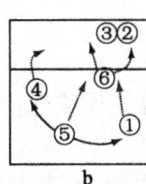

图9-10 四人接发球站位和边跟进防守站位　　图9-11 心跟进防守站位

二、阵容配备、交换位置及信号联系

(一)阵容配备

阵容配备是合理地搭配场上队员,充分发挥每个队员特长和作用的组织手段。

(1)"四二"配备:两个二传手安排在对称位置上,其他四人为两个主攻手、两个副攻手分别站在对称的位置上(图9-12)。

这种阵容配合,使每一个轮次前后排都能保持一个二传队员和两个进攻队员,便于组成"中一二"和"边一二"进攻战术。

(2)"五一"配备:五个扣球队员和一个二传队员的配备(图9-13)。这种配备,适合攻防兼备、技术较全面的队采用。二传队员的对角位置配备一名接应二传,以弥补二传队员来不及去传球的空隙。

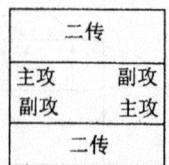
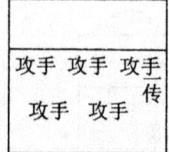

图9-12 "四二"配备　　图9-13 "五一"配备

比赛中,在规则允许的情况下,根据战术的需要,可采取交换位置的方法,充分发挥每个队员的特长,以达到扬长避短的目的。

(二)队员之间的换位

(1)前排队员之间的换位。①为加强进攻,把进攻能力强的队员换到最有利的位置上;②为加强拦网,把拦网好的队员换到3号位;③为了保证二传的场上组织进攻,使二传基本换在3号位。

(2)后排队员之间的换位。为加强后排防守,可把队员互换到各自擅长的防守区域,采用专位防守,或把防守能力强的队员换到防守任务重的区域。

(三)信号联络

排球运动是一项需要高度配合默契的集体项目,为实现快速多变的攻防战术配合,必须通过信号联络统一行动。信号联络有以下几种:

(1)语言联络:多用简练的语言,将战术编成代号进行联络;

(2)手势信号联络:确定几种战术手势,在接发球时或防守时由二传队员出示;

(3)落点信号联络:根据一传球的落点位置,作为发动某种战术的信号。

第四节　排球竞赛的主要规则

一、比赛方法

1. 胜一球

每球得分制,无论是发球失误,还是接发球失误或任何其他的失误和犯规,对方即胜一球。

2. 胜一局

每球得分制,每局25分,决胜局15分。先得25分并同时超出对方2分的队胜一局,决胜局先得15分并同时超出对方2分胜这一场,无最高分限制。

3. 胜三局的队胜一场。

二、最常见的比赛行为规则

1. 界内、界外球:(1)触及比赛场区地面包括界线为界内球。(2)球触及界线以外、场外物体、天花板或非比赛队员、标志杆以外部分;球的整体或部分从非过网区完全越过球网的垂直面等为界外球。

2. 发球犯规:未按照发球次序发球;没有遵守发球的执行规定,没有遵守发球试图的规定。

3. 击球时的犯规:(1)四次击球:一个队连续触球(拦网除外)四次为击球犯规。(2)持球和连击犯规:没有将球击出,使球产生停滞,为持球。同一人连续击球为连击犯规,但拦网时的连续触球以及全队第一次击球时同一动作击球产生的球连续触及身体部位除外。

4. 队员球网附近的犯规:(1)对方进行进攻性击球前或击球时,在对方的空间触及球网或对方队员。(2)从网下穿越进入对方空间并妨碍对方比赛。(3)比赛进行中,队员触及9米以内的球网、标志杆和标志带并干扰对方比赛为触网犯规,只要不干扰比赛的触网就不是犯规,不论是轻微触网,还是大触网。(4)队员的一只(两只)脚越过中线进入对方场区并妨碍对方比赛为犯规;队员脚以上的身体任何其他部位,哪怕是脚以外的整个身体都越过中线触及了对方场区,只要不干扰对方比赛就不犯规。(5)在对方空间触击球为过网击球犯规,但拦网在对方进攻性击球后触球除外。

5. 拦网犯规:(1)从标志杆外进行拦网。(2)后排队员参加拦网。(3)拦网出界。(4)拦对方发球。

6. 进攻性击球犯规:(1)后排进攻犯规。后排队员在前场区完成进攻性击球,其击球时球的整体高于球网上沿。(2)过网击球犯规。在对方场区空间击球。(3)击发球犯规。在前场区对球的整体高于网的发球完成进攻性击球。(4)击球出界。(5)自由防守队员进攻性击球犯规。自由防守队员在前场区用上手传球方式进行二传球,进攻队员将高于球网的二传球击入对方场区,或自由防守队员将高于球网的球击入对方场区,均为自由防守队员进攻性击球犯规。

中国女排的辉煌"五连冠"

战绩:1981年和1985年世界杯冠军;1982年和1986年世界锦标赛冠军;1984年奥运会冠军。

中国女排以技术全面、快速多变、攻防平衡的特点立足于世界强队之列。2001年,中国女排由新的教练班子和以年轻队员为主组成一支新队伍。重组后的中国女排的精神面貌令人耳目一新,在2001年世界大冠军杯上获得冠军,并在2004年获得奥运会金牌。

思考题

1. 排球的技术包括哪些,各种技术如何应用?
2. 简述排球项目场地设施与要求。
3. 学生在正面传球练习中易犯哪些错误,如何纠正?

第十章　乒乓球运动

1. 掌握乒乓球运动的常识和技巧。
2. 把学到的乒乓球运动知识运用到日常的球类运动中。

第一节　乒乓球运动概述

乒乓球因声得名,是体育项目中最形象的叫法,而国际乒联一直沿用"桌上网球"的名称,英文译为 Table Tennis。它是一项富有锻炼价值的运动,特点是球小、速度快、变化多,能锻炼身体,增强体质,丰富生活,增添乐趣。乒乓球集健身性、娱乐性、竞技性、调节性等为一体,深受广大群众喜爱,在我国被誉为"国球"。

乒乓球运动于19世纪末起源于英国,流行于欧洲,最早叫 Table Tennis。从这个命名可以看出,网球是乒乓球的前身。1990年左右出现了赛璐珞制作的球,由于拍与球撞击时发出"乒"而落台时发出"乓"声音,故而又称乒乓球。

第二节　乒乓球运动的基本技术

一、握拍技术

(一)直握拍法

(1)快攻型直握拍法:拍柄贴在虎口上,拇指的第1指节压住球拍左肩,食指的第2指节压住右肩,拇指第1指节和食指第1、2指节位于球拍前面成钳形,两指尖距离1~2厘米,其他3指自然弯曲叠置于拍后(图10-1)。

图10-1　快攻型直握拍法　　　　图10-2　弧圈型直握拍法

(2)弧圈型直握拍法:食指扣住拍柄与拇指共同形成环状,其他3指在拍背面自然微伸叠置于拍后(图10-2)。

(3)削球型直握拍法:拇指弯曲紧贴拍柄左侧,稍用力下压,其余4指分开并自然伸直托住球拍的背面(图10-3)。

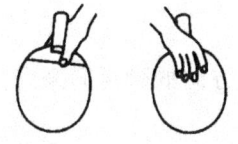
图 10-3 削球型直握拍法

图 10-4 攻击型横握拍法

（二）横握拍法

（1）攻击型横握拍法：拇指自然斜伸，贴于拍面。食指自然斜伸，贴于球拍背后，用第 1 指节顶住球拍，顶点略偏上（图 10-4）。

（2）削攻型横握拍法：拇指在前自然弯曲贴于拍柄，食指在拍后自然斜伸贴于拍面，其他各指自然握住拍柄（图 10-5）。

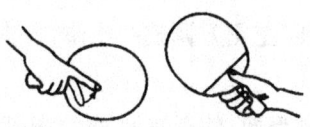
图 10-5 削攻型横握拍法

二、站位技术

运动员为了便于回击各种不同落点和性能的球，在每次击球前，都会根据个人的打法和身体特点力求使自己处于一个相对固定的位置，并保持一种相对稳定的姿势。这个相对固定的位置就叫基本站位，这种相对稳定的姿势就叫基本姿势。选择正确的基本站位与姿势，有利于迅速起动移动步法，占取合理的击球位置，充分发挥自己的技术特长。

（1）基本站位。进攻型打法一般距离球台 50 厘米左右，擅长近台进攻的选手，站位可再稍近些。擅长中远台进攻的选手，站位可稍靠后些。擅长正手侧身抢攻的选手，可站在球台偏左侧。擅长打相持球或反手实力较强的选手，可站于球台中间略偏反手的位置。削攻型打法一般距离球台 100~150 厘米左右，多在球台中间略偏反手的位置。

基本站位所指的是一个大概范围，并不是固定的一点。各种类型打法的基本站位不仅不一样，而且它们所指的范围大小也不相同。直拍近台快攻打法的基本站位所指范围较小，弧圈球打法就大些，而削球打法则更大。

（2）基本姿势。两脚开立，比肩稍宽，左脚稍前，右脚稍后，前脚掌内侧着地，脚后跟略提起，两膝自然微屈，重心在两脚之间，含胸收腹，身体略前倾，肩关节放松，执拍手位于身前偏右处，球拍略高于台面。另外，每个选手的基本姿势还要依其身体条件及技术特点略有变化。

三、步法

乒乓球练习时，由于来球的落点不断变化，要正确地还击每个来球，除必须具备快速的反应和良好的身体素质外，还要靠正确、灵活的步法，及时移动身体到最佳的击球位置。常用的移动步法有单步、并步、跨步、跳步、侧身步、交叉步、结合步等。

（一）单步

击球时以一脚的前脚掌为轴着地，另一脚向前侧、后移动一步，在来球离身体较近角度不大，小范围内使用。

（二）并步

击球时以来球异方向的脚向同方向的脚并一步，然后同方向的脚再向来球方向移一步，移动时无腾空动作，在小范围移动时应用。

（三）跨步

跨步是指一只脚向不同方向跨出一大步，另一脚迅速跟上半步。常在来球急、角度大、离身体较远时使用。

（四）跳步

一脚用力蹬地，使双脚离开地面，同时向左、向右或前后跳动，快攻型打法用此来侧身。

（五）侧身步

右脚向左脚并拢落地时，左脚向左侧方调整一小步，并向侧前方迈出一步。

（六）交叉步

先以靠近来球的脚作为支撑脚蹬地，使远离来球的脚迅速向来球方向跨出一大步，原蹬地脚向前移动一步，一般用来对付离身体较远的球。

（七）结合步

使用一种步法不能获得最佳击球位置时，可使用结合步来完成，移动范围比单一步法大。

实际练习：

(1) 左右移动（以球台宽度为界），30秒~1分钟为一组。见图10-6。

(2) 左右跨跳（以1/2球台宽度为界），30秒~1分钟为一组。见图10-7。

(3) 交叉步移动（以球台宽度为界），30秒~1分钟为一组。见图10-8。

图10-6 左右移动　　图10-7 左右跨跳　　图10-8 交叉步移动

(4) 摸球台端线两角（左右侧前、侧后移动），30秒~1分钟为一组。见图10-9。

(5) 用多球练习提高步法移动速度。见图10-10。

(6) 沿球台侧身滑步接力练习。见图10-11。

图10-9 左右前、侧后移动　　图10-10 多球练习移动

四、发球

发球是唯一不受对方制约的技术，是比赛中力争主动、先发制人、争取胜利的重要环节。

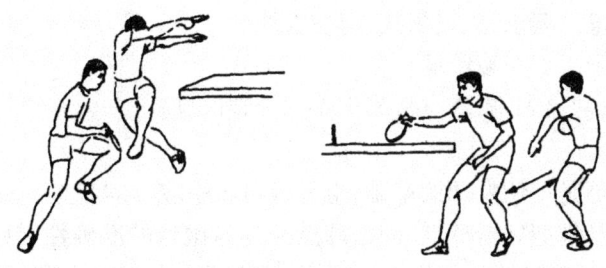

图 10-11 侧身滑步接力练习

(一)正手平击发球

动作要领:左脚在前,身体稍向右转,抛球同时右臂稍向后引拍,拍形稍前倾,持拍手从身体右后方向前挥拍,击球的中上部;击球后,前臂和手腕继续向左前方摆动,身体重心移至左脚。见图 10-12。

图 10-12 正手平击发球

要点:击球后的第一落点应落在球台的中区。

(二)正手发下旋与不转球

动作要领:

(1)发下旋加转球方法:左脚稍前,右脚在侧后,左手掌心托球于身体右前方;将球抛起当球从高点下降至与网同高时,前臂加速向左前下方发力,击球中下部向底部摩擦,触球时,拍面后仰,手腕加力,切球越薄,发出的球越转。

要点:用球拍的下半部偏前的部分摩擦球的中下部,触球瞬间,加强用力,做下旋的摩擦。

(2)发不转球方法:发不转动作方法与发加转动作方法基本相同,注意拍触球时,减少向后角度,并稍加前推的力量。见图 10-13。

要点:用球拍的上半部去摩擦球的中下部,触球瞬间同样加速,注意体会球拍吃不住球的感觉。

图 10-13 正手发下旋与不转球

实际练习:

(1)徒手模仿练习。要求:体会手臂、手腕的发力。

(2)一发一接练习。要求:相似动作发不同旋转的球。

(3)发旋转球。要求:发球时要求手法相似。

(4)台面发球比准。要求:先发斜线,再发直线。
(5)采用多球练习。如一箩筐球。
(6)可由浅入深,从易到难,落点从不定点到规定区域。

练法点拨:
(1)正手平击发球是一切发球的基础,也是练习正手攻球的起点,一定要动作规范。
(2)发球的关键是掌握好击球点,而击球点又是与抛球的准确性和稳定性密切相关。执拍手臂发力,控制拍形,触球时间与部位相关联,要反复进行分解练习和对教学练习挡板、墙进行自练。
(3)抛球不稳定,造成失误多或落点不稳定,须反复练习抛球和执拍手的配合。
(4)击球点过高或过低,造成球出界或下网,可采用多球提高练习密度,并按动作要求反复练习。
(5)发平击式球,拍面前倾不够和发加转下旋球拍面后仰过多,均会造成发球不过网。纠正时需调整拍面角度,并规定第一落点应在台面近端线的40厘米范围区域内。

五、推挡球

推挡球技术特点是站位近、动作小、击球早、球速快、变化多。推挡包括快推、加力推、反手减力推等技术。

(一)推挡

动作要领:挥拍向前方偏上,加力击球的中部,击球时肘关节加速展开以便发力,如挡直线,当球从台面弹起时,前臂向前迎球,手腕略向外展,拍稍竖起,拍面对着对方左角,在球的上升期击球的中上部,拍形稍前倾。如挡斜线,手腕稍向内转,使拍形对着对方右角,触球中上部。见图10-14。

要点:随势挥拍,距离要短,快速还原。

(二)快推

动作要领:击球前,判断来球,选好站位,左脚稍站前,击球时,以肩为轴,屈肘向后稍引拍,右肩下沉,触球中上部,借球的反弹力击球的上升期,前臂稍旋外手腕外展,拍面稍前倾。见图10-15。

图10-14 推挡　　　　　　图10-15 快推

要点:肘关节应贴近身体,前臂稍前迎,拍头向斜下方。

(三)加力推

动作要领:加力推的击球时间比快推稍晚一些,拍略提高一些,以肩为轴,屈肘引拍向后稍下,发力时,拍形固定,手腕不加转动,充分发挥身体向前压和伸肘关节的力量。见图10-16。

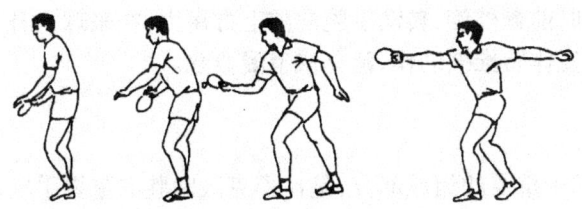

图 10-16 加力推

要点:触球时拍前倾,身体重心稍提起,高点期击球的中上部。

（四）反手减力推

动作要领:选好站位,左脚稍前,击球前屈肘向后方偏上,以肩为轴,拍形稍前倾,在球上升期,挥拍向前下方触球瞬间停止挥拍,以减弱发力。见图 10-17。

图 10-17 反手减力推

要点:随势在必行挥拍动作时向后收回。

实际练习:

(1)原地颠球,见图 10-18。要求:熟悉球性。
(2)对墙推挡,见图 10-19。要求:体会手腕动作。
(3)两人对推,见图 10-20。要求:先练习中线,再练斜线与直线。
(4)一推一攻,见图 10-21。要求:先练推定点,再练不定点。
(5)技术水平不同的同学互帮互助。

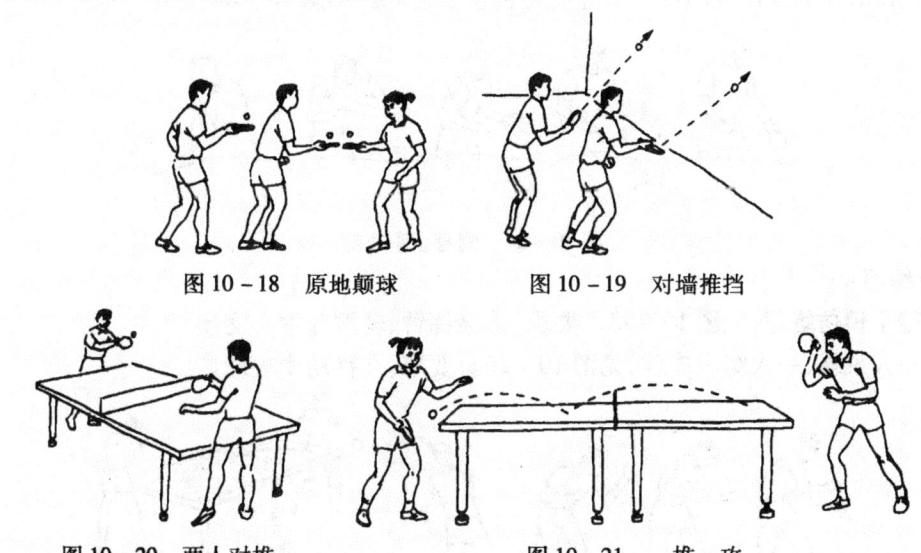

图 10-18 原地颠球　　图 10-19 对墙推挡

图 10-20 两人对推　　图 10-21 一推一攻

练法点拨:

①对墙推挡是提高推挡球技术的重要手段。一般约 50 次左右方可二人对练。

②注意握拍,推挡时前臂外旋,转动手腕向前上方用力,在来球上升期触球中上部或中部。
③站位稍近台,反复体验推挡动作,建立快节奏概念。

六、攻球

攻球是乒乓球技术中重要的组成部分,是比赛克敌制胜的重要手段。攻球包括:正手快攻、正手快拉、侧身正手攻球等。

(一) 正手快攻

动作要领:击球前,左脚稍前,身体离台40厘米左右,前臂稍后引,球拍置于身体右侧后方,拍面稍前倾,手臂向左前方迎球;击球时,上臂带动前臂在球的上升期击球中上部。见图10-22。

要点:击球时,前臂在球的瞬间旋内,注意还原。

(二) 正手快拉

动作要领:快拉与快攻动作的不同之处是引拍时,身体重心稍下降,球拍略低于球,触球瞬间撞击结合摩擦球的中部,来球下旋强烈时,触球中下部,击球时间为下降前期,触球瞬间手腕有一向上摩擦球的动作。见图10-23。

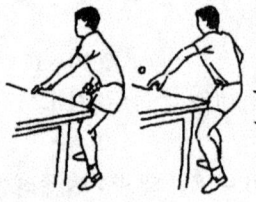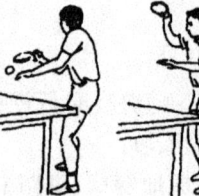

图10-22 正手快攻　　　　　图10-23 正手快拉

(三) 侧身正手攻球

动作要领:首先要迅速移动脚步到侧身位置,身体侧向球台,左脚稍前,上体略前倾并收腹。根据来球情况,在侧身位置用正手攻球的各种技术击球。见图10-24。

图10-24 侧身正手攻球

实际练习:

(1) 徒手模仿练习,见图10-25。要求:体会挥臂、转腰和重心交换。

(2) 一人发球,一人练习攻球,见图10-26。要求:在移动中攻球。

图10-25 徒手模仿　　　　图10-26 一发一攻

(3) 一人推,一人练攻球,见图10-27。要求:按规定线路练习。

(4)斜线对攻、中路对攻,见图10-28。要求:按规定线路练习。

图10-27 一推一攻　　　　　　图10-28 斜线、中路对攻

七、搓球

搓球是近台还击下旋球的一种基本技术,其技术特点:动作幅度不大,出手较快,弧线低,落点变化丰富。搓球是用下旋控制技术中的基本技术,它包括:反手慢搓、反手快搓。

(一)反手慢搓

动作要领:击球时,利用手臂前送的力量,击球的下降期,触球的中下部向底部摩擦。见图10-29。

要点:直拍者手腕做伸,横拍者手腕做内收。

(二)反手快搓

动作要领:击球前,身体靠近球台站位,拍面稍后仰,引拍至身体左前上方;手臂向左前下方迎球击球时,前臂加速向前下方用力,击球的上升期,触球的中下部借助来球的力量回击。见图10-30。

图10-29 反手慢搓　　　　　　图10-30 反手快搓

要点:搓球过程中要有手腕动作,手臂要与身体协调一致。

实际练习:

(1)徒手做模仿搓球的练习。

(2)自己向球台抛球,弹起后将球搓过网。

(3)在接发球时,将球搓回对方球台。

(4)对搓练习。

(5)各种搓球法交替练习,体会不同的手法。

第三节 乒乓球运动的基本战术

一、单打战术

（一）发球抢攻战术

反手发右侧上（下）旋球,至对方中路靠右近网处,伺机抢攻;反手发急上（下）旋球,至对方左角,配合发近网短球,伺机抢攻;正手发左侧上（下）旋球,配合发转与不转球抢攻;正手高抛发左侧上（下）旋球（长、短球）至对方左角后抢攻。

（二）推挡侧身抢攻战术

用推挡技术压住对方反手,伺机侧身抢攻。

（三）对攻战术

这是进攻型打法选手互相对垒时常用的战术。主要有:紧压对方反手结合变线;连续压中路及正手;调右压左;轻重力量变化等战术,伺机抢攻;近台打（拉）回头和远台对攻（拉）及放高球的战术,以争取由被动变主动。

（四）攻对削战术

拉两角杀中路;拉中路攻右（左）角;拉右（左）杀左（右）;拉远台迫使对方离台远,然后放短球,扰乱对方步法,伺机扣杀。

（五）以削为主,削中反攻战术

以旋转和落点变化迫使对方回球偏高,伺机反攻或使对方失误;以稳削变化旋转和落点为主,适当配合反攻;连续削加转球至对方左角,然后配合送不转球至对方右角;连续削对方正手,突变削对方反手,迫使对方用搓球回接,伺机反攻,削转与不转球,配合控制落点,伺机反攻;交叉削逼两角,伺机反攻。

二、双打战术

为了协同作战,加强配合,双打选手在发球时可用手势相互暗示发球意图,尽量为同伴创造抢攻条件,力争主动。在接发球时应以抢攻、抢拉为主。当发球或接发球后,可运用打一角的战术,迫使对方两人在一角匆忙换位,再突袭另一角;亦可交叉攻两角或长短结合的战术,打乱对方两人的基本站位、走位,从中创造进攻机会。

第四节 乒乓球竞赛的主要规则

一、球台

1. 球台的上层表面叫做比赛台面,应为与水平面平行的长方形,长2.74米,宽1.525米,离地面高76厘米。
2. 比赛台面不包括与球台台面垂直的侧面。
3. 比赛台面可用任何材料制成,应具有一致的弹性,即当标准球从离台面30厘米高处落至台面时,弹起高度应约为23厘米。

4. 比赛台面应呈均匀的暗色,无光泽,沿每个2.74米的比赛台面边缘各有一条2厘米宽的白色边线,沿每个1.525米的比赛台面边缘各有一条2厘米宽的白色端线。

5. 比赛台面由一个与端线平行的垂直的球网划分为两个相等的台区,各台区的整个面积应是一个整体。

6. 双打时,各台区应由一条3毫米宽的白色中线,划分为两个相等的"半区"。中线与边线平行,并应视为右半区的一部分。

二、球网装置

1. 球网装置包括球网、悬网绳、网柱及将它们固定在球台上的夹钳部分。

2. 球网应悬挂在一根绳子上,绳子两端系在高15.25厘米的直立网柱上,网柱外缘离开边线外缘的距离为15.25厘米。

3. 整个球网的顶端距离比赛台面15.25厘米。

4. 整个球网的底边应尽量贴近比赛台面,其两端应尽量贴近网柱。

三、球

1. 球应为圆球体,直径为40毫米。

2. 球重2.7克。

3. 球应用赛璐珞或类似的材料制成,呈白色或橙色,且无光泽。

四、球拍

1. 球拍的大小,形状和重量不限,但底板应平整、坚硬。

2. 底板厚度至少应有85%的天然木料。加强底板的粘合层可用诸如碳纤维,玻璃纤维或压缩纸等纤维材料,每层粘合层不超过底板总厚度的7.5%或0.35毫米。

3. 用来击球的拍面应用一层颗粒向外的普通颗粒胶覆盖,连同粘合剂,厚度不超过2毫米;或用颗粒向内或向外的海绵胶覆盖,连同粘合剂,厚度不超过4毫米。

(1)"普通颗粒胶"是一层无泡沫的天然橡胶或合成橡胶,其颗粒必须以每平方厘米不少于10颗、不多于50颗的平均密度分布整个表面。

(2)"海绵胶"即在一层泡沫橡胶上覆盖一层普通颗粒胶,普通颗粒胶的厚度不超过2毫米。

4. 覆盖物应覆盖整个拍面,但不得超过其边缘。靠近拍柄部分以及手指执握部分可不予以覆盖,也可用任何材料覆盖。

5. 底板、底板中的任何夹层以及用来击球一面的任何覆盖物及粘合层均应为厚度均匀的一个整体。

6. 球拍两面不论是否有覆盖物,必须无光泽,且一面为鲜红色,另一面为黑色。

7. 由于意外的损坏、磨损或褪色,造成拍面的整体性和颜色上的一致性出现轻微的差异。只要未明显改变拍面的性能,均可允许使用。

8. 比赛开始时及比赛过程中运动员需要更换球拍时,必须向对方和裁判员展示他将要使用的球拍,并允许他们检查。

五、合法发球

1. 发球时,球应放在不执拍手的手掌上,手掌张开和伸平。球应是静止的,在发球方的端线之后,比赛台面的水平面之上。

2. 发球员须用手把球几乎垂直地向上抛起,不得使球旋转,并使球在离开不执拍手的手掌之后上升不少于16厘米,球下降到被击出前不能碰到任何物体。

3. 当球从抛起的最高点下降时,发球员方可击球,使球首先触及本方台区,然后越过或绕过球网装置,再触及接发球员的台区。在双打中,球应先后触及发球员和接发球员的右半区。

4. 从抛球前球静止的最后一瞬间到击球时,球和球拍应在比赛台面的水平面之上。

5. 击球时,球应在发球方的端线之后,但不能超过发球员身体(手臂、头或腿除外)离端线最远的部分。

6. 运动员发球时,应让裁判员或副裁判员看清他是否按照合法发球的规定发球。

(1)如果裁判员怀疑发球员某个发球动作的正确性,并且他或者副裁判员都不能确信该发球动作不合法,一场比赛中此现象第一次出现时,裁判员可以警告发球员而不予判分。

(2)在同一场比赛中,如果发球员或其双打同伴发球动作的正确性再次受到怀疑时,不管是否出于同样的原因,均判接发球方得一分。

(3)无论是否第一次或任何时候,只要发球员明显没有按照合法发球的规定发球,他将被判失一分,无需警告。

7. 运动员因身体伤病而不能严格遵守合法发球的某些规定时,可由裁判员作出免予执行的决定,但须在赛前向裁判员说明。

六、合法还击

对方发球或还击后,本方运动员必须击球,使球直接越过或绕过球网装置,或触及球网装置后,再触及对方台区。

(一)比赛次序

1. 在单打中,首先由发球员合法发球,再由接发球员合法还击,然后两者交替合法还击。

2. 在双打中,首先由发球员合法发球,再由接发球员合法还击,然后由发球员的同伴合法还击,再由接发球员的同伴合法还击,此后,运动员按此次序轮流合法还击。

(二)重发球

1. 回合出现下列情况应判重发球:

(1)如果发球员发出的球,在越过或绕过球网装置时,触及球网装置,此后成为合法发球或被接发球员或其同伴阻挡。

(2)如果接发球员或接发球方未准备好时,球已发出,而且接发球员或接发球方没有企图击球。

(3)由于发生了运动员无法控制的干扰,而使运动员未能合法发球、合法还击或遵守规则。

(4)裁判员或副裁判员暂停比赛。

2. 可以在下列情况下暂停比赛:

(1)由于要纠正发球、接发球次序或方位错误;

(2)由于要实行轮换发球法;

(3) 由于警告或处罚运动员;
(4) 由于比赛环境受到干扰,以致该回合结果有可能受到影响。

知识窗

新中国第一个世界冠军——容国团

容国团,1937年8月10日生于香港。从小喜爱乒乓球运动。十五岁时即代表香港工联乒乓球队参加比赛。1957年,二十岁时从香港回来,同年进广州体育学院学习。1958年被选入广东省乒乓球队,同年参加全国乒乓球锦标赛,获男子单打冠军。随后被选为国家集训队队员。他直拍快攻打法,球路广,变化多,尤精于发球、推、拉、削、搓和正反手攻球技术均佳。较好地继承和发展了中国传统的左推右攻打法,并创造了发转与不转球,搓转与不转球的新技术。在比赛中,他运用战术灵活多变,独具特色。中国乒乓球近台快攻的技术风格,就是在总结了他的技术经验之后,由原来的"快、准、狠",发展为"快、准、狠、变"。

1959年在第25届世界乒乓球锦标赛上,他先后战胜各国乒坛名将,为中国夺得了第一个乒乓球男子单打世界冠军,也是新中国第一个世界冠军获得者。1961年在第26届世界乒乓球锦标赛上,他为中国队第一次夺得男子团体冠军做出了重要贡献。1964年后他担任中国乒乓球女队教练,在他和其他教练员的指导下,中国女队在第二十八届世界乒乓球锦标赛上,获得了女子团体冠军。1958年获运动健将称号。1959年、1961年两次获国家体委颁发的体育运动荣誉奖章。1984年被评为中华人民共和国成立三十五年来杰出运动员之一。

思考题

1. 正手攻球的主要技术要领有哪些?
2. 乒乓球发球抢攻的主要练习方法有哪些?

第十一章　羽毛球运动

学习目标
1. 掌握羽毛球运动的常识和技巧。
2. 把学到的羽毛球运动知识运用到日常的球类运动的欣赏过程中。

第一节　羽毛球运动概述

现代羽毛球运动起源于印度,形成于英国。19世纪60年代,一批退役的英国军官把印度的"普那"——一种近似于后来的羽毛球运动的游戏,带回英国,并加以改进,逐渐成为现代羽毛球运动。1870年,英国出现了用羽毛、软木做成的球和穿弦的球拍。1873年,英国公爵鲍弗特在格拉斯哥郡的伯明顿庄园里进行了一次羽毛球游戏,这是世界上第一次羽毛球比赛,伯明顿(Badminton)也因此作为羽毛球的英文名称。1934年,由加拿大、丹麦、英国、法国、爱尔兰、荷兰等10多个国家发起成立了国际羽毛球联合会(简称国际羽联),总部设在伦敦,主席为G·A·汤姆斯。国际羽联1948年~1949年举办的第1届世界男子团体赛的奖杯,即由汤姆斯所赠。1978年2月,由亚非国家组成的世界羽毛球联合会于香港成立,同年11月举办了第1届世界羽毛球锦标赛。国际羽联和世界羽联于1981年5月26日宣布合并,统一称国际羽毛球联合会,其管辖的比赛有汤姆斯杯赛、尤伯杯赛、世界锦标赛、全英羽毛球锦标赛和世界羽毛球系列大奖赛。

羽毛球运动约于1920年传入我国,解放后,得到迅速发展。20世纪70年代我国羽毛球队已跻身于世界强队之林。70年代,国际羽毛球坛是印尼与我国平分秋色。80年代,优势已转向我国,说明我国羽毛球运动已达到世界先进水平。羽毛球在1992年巴塞罗那奥运会上被列为正式比赛项目,设男、女单打和男、女双打4项比赛。在我国羽毛球运动的发展过程中涌现出了杨阳、赵剑华、熊国宝、李永波、林丹、陈金、林瑛、吴迪茜、李玲蔚、谢杏芳、张宁等一批世界羽坛顶尖高手,从而进一步奠定了我国羽毛球技术水平处于世界羽坛领先地位的基础,在一系列世界大赛中他们为祖国夺得了众多的金牌,创造了中国羽毛球历史上的辉煌时期。

羽毛球运动是在室内外均可进行的一项小型球类活动。现代羽毛球比赛分为男子单打、女子单打、男子双打、女子双打和男女混合双打五个单项比赛。羽毛球比赛以得分定胜负,不受时间的限制。羽毛球运动是一项深受大众喜爱的体育活动,它器材设备简单,技术要求和运动量可自我控制,充满乐趣又可强身健体,所以它便于开展,男女老少都能参加。羽毛球运动又是一项竞技性很强的竞赛项目,羽毛球比赛紧张激烈,观赏性较强。在比赛中,球飞翔的快慢、轻重、高低、飘转等变化,对运动员的身体素质、智力水平要求较高,运动员必须具有较好的力量、速度和耐力,而且步法要灵活,反应要敏捷,技术要全面。

第二节 羽毛球运动的基本技术

一、握拍

正确的握拍是各种击球动作的基础。握拍的正确与否将直接影响击球的准确性,影响技术的全面发挥和提高。握拍法有正手握拍法和反手握拍法两种。

(一)正手握拍法

握拍时,先用左手拿住拍子的腰杆,使拍面与地面垂直,然后张开右手掌,虎口对准拍柄侧面内沿,拇指与中指接近,食指稍分开自然放松,其他三指自然地握住拍柄。

(二)反手握拍法

在正手握拍的基础上,把拍柄稍向外转,食指收回,拇指的第二节内侧顶贴在拍柄的内侧棱上或面上,其他三指放松地握住球拍,手心与拍柄之间留有一定的空隙,使手腕和手指能灵活运动。

不论用哪种握拍法,在击球之前,握拍要做到松握自然,在球与球拍接触的一刹那,再紧握球拍。

二、发球和接发球

(一)发球

发球是羽毛球击球技术中最基本的技术。发球技术有正手和反手两种。按球在空中飞行的弧线可分为高远球、平高球、平球和网前小球四种。

(1)正手发球。以发高远球为例,左肩侧对球网,左脚在前,脚尖朝前,右脚在后,脚尖稍向右侧,身体重心在右脚上。右手的上臂和前臂同时向右肩后侧上方举起,肘部微屈,左手持球举在腹部右前方,发球时左手放球下落的同时,球拍由下而上快速挥动,拍击下落的球底。这时,球借臂力、腕力和球拍的弹力向前飞出。球击出后,球拍随惯性往左侧上方挥动,重心由右脚移至左脚,球拍快速回复至发球前位置(图11-1)。

图11-1 正手发球

发平高球、平快球、网前球的动作要领与发高远球基本相同。不同之处在于发球人的站位、球的高度与弧度、拍面发力的方向变化、速度与落点不同。

(2)反手发球。在双打比赛中运用尤为普遍。这种发球的特点是动作小、速度快和隐蔽性强,易于迷惑对方。

动作要领是:发球人站位应靠近发球线。左、右脚在前均可。身体重心放在前脚上,上体稍前倾,右手反手握拍,拍面稍后仰,置于左腰侧,手背朝网,适当抬起,肘部弯曲。左手持球,注意击球点不应过腰,要充分利用前臂带动腕、手指向前横切推送,使球落在对方场区的前发球线附近(图11-2)。

不论发何种弧度的球,都要注意发球姿势和身体重心移动的一致性,使对方不易看出你要发什么球。

图11-2 反手发球

(二)接发球

接发球同样是羽毛球技术中最基本的技术。掌握好接发球技术是克敌制胜的重要环节。

接发球时,站位应在本场区中间附近处,左脚在后,侧身对网,后脚跟稍提起,身体稍前倾,右手持拍在右侧身前,两眼注视对方。

三、击球

击球是羽毛球运动的一项重要技术,只有熟练地掌握击球技术,才能积极主动地控制球速和落点,充分发挥击球的威力。

击球技术依据动作特点,一般可分为高手击球、网前击球、低手击球三种。

(一)高手击球

这种击球的特点是击球点高、速度快、变化多,具有一定威胁性。它是羽毛球后场击球动作的基础,在比赛中运用最多。也是快攻打法的最基本技术。

1. 高远球

高远球可分正手、反手击高远球和头顶击高远球。

①正手击高远球是将来球击得较高较远而垂直降落在对方底线附近的球。击球前,首先看准来球的方向和高度,迅速调整好位置和步法,使来球在自己的右肩前上方。成左脚在前,右脚在后,身体重心在后脚,侧身对网的准备姿势。开始击球时,右手举拍向后拉引,肘弯曲比肩略低,当球落到一定高度时,手臂迅速向上挥拍,手腕充分后屈,以肩为轴,上臂带动前臂快速向前甩动手腕。若拍面稍向斜前上方与球接触,则击出的球成平高球。若拍面向前方与球接触,击出的球成平球。击球后,手臂应顺惯性往右肩下方挥动,身体重心由后脚逐渐移向前脚(图11-3)。

②反手击高远球的要领是:当来球到左后场区时,右脚向左脚跨出一步,身体随着向左旋转,背对网,球拍由身体前举至左肩部位,用反手握拍击球。击球时先抬肘关节,以上臂带动前臂向后甩腕(图11-4)。

图 11-3　正手击高远球

图 11-4　反手击高远球

③头顶击高远球的准备姿势同正手击高远球,不同的是击球点在左肩上方,击球时,侧身对网并后仰,球拍绕过头顶从左上方向前挥动。主要靠前臂带动手腕的快速闪动力量才能击出快而有力的高远球。

不论击什么球,击球之前,握拍要放松自然,击球时肘关节要先行,击球点要高,动作要小,小臂与手腕闪动要快,爆发力要强。

2. 吊球

把对方击来的高球,还击到对方网前区的球,叫吊球。它是组织战术配合不可缺少的重要环节,在单打战术中运用较多。吊球在后场和高球、扣球配合运用,会给对方造成很大的威胁。

吊球有轻吊、劈吊两种。轻吊带有切削动作,用力较轻,球速较慢,落点离网较近。劈吊切削动作幅度比轻吊稍大些,球速快,弧度较平,落点一般都超过前发球线。它带有假动作,与平高球配合运用,很容易打乱对方的战术。

吊球的准备姿势与击高远球基本相同,除用力不同外,在挥动球拍时,球拍面的正面向里倾斜,形成半弧形,触球时,手腕快速"闪"动。若拍击球托的右侧向左下切削即为头顶吊对角球,若拍击球托的左侧,即为反手吊球,当对方的来球弧度较高时,手腕向前推送的力量要小些,而向下切削的力量要大些。当来球弧度较平时,则手腕向前推送的力量大些,向下切削的力量应小些。

不论吊什么球,击球点要高,控制好击球的力量,注意手腕的快速闪动和切削的角度,这样才能把球吊好吊准。

3. 扣杀球

把对方击过来的球,用力迅速地往对方场区下压,叫扣杀球。这种球的特点是速度快、力量大、威胁性大。它既是直接得分的主要手段之一,又是组成战术配合的有效技术。扣杀球可分为正手扣杀球、反手扣杀球和头顶扣杀球三种。

①正手扣杀球的准备姿势与正手击高远球的基本相同。不同点在于准备击球时,身体稍向后倾,选择最高击球点。当击球的刹那间,要充分伸直手臂紧握球拍,用前臂带动手腕向下猛扣。

②反手扣杀球的准备姿势与反手击高远球基本相同。不同处在于当来球落在左肩的前上方时,背朝网,右脚向左侧跨出一步,球拍由前举到左肩。当球拍触球的一刹那,握紧球拍,用肘关节带动前臂和手腕,用力向下扣压。

③头顶扣杀球的准备姿势与头顶吊球基本相同。不同处为当来球落到头顶和左肩前上方时,利用腰腹肌和身体的力量,以肘关节带动手臂和手腕由左前方的侧转动作将球用力向下扣压。

（二）网前击球

网前击球一般可分为搓球、推球、钩球、扑球等。

1. 搓球

动作要领（以正手网前为例）：左脚蹬地，右脚向网前跨步成弓箭步，侧身对网，重心在右脚上，手臂前伸，自然放松，击球点要高，出手要快，击球前握拍的腕部和手指要放松。在击球的一刹那，拍面与网成斜面，利用手腕的力量迅速地向前切削搓击球托的左下侧面，使球滚过网去（图11-5）。

图 11-5 搓球

2. 推球

动作要领：准备姿势与网前搓球基本相同。在击球的一刹那间，拍面几乎与网平行，向前转动腕、指，利用手腕和手指的力量向前快速"闪"动，将球击到对方的底线。正手推球多靠手腕和食指的力量，反手推球多靠手腕与拇指的力量向前推动球拍。

3. 钩球

动作要领：准备姿势与网前搓球基本相同。只是在击球的一刹那，拍面向里倾斜，球拍击球托的侧面，手腕和手指同时向里钩动。当来球离网较高时，拍面可稍向下或向平行网的方向用力。如来球离网较近时，击球时拍面可稍向上方用力。

4. 扑球

动作要领：准备姿势与推球基本相同。只是当对方打来的球在网前上空时，快速举拍向前，利用小臂和手腕的力量，轻轻向下方"闪"动球拍。争取在较高的击球点把球向下压。当拍面触球后立即收回，以免触网犯规。

无论搓球、推球、钩球、扑球，都要求击球点要高，一般在网的上部，使球的落点尽可能在对方网区内。击球时要注意灵活地用手腕发力。

（三）低手击球

低手击球是一种不可缺少的防守性技术，难度较大。运用得当，能收到以守为攻的效果。低手击球可分为挑球、平抽球、挡球三种。

1. 挑球

动作要领：准备姿势与网前推球基本相同。不同处为击球时挥拍动作小，紧握球拍，以肘关节为轴、带动手腕和手指向前上方击球。反手挑球用反手握拍法握拍，以肘关节先行，快速挥动小臂闪动。

2. 平抽球

动作要领：准备姿势与挑球基本相同。不同处为击球时拍面与地面几乎垂直，靠前臂带动手腕向前"闪"动，当球拍触球时，拍面向前击球。

3. 挡球

动作要领：半蹲姿势，身前举拍，把握好用力和方向。在击球的一刹那，紧握球拍，以手腕和手指的力量回击。挡直线时，拍面朝正前方；挡对角线时，拍面朝对角方向。若来球近身体时，采用转身动作挡球。

四、步法

羽毛球步法有上网步法、后退步法和两侧移动步法三种。

（一）上网步法

站位在球场中间。当对方击网前球时，脚跟提起轻跳迅速调整身体重心。若以两步上网时，左脚先迈出一小步后蹬地，右脚紧接着迅速向前跨出一大步，以脚掌外侧和脚后跟落地滑步缓冲。左脚随即向前跟进，以协助右脚回蹬。上体侧身向前倾，两腿成弓箭步，右脚尖朝外斜。击球后，以并步或小跑步返回原来位置。若以三步上网时，右脚先迈出一小步后，左脚垫上一步或从右脚后面交叉一步，并随着蹬地。右脚紧接着迅速向前跨一大步，左脚同时向前跟进，以协助右脚回蹬。击球后，并步或小跑步回中心位置。

不论三步、二步或一步上网，最后一步都要求右脚在前，身体重心在右脚。

（二）后退步法

后退步法有正手、头顶交叉和反手后退三种，应根据来球的落点和速度灵活地加以运用。

（1）正手后退步。以并步后退步为例，当对方快击球至后场时，轻跳调整重心，然后右脚蹬地，快速向右后撤一小步，髋关节随着带动上身转体侧身向网，接着左脚并步靠近右脚跟，右腿再向后移至击球位置。在移动中，做好挥拍击球的准备，待来球在右肩上方下落时，做正手原地或跳起击球。击球后用并步或小跑步回中心位置。

（2）头顶交叉后退步。准备姿势与正手后退步基本相同。不同处为第一步右脚蹬地后撤向左后方，上身随着右腿向左后方转体的幅度大小，上体向左后仰，左脚后退一步体后交叉，右腿再移至来球位置，能头顶击球。

（3）反手后退步。准备姿势与正手后退步法基本相同。只是当对方来球到反手底线时，右脚并步移向左脚后跟，身体随之向左后侧转，然后右腿蹬地，左脚向左后方撤一步，背对网，右脚从左脚前向左后方跨步到击球位置，做反手击球动作。

无论采用何种后退步法，最后一步都必须是右脚在后，身体重心落在右腿上。

第三节　羽毛球运动的基本战术

战术是根据对手的技术、打法、体力和思想意志等因素，从发挥自己的长处，弥补自己的短处出发，为争取比赛胜利而采取的各种策略。

一、单打战术

（1）发球抢攻。即从发球的第一拍起，争取控制对方，攻杀得分。一般以发网前低球结合平快球、平高球，争取第三拍主动进攻。

（2）攻后场。对后场还击力量较差的对手，可以攻后场底线两角，乘机进攻。

(3)攻前场。对基本功差的选手,可将其引到网前,争取得分。

(4)打四方球。若对手步法较慢,体力稍差,技术不全面,可以快速准确的落点攻击对方场区的四个角落,伺机向空当进攻。

(5)杀吊上网。当对手打来后场高球,先以杀球配合吊球把球下压,落点要选择在场区的两条边线附近,使对手被动回球。若对手还击网前球时,迅速上网搓球、勾球或平推球,创造在中后场大力扣杀的机会。

(6)守中反攻。先以高远球诱使对方进攻,在对手强攻不下、疏于防守时,即可突击进攻,或在对手体力下降、速度缓慢时,再发动进攻。

二、双打战术

(1)发球、接发球战术。双打的发球往往是决定胜负的关键。发球要根据对方情况,选择好站位,注意球路、落点的变化,争取主动。因双打的发球线比单打短76厘米,不利于发高球,往往以发网前球为主。接发球时如判断起动快,有较好的出手手法,常可以扑球使对方被动,或是以搓、推获得主动进攻的机会。

(2)攻人(2打1)。集中攻击对方有明显弱点的队员。当另一队员前来协助时,露出空隙,可攻空隙;若另一名队员放松警惕时,可攻其不备。

(3)攻中路。当对方处于并排防守站位时,可攻对方两人的中间。当对方前后站位时,就可把球下压或轻推在两边线半场处。

(4)攻后场。遇到后场扣杀能力差的对手,可采用平高球、推平球、接杀挑底线,把对方一人紧逼在底线两角移动。当对手被动还击时,大力扑杀。如另一对手后退支援时,即可攻网前空当。

(5)后攻前封。当本方处于主动进攻前后站位时,后场队员逢高球必杀,迫使对手接杀挡网前,为本方前场队员创造封网扑杀机会。前场队员要积极封锁前场,迫使对方被动挑高球,遇挑高球不到后场,就会为本方创造得分机会。

(6)守中反攻。在防守中寻找反攻的机会,以达到摆脱被动转为主动进攻的局面。待到有利时机就运用反抽或挡网前回击对方的杀球,从守中反攻,争得主动权。

第四节 羽毛球竞赛的主要规则

一、交换场区

(1)以下情况运动员应交换场区:
Ⅰ、第一局结束。
Ⅱ、第三局开始。
Ⅲ、第三局中或只进行一局的比赛进行至一方达到11分时。

(2)运动员未按以上规则交换场区,一经发现立即交换,已得分数有效。

二、合法发球:

(1)发球时任何一方都不允许非法延误发球。

(2)发球员和接发球员都必须站在斜对角线发球区内发球和接发球,脚不能触及发球区的界限;两脚必须都有一部分与地面接触,不得移动,直至将球发出。

(3)发球员的球拍必须先击中球托,与此同时整个球必须低于发球员的腰部。

(4)击球瞬间球杆应指向下放,从而使整个球框明显低于发球员的整个握拍手部。

(5)发球开始后,发球员的球拍必须连续向前挥动,直至将球发出。

(6)发出的球必须向上飞行过网,如果不受拦截,应落入接发球员的发球区。

三、羽毛球的违例

(1)发球不合法违例。

(2)发球员发球时未击中球。

(3)发球时,球过网后挂在网上或停在网顶。

(4)比赛时:

Ⅰ.球落在球场边线外。

Ⅱ.球从网孔或从网下穿过。

Ⅲ.球不过网。

Ⅳ.球碰屋顶、天花板或四周墙壁。

Ⅴ.球碰到运动员的身体或衣服。

Ⅵ.球碰到场地外其他人或物体(由于建筑物的结构问题,必要时地方羽毛球组织可以制定羽毛球触及建筑物的临时规定,但其国组织有否决权)。

(5)比赛时,球拍或球的最初接触点不在击球者网的这一方(击球者击球后,球拍可以随球过网)。

(6)比赛进行中:

Ⅰ.运动员球拍、身体或衣服触及网或网的支持物。

Ⅱ.运动员的球拍或身体,以任何程度侵入对方场区。

Ⅲ.妨碍对手,如阻挡对方仅靠球网的合法击球。

(7)比赛时,运动员故意分散对方注意力的任何举动,如喊叫、故作姿态等。

(8)比赛时:

Ⅰ.击球时,球夹在或停滞在拍上紧接着又被拖带。

Ⅱ.同一运动员两次挥拍连续击中球两次。

Ⅲ.同一方两名运动员连续各击中球一次。

Ⅳ.球碰球拍继续向后场飞行。

(9)运动员违反比赛连续性的规定。

(10)运动员行为不端。

四、重发球

(1)与不能预见或意外的情况,应重发球。

(2)除发球外,球挂在网上或停在网顶,应重发球。

(3)发球时,发球员和接发球员同时违例,应重发球。

(4)发球员在接发球员未做好准备时发球,应重发球。

(5)比赛进行中,球托与球的其他部分完全分离,应重发球。

(6) 司线员未看清球的落点，裁判员也不能做出决定时，应重发球。
(7) "重发球"时，最后一次发球无效，原发球员重发球。

五、死球

(1) 球撞网并挂在网上，或停在网顶上。
(2) 球撞网或网柱后开始在击球这一方落向地面。
(3) 球触及地面。
(4) "违例"或"重发球"。

六、发球区错误

(1) 发球顺序错误。
(2) 从错误的发球区发球。
(3) 在错误的发球区准备接发球，且对方球已发出。

七、发球区错误的裁判方法

(1) 如果错误在下一次发球击出前发现，应重发球；只有一方错误并输了这一回合，则错误不予纠正。
(2) 如果错误在下一次发球击出前未被发现，则错误不予纠正。
(3) 如果因发球区错误而"重发球"，则该回合无效，纠正错误重发球。
(4) 如果发球区错误未被纠正，比赛也应继续进行，并且不改变运动员的新发球区和新发球顺序。

羽毛球比赛项目知多少

羽毛球比赛设有男子团体、女子团体、男子单打、女子单打、男子双打、女子双打和男女混合双打七个项目，具有技术复杂、战术灵活多变、既斗智又斗勇，竞争激烈等特点。

思考题

1. 阐述羽毛球正手发球的技术要领。
2. 羽毛球高手击球有哪些主要练习方法？
3. 羽毛球双打比赛中战术的主要策略有哪些？

第十二章 网球运动

学习目标
1. 掌握网球运动的常识和技巧。
2. 把学到的网球运动知识运用到日常的球类运动中。

第一节 网球运动的概述

一、网球的起源

网球运动起源于法国。到19世纪,网球运动已在欧美盛行起来。大约在1885年前后网球运动传入我国,到1949年新中国成立,虽然已有较长的历史,但因旧中国网球运动只局限在少数人圈子里,被称为"贵族运动",故水平较低。近年来,我国的网球运动已有了新的发展,水平也不断地提高。

二、网球的发展

国际网球联合会于1912年成立于法国巴黎。国际网联承认的团体赛有男子每年一届的戴维斯杯网球赛和女子每年一届的联合会杯网球赛。而单项比赛主要是世界四大网球公开赛:英国的温布尔顿网球锦标赛、美国网球公开赛、法国网球公开赛和澳大利亚网球公开赛。这些比赛每年举行一次,运动员如能在一个年度内赢得这4个比赛的全部单打冠军或4个比赛的全部双打冠军,该运动员可获得"大满贯"荣誉称号。

第二节 网球运动的基本技术

一、握拍法

(一)单手握拍/正手握拍击球(图12-1)

(二)单手握拍/反手握拍击球(图12-2)

(三)双手握拍/正手击球(图12-3)

(四)双手握拍/反手击球(图12-4)

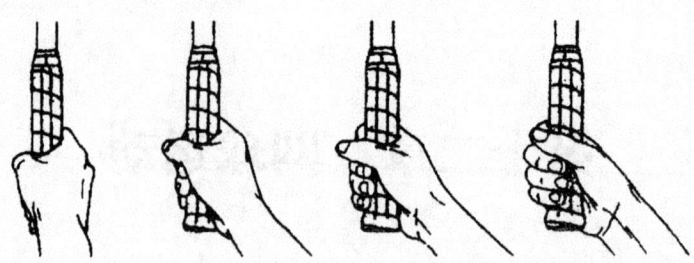

大陆式握拍法　　东方式握拍法　　半西方式握拍法　　西方式握拍法

图12-1　单手握拍/正手握拍

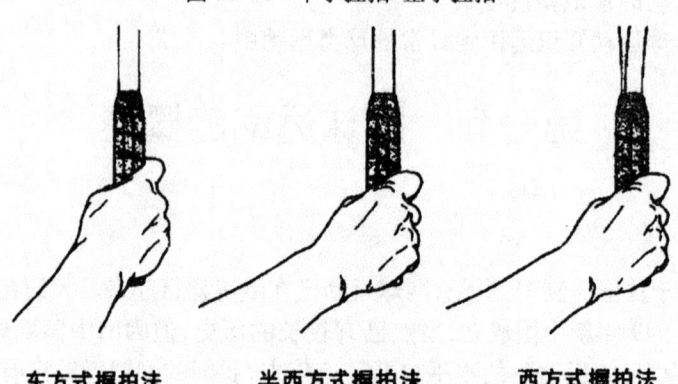

东方式握拍法　　　　半西方式握拍法　　　　西方式握拍法

图12-2　单手握拍/反手握拍击球

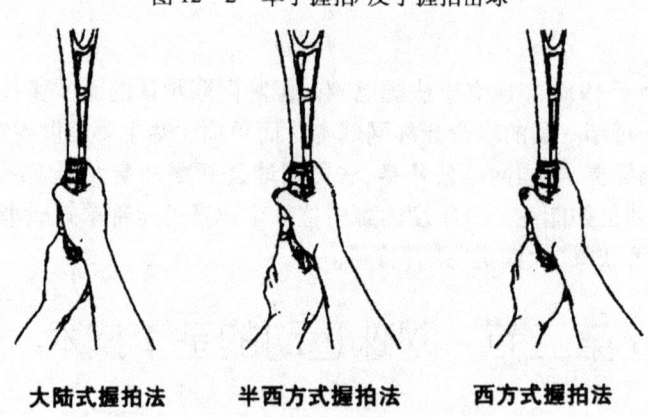

大陆式握拍法　　　　半西方式握拍法　　　　西方式握拍法

图12-3　双手握拍/正手击球

二、发球技术

在现代网球运动中,发球技术是非常重要的,是唯一由自己掌握的击球法。它可以不受对方制约,在较大的程度上能够发挥个人的特点,为自己的进攻创造有利的条件。

(一)握拍法

大陆式或东方式反拍握拍法。

(二)准备姿势

侧身站立在端线外,左肩对着左边网柱,面向右边网柱,两脚开立约与肩宽,左脚与端线约

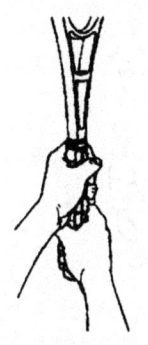 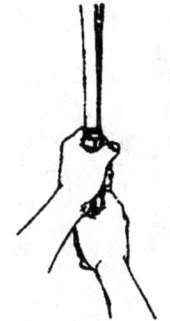 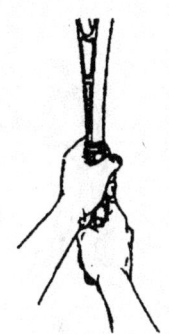

大陆式握拍法　　　半西方式握拍法　　　西方式握拍法

图 12-4　双手握拍/反手击球

成 45°,右脚约与端线平行。

（三）击球动作

当左手抛出球时,球拍继续向上摆动,当球下降到击球点时,迅速向上挥拍击球,左脚上蹬,双肩与球网平行。挥拍击球时,持拍手腕带动小臂有一个旋内的"鞭打"动作,这就是发球发力的关键动作。

（四）随杆动作

球发出后,身体向场内倾斜,保持连续的完美的向前上方伸展的随杆动作。球拍挥至身体的左侧,重心移向前方,做到完全自然地跟进而保持身体平衡。（图 12-5,A→H 为完整的发球动作连续图）

三、接发球技术

（一）正确的握拍法

应根据运动员习惯的握拍法来决定。大陆式握拍,正、反拍无须换握拍;东方式或西方式、混合式握拍的正、反拍击球需换握拍,当球一离开对方的球拍,就应该决定是否要转变握拍。向后拉拍时改换握拍要做到迅速及时,才能还击好来球。

（二）准备姿势及站位

接发球的准备姿势只要能以最快的速度还击球就行。当对方发球前,可以两膝弯曲,两腿叉开;当对方抛球准备击球时,可以重心升起两脚快速交替跳动,并判断来球准备回击。接第一发球时站位稍靠后些,接第二发球时站位稍靠前些。

（三）击球动作

接发球的关键在于:快速灵敏的判断、反应和充分的准备。当击球点在身体前面时,在判明来球的方向后,即向后转动双肩,马上向前迎击来球。迎上去顶击球时,要握紧球拍,手腕保持固定,使拍面正对着来球。

四、底线正拍击球技术

底线正拍击球技术包括底线正拍击球和底线反拍击球。包括平击、上旋和下旋等各种击球法,每种击球法的特点不同,所起的作用也不一样。底线正拍击球种类和要点:

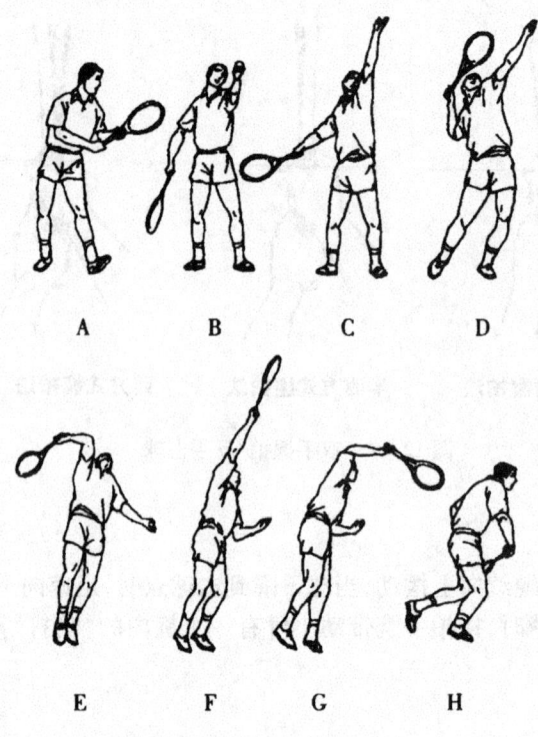

图 12-5 随杆动作

(一)底线正拍平击球击球法

动作要点:东方式或东西方混合式握拍法,以腰的扭转带动拉拍,动作放松,手腕控制好拍面;充分利用转腰和腿部力量,整个手臂的挥动要快,用力要集中,球拍击球的中部;进攻击斜线时应击球的中右部,进攻击直线时应击球的中部为主;挥拍动作不应过于向上,应几乎平行地向前挥动击球。(图12-6)

图 12-6 底线正拍平击球击球

(二)底线正拍上旋击球法

(1)行弧线高,下降速度快,落地弹跳后如冲跳,是对付上网型打法、把对方压在底线打或打超身球的有效技术。

(2)动作要点:握拍应是东西方混合式;击球时,用腰的扭转做到左肩和右肩的交互交换,使身体成为开放姿势再出拍,手腕稳定,球拍由下向上方挥动;击球后,手腕放松,最后把球拍挥至内侧,靠近身体;击球部位在球的中部或中部偏上的位置。(图12-7)

图 12-7 底线正拍上旋击球

(三)底线正拍下旋击球法

动作要点:判断来球,及早做出准备,击球的上升期,后摆动作要小,拍面略开,在击球瞬间,拍面几乎是垂直地面的;击球点在身体的侧前方,击球时身体重心随挥拍动作一起向前,同时步法要跟上;若来球是上旋球,应击球的中部,向前向下推动用力,若来球是下旋球,应击球的中下部,向前并略向上推动。(图 12-8)

图 12-8 底线正拍下旋击球

五、底线反拍击球技术

由于底线反拍击球力量比正拍要小,因此,在比赛中都被对方当做弱点来对付,如果底线反拍击球技术掌握得好,就能在比赛中争取主动,提高自信心。

(一)底线反拍击球的动作要点

1. 握拍与准备姿势

东方式反手握拍法,准备动作与底线正拍准备动作相同。当判断来球是反拍时,握拍转换成东方式反拍握拍法。

2. 后摆动作

左手轻拖球拍颈部,转动双肩。右肩侧身球网,几乎是背对球网,同时右脚向左侧前方跨出,全身自然放松,注意力集中,握拍手肘关节弯曲并贴近身体。

3. 击球动作

要把球打得既狠又准,就必须向前迎击来球,击球点在右脚的侧前方,力争打上升球。当向前挥拍时,朝着球网一鼓作气地回身转腰,拍面垂直于地面,肘关节稍屈并外展,手腕锁紧,并由下向上方用力挥出,在将要击球时刻,身体重心由右脚移向前脚,使身体重心顺畅地移到击球中去。

4. 随挥动作

为了控制球,跟进动作时球拍应向上挥到肩或头部的高度,同时保持身体平衡并准备下一拍的击球。

(二)底线反拍击球种类和要求

1. 底线反拍上旋球击球法动作要点

向后拉拍要早,借助转体,右肩侧对左侧网柱,右脚向前方跨出,向后引足拉拍;当球落地弹起,借助腰的回转,球拍由后下向前上方挥出,击球点在身体侧前方,击球时球拍垂直于地面,击球的中部偏下;击球后动作要向正前上方挥出,重心由左脚移至右脚,面对球网。(图12-9)

图12-9 底线反拍上旋球击球

2. 底线反拍下旋球击球法动作要点

击球前的后摆动作与上旋球的后摆动作有所区别,不同点在于削球动作的后摆是持拍手借助转肩侧身向后上方摆拍,拍头约与头部同高。持拍手肘关节微屈并靠近身体,右脚向前上方跨出,重心在左脚;击球点在身体侧前方。若打斜线球,击球点要提前一些;若打直线球,击球点要稍后一些。向前挥拍击球时,朝着球网回身转腰,肘关节外展,手臂伸直,手腕锁紧,身体重心由左脚移到右脚,膝关节微屈;击球时拍面要微后仰,球拍由后上方向前下方挥动做切削动作,击球点在球的中部或中部偏下。击球后球拍的随挥动作应由下稍微向上成弧形挥动到肩或头部的高度并面向球网。(图12-10)

图12-10 底线反拍下旋球击球

六、截击球技术

截击球技术包括：高球截击、低球截击、中场截击和近网截击。由于截击球的距离短、球速快，正、反拍截击球要转换握拍是很困难和不切实际的，所以截击球的握拍法采用东方式反拍握法或大陆式握拍法。

（一）近网正拍截击动作要点

判断来球，迅速调整位置、控制拍面。若来球快且平，拍面应稍开，击球中下部，手腕锁紧，以短促的动作向前向下顶撞来球。若来球快且高并略带上旋，拍面应垂直，击球中部，以短促的动作向下、向前顶撞来球；后摆动作要小，身体重心向前，靠转体带动完成后摆动作，击球点在身体侧前方；击球时左脚向左前方跨出，同时身体重心落在左脚上，肘关节离身体不要太远；动作短促、随球动作小，并迅速准备下一拍击球。

（二）近网反拍截击动作要点

准备动作与近网正拍截击动作相同，要求重心要低，后摆动作要小；以肩和肘关节为轴，由上向下或由后向前顶撞击球，手腕锁紧，以前臂发力控制落点；击球时右脚跨出，重心在后脚上，随击动作短小有力。（图12－11）

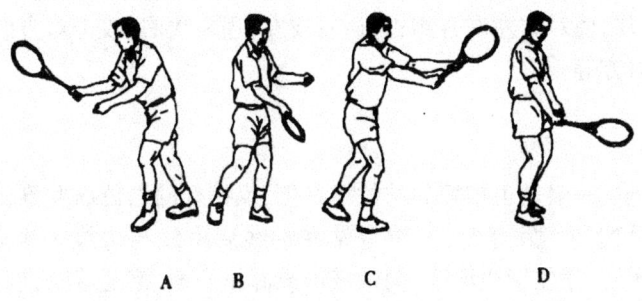

图12－11　近网反拍截击

第三节　网球运动的基本战术

一、单打战术

（一）发球战术

因发球不受对方支配，可通过力量、速度和落点达到得分目的。针对对方弱点的发球，如对方反手弱等。运用不同的发球方式，制造上网截击的机会。利用风向、阳光等自然条件的发球，给对方制造困难。

第一次发球，多采用大力平击发球，造成对方难以抵挡而失误。第二次发球为求成功，多采用切削发球或旋转球。

发球站位也应有战术考虑。发第一区时，尽量接近中点线站位，发直线球逼住对方反拍；发第二区时，可距中点线稍远站位，便于以更大的斜线发至对方反拍区，并扩大自己正拍防守的区域。

(二)接发球战术

接发球一般是处在被动地位,但也应作些战术上的准备,以减少被动,争取主动。

站位:为避免接球时的大距离奔跑,接球站位应选在对方向本人左右发球夹角的分角线上,并站在端线内半米处。这样利于左右回击和上网回击。

接发球方法:一般多采用平击抽球,将球回击到对方底线两角,也可加旋转使球旋向两边线外,使对方大范围左右奔跑。

(三)上网战术

上网是积极主动的打法。在发球或接发球后冲到离网较近的位置,不等对方回击的球落地,即进行空中截击或高压击球。

上网时机:多用于第一次发球。发急速旋转球后,借球在空中飞行时间长,对方难于回击之机上网截击。

上网站位:尽可能站到距网约2米处,近网进攻威胁性大,封网角度小,防守控制面积大,但必须有强力高压球作保证,否则对方挑高球时便陷于被动。上网击球:上网击球主要采用截击球和高压球,还要根据对方的站位决定击球的方向和落点。

底线战术:底线击球应以进攻性打法为前提,用快速、准确、凶狠的击球取胜对方。常用的办法有大角度抽击球,使对方左右奔跑;有逼右攻左,逼左攻右,攻击对方的弱点;有大力击直线球,在速度上压制对方等。

二、双打战术

双打比赛的站位,一般是正拍好的站位靠右侧,反拍好的站位靠左侧,最理想的配对是一个右手握拍,一个左手握拍。发球时,发球者站在端线后中线与边线一半处。同伴则站在距网2~3米、离边线3米处,守住半场区,伺机截击或高压击球,接发球时,接发球者在可能发到的角度的分角线上,同伴则站在发球线前距网4~5米、离边线3米处。同伴之间要有默契,一般原则是来球在两人之间,由正拍击球者回击;球在两人之间又是斜线来球时,由距离近的运动员迎击;挑高球落在两人间,由正拍击球者进行高压击球;对方接发球回击过来的中场球,由上网运动员争取截击,另一同伴注意补漏。

第四节 网球竞赛的主要规则

一、局,盘,赛的计分方式

一般网球有一些基本规定如分为单打和双打每场比赛有数盘,而且一盘有数局,一局有数分,大多男子比赛都以五盘为主,有些男子比赛及所有的女子比赛以三盘为胜负,以下为局,盘,赛的计分方式做说明。

(一)发球前的规定

发球员在发球前应先站在端线后、中点和边线的假定延长线之间的区域里,用手将球向空中任何方向抛起,在球接触地面以前,用球拍击球(仅能用一只手的运动员,可用球拍将球抛起)。球拍与球接触时,就算完成球的发送。

(二) 发球时的规定

发球员在整个发球动作中,不得通过行走或跑动改变原站的位置,两脚只准站在规定位置,不得触及其他区域。

(三) 发球员的位置

(1) 每局开始,先从右区端线后发球,得或失一分后,应换到左区发球。
(2) 发出的球应从网上越过,落到对角的对方发球区内,或其周围的线上。

(四) 发球失误

未击中球;发出的球,在落地前触及固定物(球网、中心带和网边白布除外);违反发球站位规定。发球员第一次发球失误后,应在原发位置上进行第二次发球。

(五) 发球无效

发球触网后,仍然落到对方发球区内,接球员未作好接球准备;均应重发球。

(六) 交换发球

第一局比赛终了,接球员成为发球员,发球成为接球。以后每局终了。均依次互相交换,直至比赛结束。

(七) 交换场地

双方应在每盘的第1、3、5等单数局结束后,以及每盘结束双方局数之和为单数时,交换场地。

(八) 失分

发生下列任何一种情况,均判失分。
(1) 在球第二次着地前,未能还击过网。
(2) 还击的球触及对方场区界线以外的地面、固定物或其他物件。
(3) 还击空中球失败。
(4) 故意用球拍触球超过一次。
(5) 运动员的身体、球拍,在发球期间触及球网。
(6) 过网击球。
(7) 抛拍击球。

(九) 压线球

落在线上的球都算界内球。

二、双打

(一) 双打发球次序

每盘第一局开始时,由发球方决定由何人首先发球,对方则同样地在第2局开始时,决定由何人首先发球。第3局由第1局发球方的另一球员发球。第4局由第2局发球方的另一球员发球。以下各局均按此序秩发球。

(二) 双打接球次序

先接球的一方,应在第1局开始时,决定何人先接发球,并在这盘单数局,继续先接发球。

双方同样应在第2局开始时,决定何人接发球,并在这盘双数局继续先接发球。他们的同伴应在每局中轮流接发球。

(三)双打还击

接发球后,双方应轮流由其中任何一名队员还击。如运动员在其同队队员击球后,再以球拍触球,则判对方得分。

一代球王——阿加西的告别演说

曾在国际网坛驰骋21年,共获60个ATP巡回赛冠军、8个大满贯冠军,历史上唯一同时拥有四大满贯冠军与获得奥运会金牌的男子顶尖网球选手——美国运动员阿加西,2006年在负于比他年轻10岁的德国小将贝克尔之后,发表了一篇令全场观众永远难以忘怀的告别演说:你们看这比分板,它说明我今天在这里输球了,但它并不能告诉你们,我在这里得到了什么——在过去的21年中,无论是在球场还是在人生的道路上,我始终是站在你们的肩膀上触摸冠军的,我得到了你们的鼓励,你们鼓励着我前进,即使在我最低落的时候,是你们让我攀登上一座又一座梦想的高峰。在这21年中,我从你们身上得到了很多很多,你们,还有你们带给我的回忆将伴随我的余生。

思考题

1. 网球比赛的基本要素是什么?
2. 正手底线抽球的要领有哪些?
3. 如何有效地进行单打比赛?

第十三章 武术

学习目标
1. 了解各种武术运动的基本知识和动作要领。
2. 选择一种适合你的武术运动来学习和锻炼。

第一节 武术运动概述

一、武术的内容与分类

武术运动是把踢、打、摔、拿、跌、击、劈、刺等动作按照一定规律组成徒手或器械的各种攻防格斗功夫、套路和单势练习。武术的内容丰富多彩,按其运动形式可分为两大类:套路运动和搏斗运动。

(一)套路运动

套路运动是武术动作以攻守进退、动静疾徐、刚柔虚实等矛盾运动的变化规律编成的整套练习形式。主要内容包括拳术、器械、对练、集体表演等。

(1)拳术:是徒手练习的套路运动。拳术包括长拳、太极拳、南拳、形意拳、八卦掌、通臂拳、象形拳等。

(2)器械:器械的种类很多,分为长器械、短器械、双器械、软器械。刀、枪、剑、棍是长、短器械的代表。目前在武术竞赛中,刀、枪、剑、棍也是重点竞赛项目。

(3)对练:对练是两人或两人以上,按照预定的动作程序进行的攻防格斗套路。其中包括徒手对练、器械对练、徒手与器械的对练等。

(4)集体表演:是指6人以上的徒手或器械集体演练,可变换队形与图案,采用音乐伴奏,要求队形整齐,动作协调一致。

(二)搏斗运动

搏斗运动是两人在一定条件下按照一定的规则进行斗智较力的对抗练习形式。目前武术竞赛中正在开展的有散打、推手两项。

二、武术的特点

(一)动作具有技击性

武术作为体育运动项目,技术上仍不失攻防技击的特性,只是将技击寓于搏斗运动与套路运动之中。搏斗运动集中体现了武术攻防格斗的特点,在技术上与实用技击基本上是一致的,但是从体育的观念出发,它受到竞赛规则所制约,以不伤害对方为原则。如在散打中对武术有些传统实用技击方法作了限制,而且严格规定了击打的部位和保护器具。推手则是在特殊的技术规定下进行竞技对抗的项目。套路运动是中国武术的一个特有的表现形式,不少动作在技术规格、运动幅度等方面与技击的原形有所变化,但是动作方法仍然保留了技击的特性。

(二)具有内外合一、形神兼备的运动特色

既讲究动作形体规范,又求内外合一,是中华武术的一大特色。武术"内外合一,形神兼备"的特点主要通过武术功法和技法来体现。"内练精气神,外练筋骨皮"是各家各派练功的准则。如太极拳要求"以意识引导动作",形意拳讲究"内三合,外三合",套路练习在技术上特别要求把内在的精、气、神与外部的形体动作紧密结合,做的手到眼到、形断意连,使意识、呼吸和动作协调一致,形成了一种融古代哲学、医学、美学于一体的特有的民族风格的运动形式和练功方法。武术的内容、练习形式丰富多样,不同年龄、性别、体质和具有不同兴趣爱好的人,都可以选择适合自己特点的武术种类进行练习。另外,武术对练习场地、器械的要求不高,可随时随地进行练习,因而很容易开展此项运动。

第二节 武术的基本功和基本动作

一、手型

如图 13-1 所示,手型主要有以下 3 种。
(1)拳四指并拢卷握,拇指紧扣食指和中指的第二指节。拳握紧,拳面平,直腕。
(2)掌四指并拢伸直,拇指弯曲紧扣于虎口处;掌指向上成 90°,小指一侧向前。
(3)勾五指第一指节捏拢在一起,屈腕。指尖向上或向下。

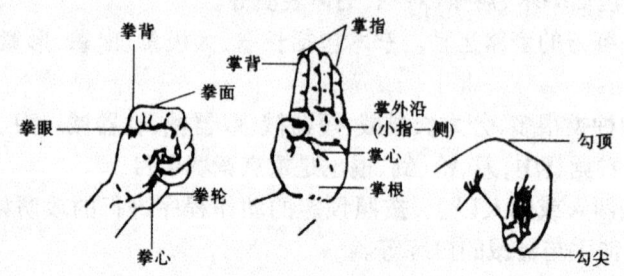

图 13-1 手型

二、手法练习

(一)原地和行进间冲拳

(1)动作要点。分俯拳和立拳两种。俯拳拳心向下,立拳拳眼向上;两脚左右开立,与肩同宽;两拳抱于腰间,肘尖向后,拳心向上;挺胸、收腹、立腰,右拳从腰间向前猛力冲出,同时转腰、顺肩,在肘关节过腰后右前臂内旋,力达拳面,臂要伸直,高与肩平;左肘向后牵拉。
(2)练习要求。出拳要快速有力,做好拧腰、顺肩、急旋前臂动作。

(二)原地和行进间推掌

(1)动作要点。预备姿势与冲拳同。右拳变掌,前臂内旋,以掌根为力点向前猛力推击,同

时转腰、顺肩,臂要伸直,高与肩平;左肘向后牵拉。

(2)练习要求。挺胸、收腹、立腰。出掌要快速有力,同时还要做好拧腰、顺肩、沉腕、翘掌等动作。

三、肩臂练习

(1)动作要点。面对肋木或二人对面站立,距离一大步,两脚左右分开与肩同宽。两手抓握肋木或扶同伴双肩,上体前俯、挺胸、塌腰,并做下振压肩动作。如图13-2所示。

(2)练习要求。两臂、两腿要伸直,振幅应逐步加大,压点集中于肩部。增加助力时应由小到大。

四、腰部练习

(1)动作要点。向前俯腰。由两脚开立逐渐过渡到并脚,两手逐步过渡到抱小腿。如图13-3所示。

(2)练习要求。腿要直,腰尽量平。还可以进行涮腰和下桥练习。

图13-2　肩臂练习　　　　　图13-3　腰部练习

五、腿部练习

(一)压腿

1. 正压腿

(1)动作要点。面对肋木,并步站立;一腿提起,脚跟放在肋木上,脚尖勾起,踝关节屈紧,两手扶按膝上;两腿伸直,立腰,收髋;上体前屈,并向前向下做压振动作。左右压腿交替进行。如图13-4所示。

图13-4　正压腿

(2)练习要求。直体向前、向下压振,逐步加大振幅和提高被压腿的高度。先以前额、鼻尖触及脚尖,然后过渡到下颌触及脚尖。

2. 侧压腿

（1）动作要点。侧对肋木，右腿支撑，脚尖稍外撇；左腿举起，脚跟放在肋木上，脚尖勾起，踝关节紧屈；右臂屈肘上举，左掌附于右胸前；两腿伸直，立腰，开髋；上体向左侧压振。左右交替练习。如图13-5所示。

（2）练习要求。①同正压腿；②逐步过渡到上体侧卧在被压腿上。

（二）踢腿

踢腿是武术练习中的重要内容，也是表现基本功训练水平的主要方面之一。

腿部的柔韧性、灵敏性和控制腿部的力量，都比较集中地从踢腿上表现出来。踢腿的方法有直摆性的正踢腿和侧踢腿，另外还有屈伸性的踢腿，这里不作介绍。

1. 正踢腿

（1）动作要点。两脚并立，两手成立掌；左腿向前上半步，左腿支撑，右脚勾起脚尖向前额快踢；两眼向前平视。左右交替进行。如图13-6所示。

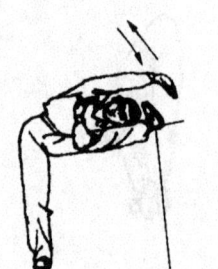
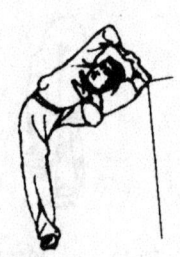

图13-5　侧压腿　　　　　　　　　图13-6　正踢腿

（2）练习要求。挺胸、立腰。踢腿时，脚尖勾起绷落或勾起勾落。踢起时快速收腹，过腰后加速，讲究寸劲。

直摆性腿法技术要领："三直一勾"；"三直"即腿直、腰直、臂直；"一勾"即脚尖勾。

2. 侧踢腿

（1）动作要点。预备姿势与正踢腿同。右脚向前上半步，脚尖外展；左脚脚跟稍提起，身体略右转，左臂前伸，右臂后举；随即，左脚脚尖勾紧向左耳侧上踢，同时右臂屈肘上举亮掌，左臂屈肘立掌附于右肩前或垂于胸前；眼向前平视。踢左腿为左侧踢，踢右腿为右侧踢。如图13-7所示。

（2）练习要求。挺胸、立腰、开髋、侧身和快收腹。

六、基本步型

（一）弓步

（1）动作要点。两腿前后开立一大步，前腿弓，后腿绷直，挺胸、塌腰，眼向前看。如图13-8所示。

（2）练习要求。后腿用力蹬直。

（二）马步

（1）动作要点。两脚开立宽于肩，屈膝成90度，两膝内扣双尖向前，挺胸塌腰双手抱拳于腰两侧。如图13-9所示。

(2)练习要求。蹲裆式尽量低。

图13-7 侧踢腿　　　图13-8 弓步　　　图13-9 马步

(三)仆步

(1)动作要点。一腿全蹲,全脚掌着地;另一腿伸直平仆,亦全脚掌着地,脚尖内扣,上体尽量挺直。如图13-10所示。

图13-10 仆步

(2)练习要求。不得半蹲。

(四)虚步

(1)动作要点。两脚前后开立,后退屈膝半蹲全脚着地;前腿屈膝,脚尖内扣点地。如图13-11所示。

(2)练习要求。尽量低姿势。

(五)歇步

(1)动作要点。两腿前后交叉,双腿下蹲,上体直立。如图13-12所示。

(2)练习要求。不得坐下,大腿撑劲。

图13-11 虚步　　图13-12 歇步

第三节 初级长拳

一、动作名称

(一)预备势
(1)虚步亮掌　　　　(2)并步对拳

(二)第一段
(1)弓步冲拳　　(2)弹踢冲拳　　(3)马步冲拳　　(4)弓步冲拳
(5)弹腿冲拳　　(6)大跃步前穿　(7)弓步击掌　　(8)马步架掌

(三)第二段
(1)虚步栽拳　　(2)提膝穿掌　　(3)仆步穿掌　　(4)虚步挑掌
(5)马步击掌　　(6)叉步双摆掌　(7)弓步击掌　　(8)转身踢腿马步盘肘

(四)第三段
(1)歇步抡砸拳　(2)仆步亮掌　　(3)弓步劈拳　　(4)换跳步弓步冲拳
(5)马步冲拳　　(6)弓步下冲拳　(7)叉步亮掌侧踹腿　(8)虚步挑拳

(五)第四段
(1)弓步顶肘　　(2)转身左拍脚　(3)右拍脚　　　(4)腾空飞脚
(5)歇步下冲拳　(6)仆步抡劈拳　(7)提膝挑掌　　(8)提膝劈掌弓步冲拳

(六)结束动作
(1)虚步亮掌　　　　(2)并步对拳

二、初级长拳第三路动作说明

初级长拳第三路动作说明:

(一)预备动作
两脚并步站立,两臂垂直于身体两侧,五指并拢贴靠腿外侧,眼向前平视。

1. 虚步亮掌(如图13-13所示)

(1)右脚向右后方撤步成左弓步。右掌向右、向上、向前划弧,掌心向上;右臂屈肘,左掌提至腰侧,掌心向上。目视右掌。

(2)左腿微屈,重心后移。左掌经胸前从右臂上向前穿出伸直;右臂屈肘,右掌收至腰侧,掌心向上。目视左掌。

(3)重心继续后移,左脚稍向右移,脚尖点地,成左虚步。左臂内旋向左、向后划弧成勾手,勾尖向上;右手继续向后、向右、向前上划弧,屈肘抖腕,在头前上方成亮掌(即横掌),掌心向前,掌指向左。目视左方。

2. 并步对拳(如图13-14所示)

(1)右腿蹬直,左腿提膝,脚尖里扣,上肢姿势不变。

图 13-13 虚步亮掌

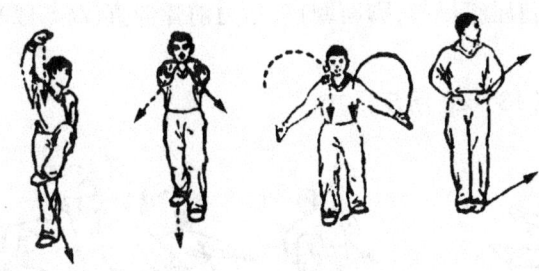

图 13-14 并步对拳

(2)左脚向前落步,重心前移。左臂屈肘,左勾手变掌经左肋前伸;右臂外旋向前下落于左掌右侧,两掌同高,掌心均向上。

(3)右脚向上一步,两臂下垂后摆。

(4)左脚向右脚并步,两臂向外向上经胸前屈肘下按,两掌变拳,拳心向下,停于小腹前。目视左侧。

(二)第一段

1. 弓步冲拳(如图 13-15 所示)

(1)左脚向左上一步,脚尖向斜前方;左腿微屈,成半马步。左臂向上向左格打,拳眼向后,拳与肩同高;右拳收至腰侧,拳心向上。目视左拳。

(2)右腿蹬直成左弓步。左拳收至腰侧,拳心向上;右拳向前冲出,高与肩平,拳眼向上。目视右拳。

2. 弹腿冲拳(如图 13-16 所示)

重心前移至左腿,右腿屈膝提起,脚面绷直,猛力向前弹出伸直,高与腰平。右拳收至腰侧,左拳向前冲出。目视前方。

3. 马步冲拳(如图 13-17 所示)

左脚向前落步,脚尖里扣,上体左转。左拳收至腰侧,两腿下蹲成马步,右拳向前冲出。目视右拳。

4. 弓步冲拳(如图 13-18 所示)

(1)上体右转 90°,右脚尖外撇向斜前方,成半马步。右臂屈肘向右格打,拳眼向后。目视右拳。

(2)左腿蹬直成右弓步。右拳收至腰侧,左拳向前冲出。目视左拳。

图 13-15 弓步冲拳　　图 13-16 弹腿冲拳　图13-17 马步冲拳　　图 13-18 弓步冲拳

5. 弹腿冲拳（如图 13-19 所示）

重心前移至右腿,左腿屈膝提起,脚面绷直,猛力前弹伸直,高与腰平。左拳收至腰侧,右拳前冲。目视前方。

6. 大跃步前穿（如图 13-20 所示）

图 13-19　弹腿冲拳　　　　　图 13-20　大跃步前穿

（1）左腿屈膝。右拳变掌内旋,以手背向下挂至左膝外侧,上体前倾。目视右手。

（2）左脚向前落步,两腿微屈,右掌继续向后挂,左拳变掌,向后向下伸直,目视右掌。

（3）右腿屈膝向前提起,左腿立即猛力蹬地向前跃出。两掌向前向上划弧摆起。目视左掌。

（4）右腿落地全蹲,左腿随即落地向前铲出成仆步。右掌变拳抱于腰侧,左掌由上向右向下划弧成立掌,停于右胸前。目视左脚。

7. 弓步击掌（如图 13-21 所示）

右腿猛力蹬直成左弓步。左掌经左脚向后划弧至身后成勾手,左臂伸直,勾尖向上;右拳由腰侧变掌向前推出,掌指向上,掌外侧向前,目视右掌。

8. 马步架掌（如图 13-22 所示）

（1）重心移至两腿中间,左脚脚尖里扣成马步,上体右转。右臂向左侧平摆,稍屈肘;同时左勾手变掌由后经左腰侧从右臂内向前上穿出,掌心均朝上。目视左手。

（2）右掌立于左胸前;左臂向左上屈肘抖腕亮掌于头部左上方,掌心向前,目视右方。

图 13-21　弓步击掌　　　　图 13-22　马步架掌

(三) 第二段

1. 虚步栽拳（如图13-23所示）

（1）右脚蹬地，屈膝提起；左腿伸直，以前脚掌为轴向右后转体180°。右掌由左胸前向下经右腿外侧向后划弧成勾手；左臂随身体转动并外转，使掌心朝右。目视右手。

（2）右脚向右落地，重心移至右腿上，下蹲成左虚步。左掌变拳下落于左膝上，拳眼向里，拳心向左；右勾手变拳，屈肘向上架于头右上方，拳心向前。目视左方。

2. 提膝穿掌（如图13-24所示）

（1）左腿稍伸直。右拳变掌收至腰侧，掌心向上；左拳变掌由下向左向上划弧盖压于头上方，掌心向前。

（2）右腿蹬直，左腿屈膝提起，脚尖内扣。右掌从腰侧经左臂内向右前上方穿出，掌心向上；左掌收至右胸前成立掌。目视右掌。

3. 仆步穿掌（如图13-25所示）

右腿全蹲，左腿向左前方铲出成仆步。右臂不动，左掌由右胸前向下经左腿内侧，向左腿面穿出。目随左掌转视。

图13-23 虚步栽拳

图13-24 提膝穿掌

图13-25 仆步穿掌

4. 虚步挑掌（如图13-26所示）

（1）右腿蹬直，重心前移至左腿，成左弓步。右掌稍下降，左掌随重心移向前挑起。

（2）右脚向左前方上步，左腿半蹲，成右虚步。身体随上步左转180°。右脚上步的同时，左掌由前向上向后划弧成立掌，右掌由后向下向前上挑起成立掌，指尖与眼平。目视右掌。

5. 马步击掌（如图13-27所示）

（1）右脚落实，脚尖外撇，重心稍升高并右移，左掌变拳收至腰侧；右掌俯掌向外捋手。

（2）左脚向前一步，以右脚为轴向右后转体180°，两腿下蹲成马步。左掌从右臂上成立掌向左侧击出；右掌变拳收至腰侧。目视左掌。

图13-26 虚步挑掌

图13-27 马步击掌

6. 叉步双摆掌（如图13-28所示）

（1）重心稍右移，同时两掌向下向右摆，掌指均向上。目视右掌。

（2）右脚向左腿后插步，前脚掌着地。两臂继续由右向上向左摆，停于身体左侧，均成立掌，右掌停于左肘窝处。目随双掌转视。

7. 弓步击掌（如图13-29所示）

（1）两腿不动。左掌收至腰侧，掌心向上；右掌向上向右划弧，掌心向下。

（2）左腿后撤一步，成右弓步。右掌向下向后伸直摆动，成勾手，勾尖向上；左掌成立掌向前推出。目视左掌。

图13-28　叉步双摆掌　　　　　　图13-29　弓步击掌

8. 转身踢腿马步盘肘（如图13-30所示）

（1）两脚以前脚掌为轴向左后转体180°。在转体同时，左臂向上向前划半立圆，右臂向下向后划半立圆。

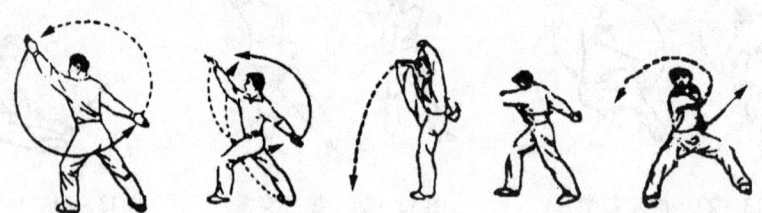

图13-30　转身踢腿马步盘肘

（2）上动不停，两脚不动，右臂由后向上向前划半立圆，左臂由前向下向后划半立圆。

（3）上动不停，右臂向下成反臂勾手，勾尖向上；左臂向上成亮掌，掌心向前上方。右腿伸直，脚尖勾起，向额前踢。

（4）右腿向前落地，脚尖里扣。右手不动，左臂屈肘下落至胸前，左掌心向下。目视左掌。

（5）上体左转90°，两腿下蹲成马步。同时左掌向前向左平捋变拳收至腰侧，右勾手变拳，右臂伸直，由体后向右向前平摆，至体前时屈肘，肘尖向前，高与肩平，拳心向下。目视肘尖。

图13-31　歇步抡砸拳

（四）第三段

1. 歇步抡砸拳（如图13-31所示）

（1）重心稍升高，右脚尖外撇。右臂由胸前向上向右抡直；左拳向下向左，使臂抡直，目视右拳。

（2）上动不停，两脚以前脚掌为轴，向右后转体180°。右臂向下向后抡摆，左臂向上向前随身体转动。

（3）紧接上动，两腿全蹲成歇步。左臂随身体下蹲向下平砸，拳心向上，臂部微屈；右臂伸直向上举起。目视左拳。

2. 仆步亮掌（如图13-32所示）

（1）左脚由右腿后抽出前上步，左脚蹬直，右腿半蹲，成右弓步，上体微向右转，左拳收至腰侧，右拳变掌向下经胸前向右横击掌。目视右掌。

（2）右脚蹬地屈膝提起，上体右转，左拳变掌从右掌上向前穿出，掌心向上，右掌平收至左肘下。

（3）右脚向右落步，屈膝全蹲，左腿伸直，成仆步。左掌向下向后划弧成勾手，勾尖向上；右掌向上划弧微屈，抖腕成亮掌，掌心向前，头随右手转动，至亮掌时，目视左方。

3. 弓步劈拳（如图13-33所示）

（1）右腿蹬地立起；左腿收回并向左前方上步，右掌变拳收至腰侧，左勾手变掌由下向前上经胸前向左做搂手。

图13-32 仆步亮掌

图13-33 弓步劈拳

（2）右脚经左腿前方向左绕上一步，左腿蹬直成右弓步。左手向左半搂后再向前挥摆，虎口朝前。

（3）在左手平搂的同时，右拳向后平摆，然后再向前向上做抡劈拳，拳心向上，左掌外旋接扶右前臂。目视右掌。

4. 换跳步弓步冲拳（如图13-34所示）

（1）重心后移，右脚稍向后移动。右拳变掌臂内旋以掌背向下划弧挂至右膝内侧；左掌背贴靠右肘外侧，掌指向前。目视右掌。

（2）右腿自然上抬。上体稍向左扭转。右掌挂至体左侧，左掌伸向右腋下，目随右掌转视。

（3）右腿以全脚掌用力向下震踩，与此同时，左脚急速离地抬起。右手由左向上向前搂盖而后变拳收至腰侧；左掌伸直向下、向上、向前屈肘下按，掌心向下。上体右转，目视左掌。

（4）左脚向前落步，右腿蹬直成左弓步。右拳向前冲出拳高与肩平；左掌藏于右腋下，掌背靠腋窝。目视右拳。

图13-34 换跳步弓步冲拳

5. 马步冲拳(如图13-35所示)

上体右转90°,重心移至两脚中间,成马步。右拳收至腰侧,左掌变拳向左冲出,拳眼向上。目视左拳。

6. 弓步下冲拳(如图13-36所示)

右脚蹬直,左腿弯曲,上体稍向左转,成左弓步。左拳变掌向下经体前向上架于左上方,掌心向上,右拳自腰侧向左前斜下方冲出。目视右拳。

7. 叉步亮掌侧踹腿(如图13-37所示)

(1)上体稍右转。左掌由头上下落于右手腕上,右拳变掌,两手交叉成十字。目视双手。

(2)右脚蹬地并向左脚后插步,以前脚掌着地。左掌由体前向下向后划弧成勾手,勾尖向下;右掌由前向右向上划弧抖腕亮掌,掌心向前。目视左侧。

(3)重心移至右腿,左腿屈膝提起,向左上方猛力蹬出。上肢姿势不变,目视左侧。

图13-35 马步冲拳　　图13-36 弓步下冲拳　　　　图13-37 叉步亮掌侧踹腿

8. 虚步挑拳(如图13-38所示)

(1)左脚在左侧落地。右掌变拳稍后移,左勾手变拳由体后向左上挑,拳背向上。

(2)上体左转180°,微含胸前俯。左拳继续向前向上划弧上挑,右拳向下向前划弧挂至右膝外侧,同时右膝提起。目视右拳。

(3)右脚向右前方上步,脚尖点地,重心落于左脚,左脚下蹲成右虚步。左拳向后划弧收至腰侧、拳心向上;右拳向前上屈臂挑出,拳眼斜向上,拳与肩同高。目视右拳。

(五)第四段

1. 弓步顶肘(如图13-39所示)

(1)重心升高,右脚踏实。右臂内旋向下直臂划弧以拳背下挂至右膝内侧,左拳不变,目视前下方。

图 13-38　虚步挑拳　　　　　　　　　图 13-39　弓步顶肘

(2)左腿蹬直,右腿屈膝上抬。左拳变掌,右拳不变,两臂向前向上划弧摆起。目随右拳转视。

(3)左脚蹬地起跳,身体腾空,两臂继续划弧至头上方。

(4)右脚先落地,右腿屈膝,左脚向前落步,以前脚掌着地。同时两臂向下屈肘停于右胸前,右拳变掌,左掌变拳。右掌心贴靠左拳面。

(5)左脚向左上一步,左腿屈膝,右腿蹬直成弓步。右掌推左拳,以左肘尖向左顶出,高与肩平。目视前方。

2. 转身左拍脚(如图 13-40 所示)

(1)以两脚前脚掌为轴向右后转体 180°。随着转体,右臂向上向右向下划弧抡摆,同时左拳变掌向下向后向前上抡摆。

(2)左腿伸直向前上踢起,脚面绷平。左掌变拳收至腰侧,右掌由体后向上向前拍击左脚面。

3. 右拍脚(如图 13-41 所示)

(1)左腿向前落地,左拳变掌向下向后摆,右掌变拳收至腰侧。

(2)右腿伸直向前上踢起,脚面绷平。左拳变掌由后向上向前拍击右脚面。

图 13-40　转身左拍脚　　　　　　图 13-41　右拍脚

4. 腾空飞脚(如图 13-42 所示)

(1)右脚落地。

(2)左脚向前摆起,右脚猛力蹬地跳起,左腿屈膝继续前上摆。同时右拳变掌向前向上摆起,左掌先上摆而后下降拍击右掌背。

(3)右腿继续上摆,脚面绷平。右手拍击右脚面,左掌由体前向后上举。

5. 歇步下冲拳(如图 13-43 所示)

(1)左、右脚先后相继落地。左掌变拳收至腰侧。

(2)身体右转 90°,两腿全蹲成歇步。右掌抓握、外旋变拳收至腰侧;左拳由腰侧向前下方冲出,拳心向下。目视左拳。

图 13-42　腾空飞脚　　　　　　图 13-43　歇步下冲拳

6. 仆步抡劈拳（如图 13-44 所示）

（1）重心升高，右臂由腰侧向体后伸直，左臂随身体重心升高向上提起。

（2）以右脚前掌为轴，左腿屈膝提起，上体左转270°。左拳由前向后下划立圆一周；右拳由后向下向前上划立圆一周。

（3）左腿向后落一步，屈膝全蹲，右腿伸直，脚尖里扣成右仆步。右拳由上向下抡劈，拳眼向上；左拳后上举，拳眼向上。目视右拳。

图 13-44　仆步抡劈拳

7. 提膝挑掌（如图 13-45 所示）

（1）重心前移成右弓步。同时右拳变掌由下向上抡摆，左拳变掌稍下落，右掌心向左，左掌心向右。

（2）左、右臂在垂直面上由前向后各划立圆一周。右臂伸直停于头上，掌心向左，掌指向上；左臂伸直停于身后成反勾手。同时右腿屈膝提起，左腿挺膝伸直独立。目视前方。

8. 提膝劈掌弓步冲拳（如图 13-46 所示）

（1）下肢不动。右掌由上向下猛劈伸直，停于右小腿内侧，用力点在小指一侧；左勾手变掌，屈臂向前停于右上臂内侧，掌心向右。目视右掌。

（2）右脚向右后落地；身体右转90°。同时左掌变拳收至腰侧，右臂内旋向右划弧做劈掌。

（3）上动不停，左腿蹬直成右弓步。右手抓握变拳收至腰侧，左拳由腰侧向左前方冲出。目视左拳。

图 13-45　提膝挑掌　　　　　图 13-46　提膝劈掌弓步冲拳

(六)结束动作

1. 虚步亮掌(如图 13-47 所示)

(1)右脚扣于左膝后,两拳变掌,两臂右上左下屈肘交叉于体左前。目视右掌。

(2)右脚向右后落步,重心后移,右腿半蹲,上体稍右转。同时右掌向上向右向下划弧停于左腋下;左掌向左、向上划弧停于右臂上与左胸前,两掌心左下右上。目视左掌。

(3)左脚尖稍向右移,右腿下蹲成左虚步。左臂伸直向左、向后划弧成反勾手;右臂伸直向下向右向上划弧抖腕亮掌,掌心向前。目视左方。

2. 并步对拳(如图 13-48 所示)

(1)左腿后撤一步,同时两掌从两腰侧向前穿出伸直,掌心向上。

(2)右腿后撤一步,同时两臂分别向体后下摆。

(3)左脚后退半步向右脚并拢。两臂由后向上经体前屈臂下按,两掌变拳,停于腹前,拳心向下,拳面相对。目视左方。

(4)还原。两臂自然下垂,目视正前方。

图 13-47 虚步亮掌　　　　图 13-48 并步对拳

第四节　散打

一、散打运动简介

现代散打运动,是以踢、打、摔为主要技击内容,在比赛规则的限制下互以双方格斗技击动作为基础素材的斗智、较技的对抗性体育竞赛项目。它是格斗者双方智力、体力、技术和心理意志的综合抗衡,具有高度的攻防实战性和激烈对抗性。

散打运动在国内推广迅速。1989 年,国家体委将武术散打确定为国家正式竞赛项目,同年在江西宜春市举行了第一届全国武术散打擂台赛;1993 年第七届全国运动会上,首次被列入为正式比赛项目;1998 年,散打比赛被列入泰国曼谷举行的第十二届亚洲运动会竞赛项目;2000 年,国家武术运动管理中心组织举办了第一届世界武术散打比赛。

散打的内容丰富,其基本的技术有基本姿势、基本步法、基本拳法、基本脚法、基本摔法五种攻击法和防守技术。

二、散打基本姿势

散打基本姿势又称为散打预备姿势或实战姿势。基本姿势虽可因人而异,但应具有身体重心稳固,暴露给对方的面积较少,利于防守和起动的灵便,便于发力,利于进攻等优点。一般分为左手在前的"正架"和右手在前的"反架"两种(如图 13-49)。

以图 13-49①实战姿势为例。首先立正站好,右脚向斜后方撤步,撤步的距离是本人的 1~1.5 脚掌长(30~40 厘米),成实战站立,两脚尖斜向前方的 40°平行;两膝微屈,两脚的脚前掌着地,脚跟微抬起;身体侧向对方,松胸、溜肩、收下颌,后手(右手)轻握拳,屈臂抬起,前臂与上臂之间的夹角小于 60°;右手握拳,拇指内侧置于下颌外侧,肘部下垂,轻贴右肋处,左手轻握拳;拳眼向上,左臂弯曲,肘关节夹角在 90°~110°,拳与下颌等高,肘关节与地面垂直,下颌收,目视前方。

图 13-49 "正架"和"反架"　　　图 13-50 滑步

三、散打基本步法

拳谚曰"三分拳,七分步",这说明步法很重要。步法是武术散打技术的基础,步法的运用要突出合理、灵活、快速、多变的特点,并要与攻防动作紧密配合。散打的基本步法有:滑步、垫步、上步、插步、盖步等,下面简要介绍前三种。

(一)滑步

实战姿势站立,前滑步以后脚蹬地;前脚向前移动,落地时以前脚掌先落地;随之后脚前移,落地后与原基本姿势相同。后滑步以前脚蹬地,后脚向后移步,落地时以脚掌着地,随之前脚后移,落地后与原基本姿势相同(如图 13-50)。

(二)垫步

实战姿势站立,重心前移,右脚蹬地,向左脚内侧并拢,随即左脚屈膝提起,根据情况使用蹬、踹腿法。上动不停,在使用腿法的同时,支撑腿随蹬(踹)腿向前再垫出一步,脚跟斜向前方(如图 13-51)。

(三)上步

实战姿势站立,后脚向前迈一步。右脚在前,左脚在后,成反架(如图 13-52)。

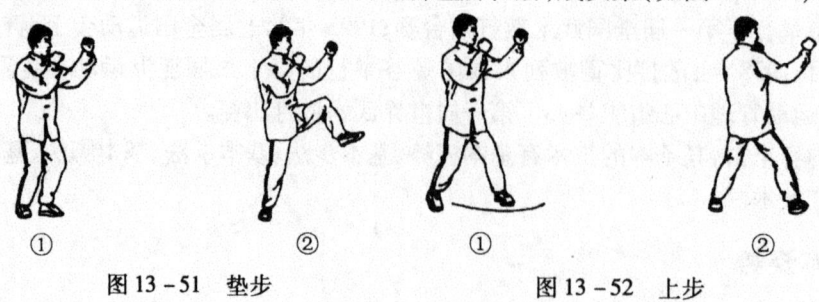

图 13-51 垫步　　　图 13-52 上步

四、基本拳法

(一) 直拳（冲拳）

1. 左直拳

右脚蹬地,左脚向前进步,右脚跟进,同时左拳直线向前冲击对方,力达拳面。右拳放在右颌下作防护(如图13－53)。

- 动作要点:蹬地、拧腰、冲拳要同时发力,手臂屈伸富有弹性,收回要快,成预备式,并且眼睛要注视对方。
- 实战作用:左直拳的击打力量虽然较轻,但有速度快、路线短的特点,在实战中是极易得分的拳法。

2. 右直拳

左脚向前进步,右脚跟进,前脚掌内扣点地,转腰送肩同时右拳直线向前冲对方,力达拳面。左拳回左肩内侧作保护(如图13－54)。

图13－53　左直拳　　　　图13－54　右直拳

- 动作要点:蹬地、转腰、送肩要顺、收回要快,成预备式,并且眼睛要注视对方。
- 实战作用:右手直拳力量较大,可以用于配合步法直接进攻,也可以用于反击对方的腿法进行攻击。

(二) 摆拳（贯拳）

1. 左摆拳

左脚上步,同时上体左转,左拳由上向里并向下弧线挥击对方,肘微屈,拳心朝下,力达拳背,右拳护于右颌下作保护(如图13－55)。

图13－55　左摆拳

- 动作要点:力从腰发,向右转动,肘微屈,由上向下并向里走弧线,力达拳背,收回要快,成预备式,并且眼睛要注视对方。

- 实战作用:摆拳常用于打击对方头部及上体侧面,也可用于反击对方的腿法或拳法进攻。

2. 右摆拳

原地右脚蹬地内扣,身体向左摆动,同时右拳由上向里并向下弧线挥击对方,肘微屈,拳心朝下,力达拳背,左拳护于左颌下作保护(如图13-56)。

- 动作要点:右脚内扣、转腰、摆拳、发力要一致;力达拳背,收回要快,成预备式,并且眼睛要注视对方。
- 实战作用:右摆拳力量较大,被击中后造成的威胁较大,但因其击打路线较远,动作较大,容易被对手发现并暴露动作意图,因此多用于反击或在假动作的掩护下进攻。

(三)勾拳(抄拳)

实战姿势站立,上体微向右下移动,身体重心略下降;右脚随之蹬地挺腰,上体向左转体,右脚关节迅速挺伸,同时右拳由下向前上抄起,拳心向内,挺腰发力后要及时制动;力达拳面,左手收至下颌处防守;目视击打拳。完成动作后恢复实战姿势站立(如图13-57)。

图13-56 右摆拳　　　　图13-57 勾拳(抄拳)

- 动作要点:发力短促有力。
- 实战作用:用于近距离的进攻与反击,或与其他动作组合。

五、基本腿法

腿法是散打技术中最重要的技法之一,在散打比赛中占有较大的比重。它的特点是,可远距离运用,攻击力强,力度大,进攻时有效性强。腿法主要包括蹬、踹、鞭、摆、劈等技术。下面简单介绍正蹬腿、侧踹腿、侧弹腿、转身后摆腿的基本技术。

(一)正蹬腿

实战姿势站立,右腿前脚掌蹬地,重心前移,同时屈膝上提,踝关节钩起,上体含胸收腹,随即提膝腿送髋,带动大小腿向前蹬出,力达脚跟。当触及目标时踝关节用力,前脚掌前展,两拳收至腹前,目视前方。动作完成后,按原路线返回,成实战姿势站立(如图13-58)。

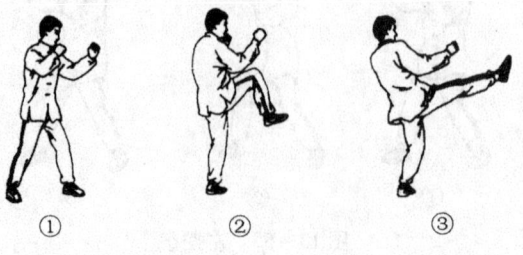

图13-58 正蹬腿

- 动作要点:与左腿正蹬相同。
- 实战作用:与左腿正蹬相同。

(二)侧踹腿

实战姿势站立,身体重心后移,右腿膝关节微屈,左腿屈膝提起,与腰同高,大腿贴近胸部,小腿外摆,与上体成90°夹角,脚尖自然钩起,脚掌指向对手,上体握拳成实战姿势;身体侧向后仰,同时大腿猛力伸直,带动脚掌向前沿直线蹬踹;发力的同时展髋,支撑腿脚尖指向侧后方,此时左手置于左腿侧上方,右手至于下颌防守。动作完成后腿按原路线收回实战姿势站立(如图13-59)。

图13-59 侧踹腿

- 动作要点:身体侧倒,屈膝高抬,爆发有力,快速连贯,走直线。
- 实战作用:攻击对方头、胸、腹、髋、膝。可结合步法、拳法直接进攻,也可以用于阻截对方进攻动作。

(三)侧弹腿

实站姿势站立,右脚跟内扣,重心移至右腿;左大腿带动小腿由屈到伸向前鞭打,力达脚背,高不过膝;击打目标后,左脚收回原位(如图13-60)。

图13-60 侧弹腿

- 动作要点:鞭腿击打时,膝关节放松并向内扣。
- 实战作用:低位攻击时可进攻对手大、小腿,也可以作为假动作引诱对方伺机进攻;中高位攻击时可进攻对手头、胸、腹部,也可以步法进行反击。

(四)转身后摆腿

1. 左转身后摆腿

实战姿势站立,左脚抬起稍左转,同时右脚向左斜前方上一步呈反架;上体拧腰,转头,目视前方。同时抬左腿,自左后向前横扫,脚面绷直,力达脚掌,目视左脚。左腿顺势回收,动作还原(如图13-61)。

图13-61　左转身后摆腿

- 动作要点:上步要迅速,上步、转体、摆腿动作要一气呵成。
- 实战作用:可用于配合拳法或腿法连击进攻,也可以用于反击对方拳法、腿法的进攻。

2. 右转身后摆腿

实战姿势站立,左脚向右前方横移半步,目视前方;上体拧腰、转头,目视前方;同时抬右腿自右后向前横扫,脚面绷直,力达脚掌;右腿顺势回收,动作还原(如图13-62)。

图13-62　右转身后摆腿

- 动作要点:腿法摆动时要展髋送腰,上体与摆动腿基本成一条直线。
- 实战作用:用于进攻或反击对方头、胸部,常用于反击对方侧弹腿或拳法进攻。

六、基本摔法

摔法是散打技术中近距离攻击的主要方法。在散打中运用摔法时,无论是主动进攻还是在被动的情况下以摔法取胜,都要突出一个"快"字,也要突出技术的巧妙运用。

(一)抱腿别腿摔

对方用左腿攻击时,我方将对方左腿抱住,上步转体用胸下压对方腿部(如图13-63)。

- 动作要点:抱腿准、有力,上步、转体、下压协调一致。

第十三章 武术

图 13-63 抱腿别腿摔

（二）抱腿钩踢摔

对方以前蹬或前踹进攻时，我方用前臂抄其小腿抓其脚踝，同时后手抓其脚背；然后双手回拉，上体含胸左转；同时右手松开抄对方前腿膝窝，随后右脚钩踢对方支撑腿脚跟，上体右转将对方摔倒（如图 13-64）。

图 13-64 抱腿钩踢摔

· 动作要点：抱腿准、有力，右脚钩踢要快、狠。

（三）抱腿过肩摔

对方用右直拳击我方头部时，我方立即上步低头弯腰抱住对方的双腿，然后蹬腿挺身仰头后倒将对方摔出（如图 13-65）。

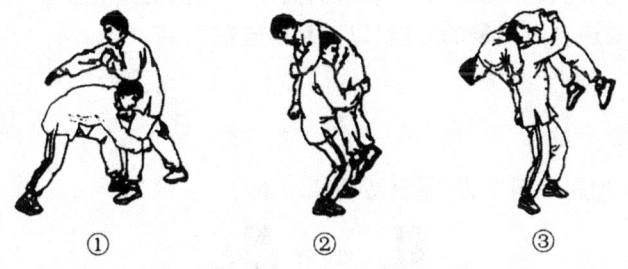

图 13-65 抱腿过肩摔

· 动作要点：上步下潜快，抱腿紧，起来要用爆发力。

七、防守技术

防守技术是散打技术体系中重要的组成部分，防守技术运用得好，在比赛中可以有效地保护自己，同时能够更好地获取反击对手的机会。

· 147 ·

(一)肩臂阻挡

实战姿势站立,左臂回收外旋,左侧上臂贴近左肋部,右手臂收紧,同时腰微向右转,收腹、含胸,低头收下颌,拳心向里。防守动作完成后成实战姿势站立(如图13-66)。

- 动作要点:上体含胸,收腹,以腰带臂,两手臂紧护胸、腹。
- 实战作用:用于防守对方拳法或冲膝攻击胸部或头部。

(二)提膝阻挡

实战姿势站立,左腿蹬地提起,高度大约与髋关节齐,身体重心移至右腿,同时双手收回紧贴两肋,上体微沉(如图13-67)。

- 动作要点:提膝时,两手应置于下颌处防守。
- 实战作用:用于防守对方使用弧线技术攻击我方大小腿,或我方做提膝假动作迷惑对方,伺机进攻。

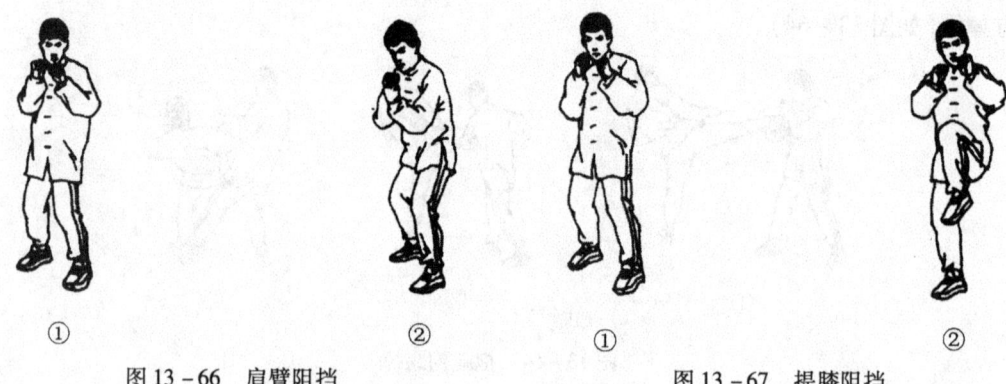

图13-66 肩臂阻挡　　　　　图13-67 提膝阻挡

(三)拍击

两臂提至胸前,左拳进攻右手拍击,右拳进攻左手拍击,拍击动作要小而快,眼睛要注视对方(如图13-68)。

- 动作要点:拍击要快速、短促、有力、准确,为下一次拍击做准备。
- 实战作用:改变进攻者出拳的方向,以达到防守的目的。

(四)格架

1. 向斜上格架

左手或右手向上抬肘向斜上方举起(如图13-69)。

图13-68 拍击　　　　　图13-69 向斜上格架

·动作要点:动作暴露面要小,前臂、上臂应贴近头侧,含胸。
·实战作用:用于防守对方弧线形拳法或腿法攻击头部。

2. 向斜下格架

左拳(掌)由上向下、向左斜下方格架,拳心向左,依靠前臂外下方桡骨侧接触对方攻击部位(如图13-70)。

动作要点:动作幅度不宜过大,挂架的同时,上体应以腰带臂向右侧转体,以化解对方攻击力量。

实战作用:用于防守对方弧线形腿法进攻。

(五)闪躲

身体左右侧闪,重心前后移动,改变身体及其他部位的位置,使对手的进攻落空,伺机转入进攻,眼睛要注视对方(如图13-71)。

①

图13-70 向斜下格架

①

②

图13-71 闪躲

·动作要点:用中距离和近距离做前后闪躲和左右闪躲。
·实战作用:闪躲的目的是为了进攻,闪躲要敏捷,要有利于进攻。

八、散打基本动作练习方法

(一)信号练习

学生根据教导员指定的动作,按发出的口令或手势统一进行练习,使学生从中体会动作的要领和力点,从而掌握动作的方法。同时,教练员观察学生做的动作是否正确,发现错误要及时纠正。

(二)对镜练习

学生根据教导员指定的动作或已掌握的动作,按量或按时地统一进行练习。使学生从多角度,全方位体验和检查自己的动作是否正确。同时,可以假设镜中的影像是对手,培养进攻和反击意识。

(三)配合步法练习

学生根据教导员指定的拳法、腿法与步法,配合组合动作,按量、按时地统一进行练习,使学生从中掌握拳法、腿法与步法的配合技巧,练习动作组合的协调性,同时,教练员检查学生的动作。

(四)行进间空击练习

学生根据教练员规定的向前或向后移动的要求,反复练习指定的或自选的动作,达到用力顺达、上下协调的目的，进而在移动中培养用拳法、腿法与步法配合进行抢攻的意识以及躲闪和反击的意识。

(五) 行进间打靶练习

学生根据教导员规定的向前或向后移动的要求，反复用指定的或自选的动作踢、打另一方的手靶和腿靶，从中体会击打实物的感觉，进而提高拳、脚的击打力度和击打目标的准确性，并在前进中建立抢攻的距离感和在后退中建立反击的距离感。

(六) 原地打靶练习

学生在教练员指定的配对或自由配对下，原地反复用指定的或自选的动作踢、打另一方的手靶和腿靶。要求示靶的一方在节奏上、方位上、角度上灵活多变；而打靶的一方要求掌握好进攻和反击的时机，运用动作时所要求的角度以及拳法、腿法、步法的协调配合，为今后的实战打下良好的训练基础。

(七) 打沙包练习

学生根据教练员的指定动作或自选动作，控制一定的时间和数量踢、打沙包，从中提高拳脚的力度和击打技术。

第五节　24式太极拳

一、太极拳运动特点

(一) 体松心静

太极拳是一种"静中寓动、动中求静"的修炼术。与其他竭尽全力去追求高度、速度、远度的竞技运动截然不同。练习太极拳，首先要使身体充分放松。从头颈部、肩部、胸部、腰部、腿部、上肢和下肢均要充分放松，尤其是肩、髋、肘等几个大关节。身体放松了，才能在运动中保持自然舒展，柔和顺畅，才能做到"心静"。

在演练太极拳时，尽管运动不息，但也要做到心里宁静从容。正如《太极拳论》中形容的"一羽不能加，蝇虫不能落"的境界。

(二) 柔和缓慢

太极拳的动作柔和缓慢，以柔劲为主，以意识引导动作，用意不用力。动作柔和的好处是用力较少，不使肌肉过于紧张。缓慢的好处是能使呼吸深长，增加吸氧量，并且气沉丹田，意、气、劲三者合一。这样动作才能自然舒展，感觉灵敏，步法稳健，气血调和。太极拳在运动时不用拙力，呼吸深沉自然，动作轻松柔缓，形神合一，虽动犹静。

(三) 连绵不断

在练习太极拳的过程中，动作不能忽快忽慢、停顿或断续。要动作连贯，势势相承，动动相连，前后贯串，绵绵不断，形成有节律的连续运动。

(四) 圆活自然

太极拳的动作处处带有弧形。这是因为弧形动作转换灵活，不滞不涩，易于转化，顺乎力学原理，也符合人体各关节自然弯曲的状态。因此，有人称太极拳为"圆的运动"。

二、24 式太极拳动作说明

(一) 第一段

1. 起势

(1) 两脚并拢,身体自然直立,头颈正直;两臂自然下垂,两手指贴大腿侧。眼向前平视(图 13－72)。

(2) 左脚向左慢慢开步,与肩同宽,脚尖向前(图 13－73)。

(3) 两臂慢慢向前平举,两手高与肩平,与肩同宽,手心向下(图 13－74、图 13－75)。

(4) 上体保持正直,两腿屈膝下蹲;同时两掌轻轻下按至腹前,两肘下垂与膝相对;两眼平视前方(图 13－76)。

图 13－72　　图 13－73　　图 13－74　　图 13－75　　图 13－76

2. 左右野马分鬃

(1) 上体微向右转,身体重心移至右腿上;同时右臂收在胸前平屈,手心向下;左手经体前向右下划弧放在右手下,手心向上,两手心相对成抱球状;左脚随即收到右脚内侧,脚尖点地,目视右手(图 13－77、图 13－78)。

(2) 上体微向左转,左脚向左前方迈出,同时左右手随转体慢慢分别向左上、右下错开,目视左手(图 13－79、图 13－80)。

(3) 上体继续左转,右脚跟后蹬,右腿自然伸直成左弓步;左右手随转体继续向左上、右下分开,左手高与眼平,手稍斜向上,肘微屈;右手落在右胯旁,肘也微屈,手心向下,指尖向前;目视左手(图 13－81)。

图 13－77　　图 13－78　　图 13－79　　图 13－80　　图 13－81

(4) 上体慢慢后坐,身体重心移至右腿,左脚尖跷起,微向外撇(45°～60°),同时两手准备抱球(图 13－82)。

(5) 左脚掌慢慢踏实,左腿慢慢前弓,身体左转,身体重心再移至左腿;同时左手翻转向下,左臂收在胸前平屈,右手向左上划弧放在左手下,两手心相对成抱球状;右脚随即收到左脚内侧,脚尖点地;目视左手(图 13－83、图 13－84)。

(6) 上体微右转,右腿向右前方迈出;同时左右手随转体慢慢分别向左下、右上错开;目视右手(图13-85)。

(7)左腿自然伸直成右弓步;同时上体继续右转,左右手继续随转体分别慢慢向左下、右上分开,右手高与眼平,手心斜向上,肘微屈;左手落在左胯旁,肘也微屈,手心向下,指尖向前;目视右手(图13-86)。

图13-82　　　　图13-83　　　　图13-84　　　　图13-85　　　　图13-86

(8)与(4)解同,惟左右相反(图13-87)。

(9)与(5)解同,惟左右相反(图13-88、图13-89)。

(10)与(6)解同,惟左右相反(图13-90)。

(11)与(7)解同,惟左右相反(图13-91)。

图13-87　　　　图13-88　　　　图13-89　　　　图13-90　　　　图13-91

3. 白鹤亮翅

(1)上体微向左转;左手翻掌向下,左臂平屈胸前;右手向左上划弧,手心转向上,与左手相对成抱球状;目视左手(图13-92)。

(2)右脚跟前半步,上体后坐,身体重心移至右腿;上体先向右转,面向右前方,目视右手;然后左脚稍向前移,脚尖点地,成左虚步;同时上体再微向左转,面向前方,两手随转体慢慢向左下、右上分开,右手上提停于右额前,手心向左后方,左手落于左胯前,手心向下,指尖向前;眼平视前方(图13-93、图13-94)。

图13-92　　　　图13-93　　　　图13-94

4. 左右搂膝拗步

(1)右手从体前下落,向后上方划弧举至右肩外侧,肘微屈,手与耳同高,手心斜向上;左手由左下向上、向右下方划弧至右胸前,手心斜向下;同时上体先微向左再向右转;左脚收至右脚内侧,脚尖点地;目视右手(图13-95、图13-96、图13-97)。

(2)上体左转,左脚向前(偏左)迈出成左弓步;同时右手屈回由耳侧向前推出,高与鼻尖平，左手向下由左膝前搂过落于左胯旁，指尖向前，目视右手（图13-98、图13-99）。

图13-95　　　　图13-96　　　　图13-97　　　　图13-98　　　　图13-99

（3）右腿慢慢屈膝，上体后坐，重心移至右腿，左脚尖跷起微向外撇，随后脚掌慢慢踏实，左脚前弓，身体左转，重心移至左腿，右脚收到左脚内侧，脚尖点地；同时左手向外翻掌由左后向上划弧至左肩外侧，肘微屈，手与耳同高，手心斜向上；右手随转体向上、向左下划弧落于左胸前，手心斜向下；目视左手（图13-100、图13-101、图13-102）。

（4）与（2）解同（图13-103、图13-104）。

（5）与（3）解同，惟左右相反（图13-105、图13-106、图13-107）。

图13-100　　　图13-101　　　图13-102　　　图13-103　　　图13-104

（6）与（2）解同（图13-108、图13-109）。

图13-105　　　图13-106　　　图13-107　　　图13-108　　　图13-109

5. 手挥琵琶

（1）右脚跟进半步，上体后坐，重心移至右脚上，上体半面向右转（图13-110）。

（2）左脚略提起稍向前移，变成左虚步，脚跟着地，脚尖跷起，膝部微屈；同时左手由左下向上挑举，高与鼻尖平，掌心向右，臂微屈；右手收回放在左臂肘部里侧，掌心向左；两手成侧立掌合于体前；目视左手食指（图13-111、图13-112）。

图13-110　　　　　图13-111　　　　　图13-112

(二)第二段

1. 左右倒卷肱

(1)右转,右手翻掌(手心向上)经腹前由下向后上方划弧平举,臂微屈,左手随即翻掌向上;眼的视线随着向右转体先右视,再转向前方视左手(图13-113、图13-114)。

(2)屈肘折向前,右手由耳侧向前推出,手心向前,左臂屈肘后撤,手心向上,撤至左肋外侧;同时左腿轻轻提起向后(偏左)退一步,脚掌先着地,然后全脚慢慢踏实,身体重心移到左脚上,成右虚步,右脚随转体以脚掌为轴扭正;目视右手(图13-115、图13-116)。

图13-113　　　图13-114　　　图13-115　　　图13-116　　　图13-117

(3)体微向左转;同时左手随转体向后上方划弧平举,手心向上;右手随即翻掌,掌心向上;眼随转体先左视,再转向前方视右手(图13-117)。

(4)与(2)解同,惟左右相反(图13-118、图13-119)。

(5)与(3)解同,惟左右相反(图13-120)。

(6)与(2)解同(图13-121、图13-122)。

图13-118　　　图13-119　　　图13-120　　　图13-121　　　图13-122

(7)与(3)解同(图13-123)。

(8)与(2)解同,惟左右相反(图13-124、图13-125)。

图13-123　　　图13-124　　　图13-125

2. 左揽雀尾

(1)上体微向右转;同时右手随转体向后上方划弧平举,手心向上,左手放松,手心向下;目视左手(图13-126)。

(2)身体继续向右转,左手自然下落,逐渐翻掌经腹前划弧至右肋前,手心向上;右臂屈肘,手心转向下,收至右胸前,两手相对成抱球状;同时身体重心落在右腿上,左脚收至右脚内侧,脚尖点地;目视右手(图13-127、图13-128)。

(3)上体微向左转,左脚向左前方迈出,上体继续向左转,右腿自然蹬直,左腿屈膝成左弓步;同时左臂向左前方掤出(即左臂平屈成弓形,用前臂外侧和手背向前方推出),高与肩平,手心向后;右手向右下落放于右胯旁,手心向下,指尖向前;目视左前臂(图13-129、图13-130)。

图13-126

图13-127

图13-128

图13-129

图13-130

(4)身体微向左转,左手随即前伸翻掌向下,右手翻掌向上,经腹前向上、向前伸至左前臂下方;然后两手下捋,即上体向右转,两手经腹前向右后上方划弧,直至右手心向上,高与肩平,左臂平屈于胸前,手心向后;同时身体重心移至右腿,目视右手(图13-131、图13-132)。

(5)上体微向左转,右臂屈肘折回,右手附于左手腕里侧(相距约5cm);上体继续向左转,双手同时向前慢慢挤出,左手心向后,右手心向前,左前臂要保持半圆;同时身体重心逐渐前移变成左弓步,目视左手腕部(图13-133、图13-134)。

图13-131

图13-132

图13-133

图13-134

(6)左手翻掌,手心向下,右手经左腕上方向前、向右伸出,高与左手齐,手心向下,两手左右分开,宽与肩同;然后右腿屈膝,上体慢慢后坐,身体重心移至右腿上,左脚尖跷起;同时两手屈肘回收至腹前,手心均向前下方,目向前平视(图13-135、图13-136、图13-137)。

(7)上式不停,身体重心前移。同时两手向前、向上按出,掌心向前;左腿前弓成左弓步;目平视前方(图13-138)。

图13-135

图13-136

图13-137

图13-138

3. 右揽雀尾

(1)上体后坐并向右转,身体重心移至右腿,左脚尖里扣;右手向右平行划弧至右侧,然后由右下经腹前向左上划弧至左肋前,手心向上;左臂平屈胸前,左手掌向下与右手成抱球状;同时身体重心再移到左腿上,右脚收到左脚内侧,脚尖点地;目视左手(图13-139、图13-140、图13-141、图13-142)。

(2)同"左揽雀尾"(3)解,惟左右相反(图13-143、图13-144)。

(3)同"左揽雀尾"(4)解,惟左右相反(图13-145、图13-146)。

(4)同"左揽雀尾"(5)解,惟左右相反(图13-147、图13-148)。

图13-139　　　图13-140　　　图13-141　　　图13-142　　　图13-143

图13-144　　　图13-145　　　图13-146　　　图13-147　　　图13-148

(5) 同"左揽雀尾"(6)解,惟左右相反(图13-149、图13-150、图13-151)。

(6) 同"左揽雀尾"(7)解,惟左右相反(图13-152)。

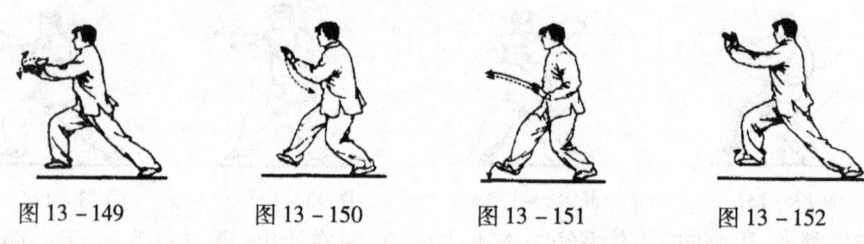

图13-149　　　图13-150　　　图13-151　　　图13-152

4. 单鞭

(1) 上体后坐,重心逐渐移至左腿,右脚尖里扣;同时上体左转,两手(左高右低)向左弧形运转,直至左臂平举,伸于身体左侧,手心向左,右手经腹前运至左肋前,手心向后上方;目视左手(图13-153、图13-154)。

(2) 重心再渐渐移至右腿上,上体右转,左脚向右脚靠拢,脚尖点地;同时右手向右上方划弧,手心由里转向外,至右侧方时变勾手,臂与肩平;左手向下经腹前向右上划弧停于右肩前,手心向里;目视左手(图13-155、图13-156)。

(3) 上体微向左转,左脚向左前侧方迈出,右脚跟后蹬,成左弓步;在身体重心移向左脚的同时,左掌随上体的继续左转慢慢翻转向前推出,手心向前,手指与眼齐平,臂微屈;目视左手(图13-157)。

图13-153　　　图13-154　　　图13-155　　　图13-156　　　图13-157

(三) 第三段

1. 云手

(1) 重心移至右腿上,身体渐向右转,左脚尖里扣;左手经腹前向右上划弧至右肩前,手心斜向后;同时右手松勾变掌,手心向右前,目视左手(图13-158)。

(2)上体慢慢左转,重心随之逐渐左移;左手由脸前向左侧运转,手心渐渐转向左方;右手由右下经腹前向左上划弧,至左肩前,手心斜向后;同时右脚靠近左脚,成小开立步(两脚距离10~20cm)。目视右手(图13-159、图13-160)。

图13-158　　　　图13-159　　　　图13-160

(3)上体再向右转,同时左手经腹前向右上划弧至右肩前,手心斜向后;右手向右侧运转,手心翻转向右;随之左腿向左横跨一步,目视左手(图13-161、图13-162、图13-163)。

(4)同(2)解相同(图13-164、图13-165)。

图13-161　　图13-162　　图13-163　　图13-164　　图13-165

(5)同(3)解相同(图13-166、图13-167、图13-168)。

(6)同(2)解相同(图13-169、图13-170)。

图13-166　　图13-167　　图13-168　　图13-169　　图13-170

2. 单鞭

(1)上体向右转,右手随之向右运转,至右侧方时变成勾手;左手经腹前向右划弧至右肩前,手心向内;重心落在右腿上,左脚尖点地;目视左手(图13-171、图13-172、图13-173)。

(2)上体微向左转,左腿向左前侧方迈出,右脚跟后蹬,成左弓步;在身体重心移向左脚的同时,上体继续左转,左掌慢慢翻转向前推出,成"单鞭"式(图13-174、图13-175)。

图13-171　　图13-172　　图13-173　　图13-174　　图13-175

3. 高探马

(1)右脚跟进半步,身体重心逐渐后移至右腿上;右勾手变成掌,两手心翻转向上,两肘微屈;同时身体微向右转,左脚跟渐渐离地,目视左前方(图13-176)。

(2)上体微向左转,面向左前方;右掌经右耳旁向前推出,手心向前,手指与眼同高;左手收至左侧腰前,手心向上;同时左脚微向前移,脚尖点地,成左虚步;目视右手(图13-177)。

4. 右蹬脚

(1)左手手心向上,前伸至右手腕背面,两手相互交叉,随即向两侧分开并向下划弧,手心斜向下;同时左脚提起向左前侧方进步(脚尖稍外撇),身体重心前移;右脚自然蹬直,成左弓步;目视前方(图13-178、图13-179、图13-180)。

(2)两手由外向里划弧,两手交叉合抱于胸前,右手在外,手心均向后;同时右脚向左脚靠拢,脚尖点地;眼平视右前方(图13-181)。

(3)两手臂左右划弧分开平举,肘部微屈,手心均向外;同时右腿屈膝提起,右脚向右前方慢慢蹬出;目视右手(图13-182、图13-183)。

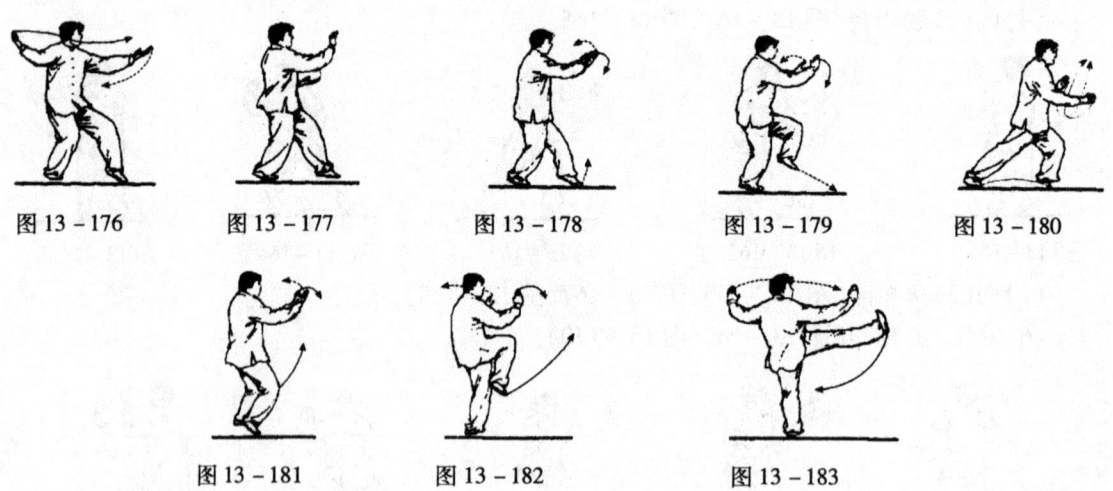

图13-176　图13-177　图13-178　图13-179　图13-180

图13-181　图13-182　图13-183

5. 双峰贯耳

(1)右腿收回,屈膝平举;左手由后向上、向前下落至体前;两手心均翻转向上,两手同时下划弧,分落于右膝盖两侧;目视前方(图13-184、图13-185)。

(2)右脚向右前方落下,重心渐渐前移,成右弓步,面向右前方,同时两手下落,慢慢变拳,分别从两侧向上、向前划弧贯拳至面部前方,成钳形状,两拳相对,高与耳齐,拳眼都斜向内下(两拳中间距离10~20cm);目视右拳(图13-186、图13-187)。

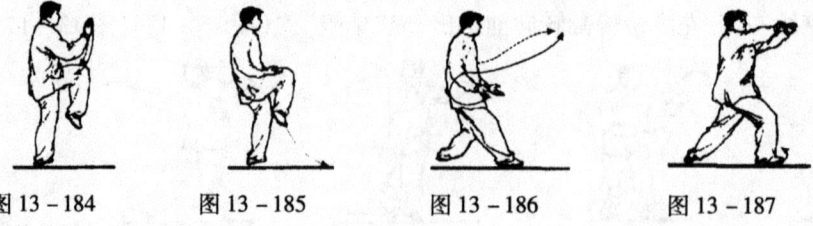

图13-184　图13-185　图13-186　图13-187

(四)第四段

1. 转身左蹬脚

(1)左腿屈膝后坐,身体重心移至左脚,上体左转,右脚尖里扣;同时两拳变掌,由上向左右划弧分开平举,手心向前;目视左手(图13-188、图13-189)。

(2)身体重心再移至右腿,左脚收到右脚内侧,脚尖点地;同时两手由外向里划弧合抱于胸前,左手在外,手心均向后;目平视左方(图13-190、图13-191)。

(3)两手臂左右划弧分开平举,肘部微屈,手心均向外;同时左腿屈膝提起,左脚向左前方慢慢蹬出;目视左手(图13-192、图13-193)。

图13-188

图13-189

图13-190

图13-191

图13-192

2. 左下势独立

(1)左腿收回平屈,上体右转;右掌变成勾手,左掌向上、向右划弧下落,立于右肩前,掌心斜向后;目视右手(图13-194、图13-195)。

(2)右腿慢慢屈膝下蹲,左腿由内向左侧(偏后)伸出,成左仆步;左手下落(掌心向外)向左下顺左腿内侧向前穿出;目视左手(图13-196、图13-197)。

图13-193

图13-194

图13-195

图13-196

图13-197

(3)身体重心前移,左脚跟为轴,脚尖尽量向外撇,左腿前弓,右腿后蹬,右脚尖里扣,上体微向左转并向前起身;同时左臂继续向前伸出(立掌),掌心向右;右勾手下落,勾尖向后;目视左手(图13-198)。

(4)右腿慢慢提起平屈,成左独立式;同时右勾手变掌,并由后下方顺腿外侧向前弧形上挑,屈臂立于右腿上方,肘与膝相对,手心向左;左手落于左胯旁,手心向下,指尖向前;目视右手(图13-199、图13-200)。

图13-198

图13-199

图13-200

3. 右下势独立

(1)右脚下落于左脚前,脚尖着地,然后左脚前掌为轴脚跟转动,身体随之左转;同时左手向后平举变成勾手,右掌随着转体向左侧划弧,立于左肩前,掌心斜向后;目视左手(图13-201、图13-202)。

159

（2）同"左下势独立"（2）解，惟左右相反（图13-203、图13-204）。

图13-201

图13-202

图13-203

图13-204

（3）同"左下势独立"（3）解，惟左右相反（图13-205）。

（4）同"左下势独立"（4）解，惟左右相反（图13-206、图13-207）。

图13-205

图13-206

图13-207

4. 左右穿梭

（1）身体微向左转，左腿向前落地，脚尖外撇，右脚跟离地，两腿屈膝成半坐盘式；同时两手在左胸前成抱球状（左上右下）；然后右脚收到左脚内侧，脚尖点地；目视左前臂（图13-208、图13-209、图13-210）。

图13-208

图13-209

图13-210

（2）身体右转，右脚向右前方迈出，屈膝弓腿成右弓步；同时右手由脸前向上举并翻掌停架在右额前，手心斜向下；左手先向左下，再经体前向前推出，高与鼻尖平，手心向前；目视左手（图13-211、图13-212、图13-213）。

图13-211

图13-212

图13-213

（3）身体重心略向后移，右脚尖稍向外撇，随即身体重心再移到右腿，左脚跟进，停于右脚内侧，脚尖点地；同时两手在胸前成抱球状（右上左下）；目视右前臂（图13-214、图13-215）。

（4）同（2）解，惟左右相反（图13-216、图13-217、图13-218）。

图 13-214　　图 13-215　　图 13-216　　图 13-217　　图 13-218

5. 海底针

(1) 右脚向前跟进，身体重心移至右腿，左腿稍向前移举步；右手下落经体前向后、向上提抽至肩上耳旁，左手下落至体前侧(图 13-219)。

(2) 左脚尖点地成左虚点；同时身体稍向右转；右手再随身体左转，由右耳旁斜向前下方插出，掌心向左，指尖斜向下；与此同时，左手向前、向下划弧落于左胯旁，手心向下，指尖向前；目视前下方(图 13-220)。

6. 闪通臂

(1) 上体稍向右转，左脚微回收举步；同时两手上提；目视前方(图 13-221)。

(2) 左脚向前迈出，脚跟着地；左右两手分别向左前、右后分开；左手心向前，右手心向外；目视前方(图 13-222)。

(3) 重心前移，左腿屈膝弓成左弓步；同时右手屈臂上举，停于右额前上方，掌心翻转斜向上，拇指朝下；左手由胸前随重心前移慢慢向前推出，高与鼻尖平，手心向前；目视左手(图 13-223)。

图 13-219　　图 13-220　　图 13-221　　图 13-222　　图 13-223

7. 转身搬拦捶

(1) 上体后坐，身体重心移至右腿上，左脚尖里扣；身体向右后转，然后身体重心再移至左腿上；与此同时，右手随着转体向右、向下(变拳)经腹前划弧至左肋旁，拳心向下；左掌上举至头前，掌心斜向上；目视前方(图 13-224、图 13-225)。

(2) 向右转体，右拳经胸前向前翻转撇出，拳心向上；左手落于左胯旁，掌心向下，指尖向前；同时右脚收回后(不要停顿或脚尖点地)即向前迈出，脚尖外撇；目视右拳(图 13-226、图 13-227)。

图 13-224　　图 13-225　　　正面　图 13-226　　　正面　图 13-227

(3) 身体重心移至右腿上，左腿向前迈出一步；左手上起经左侧向前上方划弧拦出，掌心向前下方；同时右拳向右划弧收于右腰旁，拳心向上；目视左手(图 13-228、图 13-229)。

(4)左腿前弓成左弓步,同时右拳向前打出,拳眼向上,高与胸平,左手附于右前臂内侧;目视右拳(图13-230)。

图13-228　　　　　图13-229　　　　　图13-230

8. 如封似闭

(1)左手由右腕下向前伸出,右拳变掌,两手手心逐渐翻转向上并慢慢分开回收;同时身体后坐,左脚尖跷起,身体重心移至右腿;目视前方(图13-231、图13-232、图13-233)。

图13-231　　　　　图13-232　　　　　图13-233

(2)两手在胸前翻掌,向下经腹前再向上、向前推出;腕部与肩平,手心向前;同时左腿前弓成左弓步;目视前方(图13-234、图13-235、图13-236)。

图13-234　　　　　图13-235　　　　　图13-236

9. 十字手

(1)屈膝后坐,身体重心移向右腿,左脚尖里扣,向右转体;右手随着转体动作向右平摆划弧,与左手成两臂侧平举,掌心向前,肘部微屈;同时右脚尖随着转体稍向外撇,成右侧弓步;目视右手(图13-237、图13-238)。

(2)身体重心慢慢移至左腿,右脚尖里扣,随即向左收回,两脚距离与肩同宽,两腿逐渐蹬直,成开立步;同时两手向下经腹前向上划弧交叉合抱于胸前,两臂撑圆,腕高与肩平,右手在外,成十字手,手心均向后;目视前方(图13-239、图13-240)。

图13-237　　　图13-238　　　图13-239　　　图13-240

10. 收势

(1)两手向外翻掌,手心向下,两臂慢慢下落,停于腹前;目视前方(图13-241、图13-242)。

(2)两腿缓缓蹬直,同时两掌慢慢下落至大腿侧,然后收左脚成并步直立;目视前方

（图 13-243、图 13-244）。

图 13-241　　　　图 13-242　　　　图 13-243　　　　图 13-244

三、练习简化太极拳应注意的问题

练习太极拳时一定要循序渐进、持之以恒。这是由太极拳运动的特点所决定的。

（一）心静体松

所谓"心静"，就是在练习太极拳时，思想上应排除一切杂念，不受外界干扰；所谓"体松"，不是全身松懈疲沓，而是指在练拳时在保持身体姿势正确的基础上，有意识地让全身关节、肌肉以及内脏等达到最大限度的放松状态。

（二）圆活连贯

太极拳练习所要求的"连贯"是多方面的：其一，指肢体的连贯，即所谓的"节节贯穿"，是以腰为枢纽的。在动作转换过程中要求下肢以腰带胯，以胯带膝，以膝带足；上肢以腰带背，以背带肩，以肩带肘，再以肘带手。其二，动作与动作之间的衔接，即"势势相连"——前一个动作的结束就是下一个动作的开始，势势之间没有间断和停顿。而"圆活"是在连贯基础上的进一步要求，意指活顺、自然。

（三）虚实分明

虚实变换要适当，肢体各部在运动中没有丝毫不稳定的现象。虚实不但要互相渗透，还需在意识的指导下变化灵活。

（四）呼吸自然

与太极拳相联系的呼吸方法有自然呼吸、腹式顺呼吸、腹式逆呼吸和拳势呼吸。不论采用哪种呼吸方法，都应自然、匀细、徐徐吞吐，要与动作自然配合。初学者一般采用自然呼吸。

散打的搏击特点

据考证，散打（手）搏击技巧与古人的"角抵"和"手搏"极为相似，对抗中可采取拳击、脚踢和抱摔，充分体现了散打"近打、远踢、贴身摔"的搏击特点，若与西方的拳击或与更讲究化术为道的跆拳道、柔道或相扑相比，则更具有全面的攻击性。

思考题

1. 武术包括哪些内容？是如何分类的？
2. 结合我们所学的知识，你会选择哪些适合自己的养生保健方法？

第十四章 跆拳道

学习目标
1. 了解跆拳道的含义及礼仪。
2. 学会跆拳道的基本技能。
3. 熟悉跆拳道的竞技规则。

第一节 跆拳道运动简介

一、跆拳道释义

跆拳道为韩国之国技武术,是一种手脚并用之强身健体的武术,大约发源于1500多年前,相传此武术是由中国的北少林传入,经过数百年之研究磨炼及无数次之改进,而成为现今之"跆拳道"。跆拳道,是一项运用手脚技术进行搏击格斗的朝鲜民族传统的体育项目。它由品势(拳套)、搏击、功力检验三部分内容组成。跆拳道表达了人类的生存意识,同时,将精神上的追求化为具体化的体育活动。

从字面上解释,跆拳道就是:跆,表示用脚踢、踏,以身体摔撞;拳,是用拳击打;道,是精巧的艺术方法,同时,也是对练习者在道德修养方面的要求。简单地说,跆拳道就是不用任何武器,赤手空拳与敌手格斗保护自身的武术。说得更详细一些,跆拳道就是为了正当防卫,通过猛烈的精神和肉体训练,锻炼手、脚和身体的各个部位的方法与技术。跆拳道不仅注重威力和技术,而且强调严格的纪律、高超的技术和强健的精神教育,是培养正义感、刚毅、果敢品质的独特的武术。

跆拳道比赛分为男女各8个体重级别,运动员上场必须身着专用的白色跆拳道服,腰系代表不同段位的腰带,同时,还必须穿戴专用的头盔、护胸、护腿、护肘等保护用具,赤脚在12 m × 12 m的正方形垫子上进行比赛。比赛采用电子记分,比赛分为三局,每局3分钟,局间休息1分钟。

跆拳道实行段位制,其段位分为初级的十级至一级和高级的一段至九段,九段最高。跆拳道升级考试非常严格,其考试内容除了技术水平和从事跆拳道学习训练的年限外,还有道德修养和文化知识方面的内容。

二、跆拳道的特点

(一)手脚并用,以腿为主

跆拳道是以腿法为主的技击术,腿法所占的比例高达70%。跆拳道理论认为,在人体四肢中,腿的力量远高于手的力量,因此提倡腿法的运用。在比赛中,手法往往只用于防守格挡,进攻时，主要运用腿法的踢踹，且规则规定，腿法的得分要优于手法。腿法是最重要的得分手段。跆拳道以其灵活多变、丰富精妙的腿法著称于世。

（二）以刚制刚，直来直往

在实战竞技中，跆拳道极少采用闪躲防守的方法，而多以格挡防守，以刚制刚，直接接触，方法比较简练硬朗。进攻时，多采用直线的连续进攻，以快速连贯的腿法组合击打对手，令人防不胜防。

（三）功力测验，方法独特

用到竞技比赛中，而只能用那些没有生命的物体，如木板、砖瓦来作目标，以检验一名选手的功力程度。功力的测验已是跆拳道训练、晋级考核乃至表演、比赛的一个重要内容，成为其固有的特点之一。

三、跆拳道的礼仪

进行严格的礼仪、精神和行为规范的教育，是跆拳道的重要内容。跆拳道练习推崇"以礼始，以礼终"的尚武精神，练习中，要以"礼义廉耻，百折不屈"为宗旨，因此，可以培养人顽强果断、耐劳的精神，磨炼人坚韧不拔、积极向上的品质，养成礼让谦逊、宽厚待人的美德，造就热爱祖国、勇于献身的思想，为社会和国家造就具有优秀品质的建设者。

练习时，衣着端正，头发整洁，对教练、同伴时，都要体现出恭敬、服从、谦虚、互助互学的心态。谦逊和正确的言语、谦让和友好的态度、虚心和好学的作风也是跆拳道练习者遵循的重要礼仪。

第二节 跆拳道的基本技术

一、跆拳道的实战姿势

实战姿势是使自身身体处于最有利于进攻和防守的一种姿势。其作用是使身体随时处于攻防的最佳状态，保护自己，快速进攻与反击。在实战姿势中，左脚在前称为左势，右脚在前称为右势。本书均以左势为例。

（一）标准实战姿势

两脚前后开立略同肩宽，前脚脚尖内扣45°斜向右前方，后脚脚跟提起，双膝关节微屈，重心落在两腿中间，上体自然直立呈45°角斜向右前方，双手握拳，拳心相对，两臂弯曲，置于胸前，两肘自然下垂，头部直立向前，目视前方（见图14-1、图14-2）。

在标准实战姿势中，要求练习者身体自然，肌肉放松，身体重心要落在两腿中间，不可偏前或偏后，从而影响快速启动，不利于进攻与反击。这种姿势有利于从前面进攻。

（二）低位实战姿势

这种姿势基本要求同标准实战姿势一样，唯双膝弯曲，重心降低。其特点是有利于跳起进攻、防守与反击（见图14-3）。

在实战中，无论采用何种实战姿势，都应根据临场的情况、自身的身体条件与技战术水平和对手的技战术水平随时变换。灵活性、稳定性和隐蔽性是实战姿势的三大要素。灵活性使自己始终处于攻防的最佳状态，能攻善守，各种技术战术运用自如。重心的稳定性保证了攻击力量与进攻实效性得到最大限度的发挥。隐蔽性有利于突然起动，使技战术和假动作更具欺骗性。

体育与健康

图 14-1 标准实战姿势　　　　　　图 14-2 标准实战姿势

(三)与对手相关的站位

(1)开式站位

所谓开式站位就是与对手的站位呈开放型,即左势对右势,右势对左势(见图 14-4)。

(2)闭式站位即左势对左势,右势对右势(见图 14-5)。

图 14-3　低位实战姿势　　　图 14-4　开式站位　　　图 14-5　闭式站位

与对手的站立原则应是有利于自己的技战术特长的发挥,同时,尽可能地限制对手的进攻。采用何种站位,应酌情而定,灵活多变。不停地变换站位使用假动作,可使对手对自己的技战术捉摸不定,产生犹像,这时应突然起动,抓住对手稍纵即逝的破绽快速进攻。但同时,要注意变换站位不要形成规律或习惯性动作,以免给对手可乘之机。

二、跆拳道的腿法

腿法在跆拳道技术中占有极其重要的地位,约占 70% 甚至更多。在实战中,交战双方采取踢、劈、旋、摆、踹、蹬、撩、挂等各种腿的技法,动作幅度大,变化多端,攻击力量大,观赏性特别强,常常有出人意料的精彩动作出现,充分展示了搏击性和人的腿部、躯干的生理特点。可以说,腿法是跆拳道技术的精髓,也是有别于其他对抗搏击项目的显著特色。

(一)横踢(本书均以左势为例)

保持实战姿势,右腿蹬地,膝关节夹紧向前起腿,左脚以脚掌为轴向左拧转 180°,右腿膝关节向前抬至水平状态,膝向左侧,小腿快速向前踢出,同时拧腰转髋,增加力度,击打目标后迅速放松,收回小腿,重心前移落下或收回成原实战姿势(见图 14-6、图 14-7、图 14-8、图 14-9)。横踢的击打部位是人体的胸部及两肋和头部。

图 14-6　　　图 14-7　　　图 14-8　　　图 14-9

（二）后踢

保持实战姿势，左脚以脚前掌为轴向内旋转约120°，上体旋转，重心前移至左脚，同时右脚屈膝抬起靠于左膝，用力向后直线踢出，力达脚跟，重心前移落下呈右势（见图14-10，图14-11、图14-12）。后踢的攻击部位是头部和胸部。

图14-10　　　　图14-11　　　　图14-12

（三）劈腿

保持实战姿势，右脚蹬地启动，心前移至左脚，右脚尽量上举至头部上方，放松下落，上体略后仰，髋关节微往前送，以脚掌击打目标，轻轻落地（见图14-13、图14-14、图14-15）。劈腿的攻击部位是头部和胸部。

图14-13　　　　图14-14　　　　图14-15

（四）摆踢

保持实战姿势，左脚蹬地屈膝提起，重心移至右脚，右脚以脚掌为轴外旋，左脚向右前方伸出的同时，用力以脚学向左侧屈膝鞭打，重心前移落下（见图14-16、图14-17、图14-18、图14-19）。摆踢的击打部位主要是头部。

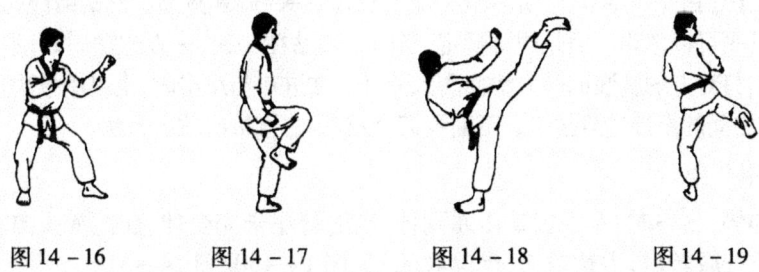

图14-16　　图14-17　　图14-18　　图14-19

（五）旋风踢

保持实战姿势，重心移至左脚，右腿随身体以右脚脚掌为轴原地旋转360°，右腿略提起，同时，左脚利用身体旋转产生的力量迅速屈膝，小腿快速向前方踢出，拧腰顺髋，力达脚背，重心前移落下（见图14-20、图14-21、图14-22、图14-23）。旋风踢击打的部位是头部、胸部及两肋。

图 14-20　　　图 14-21　　　图 14-22　　　图 14-23

(六) 后旋踢

保持实战姿势,左脚以脚掌为轴内旋约90°,上体旋转,重心前移至左脚,右脚屈膝收腿,右腿向右后方踢出并用力向右鞭打,身体重心原地旋转、放松、脚落下(见图14-24、图14-25、图14-26、图14-27、图14-28、图14-29)。后旋踢的击打部位主要是头部。

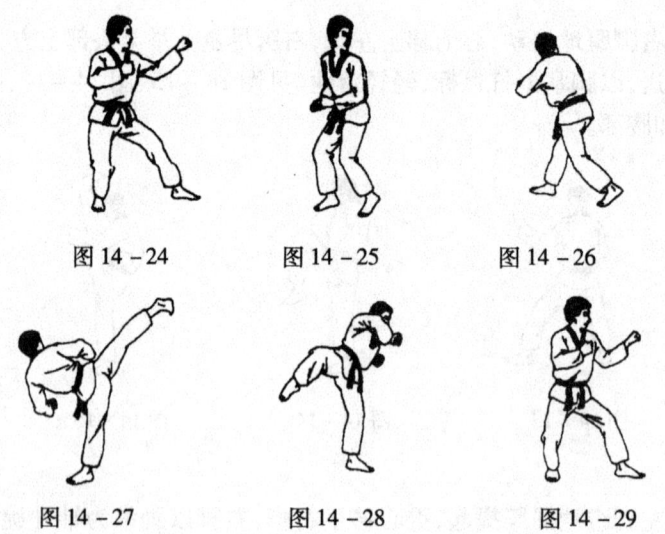

图 14-24　　　图 14-25　　　图 14-26

图 14-27　　　图 14-28　　　图 14-29

三、跆拳道的拳法

现代竞技跆拳道由于竞赛规则的限制(拳不允许击打头部)和身穿护胸的缘故,其拳法的攻击杀伤力大为减弱,几乎可以忽略。但是规则规定,当两人紧贴在一起,一方想摆脱时,不许推拉对方,这时,可采用直拳击打对方的胸腹部的方法使两人分开。在进攻与反击时,也可用拳法来阻挡对手或作为两个技术动作之间的衔接过渡技术。下面我们介绍左、右直拳的攻击方法。

(一) 左直拳

保持实战姿势,出拳时,左手握拳由屈到伸,当肘臂还未完全伸直时,拳头向右方旋转,拳背向上,同时,向右拧腰转肩,力达拳面,迅速收回(见图14-30、图14-31)。

(二) 右直拳

保持实战姿势,右脚蹬地,髋部向左旋转,右手握拳由屈到伸,当肘臂还未完全伸直时,拳头向左旋转,拳背向上,转体、顺肩、向前快速击出,力达拳面,迅速收回(见图14-32、图14-33)。

图 14-30　　　图 14-31　　　图 14-32　　　图 14-33

拳击打时,要充分利用蹬地、转髋、拧腰、顺肩的合力,握紧拳头,迅猛有力,力达拳面。另一只手臂放在胸前或自然落下呈防守格挡的姿势。直拳的击打部位是胸腹部和两肋。

四、跆拳道的防守方法

防守是在实战中利用身体各部位结合各种步法抗击、闪躲、阻挡、堵截或转移对手进攻攻势的一种技术。在实战中,合理的使用防守技术,是争取实战格斗主动权的最有效的方法。只有进攻无防守,是不能克敌制胜的,只有攻防结合,防中有攻,攻中有防,以攻带防,以防带攻,才是战胜对手的根本保证。

(一)上格挡

保持实战姿势,当对手用腿法攻击头部时,手臂迅速向外上方外旋抬起,拳与头部前额相距10～15cm,肘与肩同高,手臂紧张,同时,身体微下沉向外拧腰,使对手的攻击腿落在前臂的外侧。它分为左上格挡和右上格挡(见图14-34、图14-35、图14-36)。

图 14-34　　　图 14-35　　　图 14-36

(二)下格挡

保持实战姿势,当对手用腿法攻击胸腹部或两肋处时,前臂迅速用外侧向下方由屈到伸砸击,同时,身体微向内拧腰,肘尖向外,迅速收回。它分为左下格挡和右下格挡(见图14-37、图14-38、图14-39)。

图 14-37　　　　图 14-38　　　　图 14-39

在使用上格挡、下格挡和十字防这类防守技术动作时，务必保持身体特别是手臂的紧张和身体重心的稳定，防守动作的幅度要小，手臂不要远离身体，动作幅度太大易造成身体的空当，且不易迅速回防，很容易给对手造成反击的机会。

(三)堵截

堵截是在对手的进攻还未发动或刚刚发动时，利用身体将对手的进攻堵截。具体使用的方法是：当发觉对手有进攻企图时，迅速上步用身体紧贴对方，不给对手进攻的距离，从而破坏对手的进攻。使用堵截防守技术，首先要判断准确，确定对手要使用的进攻技术动作，根据判断，采用相应的措施，实施堵截；其次要迅速果断，防守毕竟是被动的，只有快速，才能抢在对手未发动攻击前将其制止。

(四)闪躲

闪躲是运用身法和步法使身体向各个方向移动，避开对手的攻击，并在保护自己的同时，使身体处于良好的反击状态。

在跆拳道实战中，闪躲防守的方法主要有左闪躲、右闪躲、后闪躲、左环绕闪躲、右环绕闪躲等。在使用这些闪躲防守技术动作时，应根据临场的情况，采用向不同方向的移动来避开攻击，快速反击。具体要求：时机恰当、位移准确、整体协调。时机恰当是要求闪躲防守的时间与对手进攻的时间要恰到好处，不早不晚。闪躲过早，对手则转移进攻，晚了则有被击中的可能。因此，良好的反应能力是闪躲防守技术的关键。位移准确是指在闪躲对手进攻时，身体姿势的改变、距离的移动要有高度的准确性。闪躲的本质就是保持和控制与对手的距离，在这个距离范围内，对手无法找到适当的进攻距离，使对手总是感到距离不是远就是近。因此，谁能控制距离，谁就掌握了实战的主动权。没有距离，一切技战术都是空谈。整体协调是对身体协调性的要求，无论左右闪躲还是向后闪躲，都必须注意身体的整体性和一致性。表现在步法的移动过程中，身体要随步法的移动而移动，不能出现上下不协调的动作现象，一动而全身动，应真正做到步走身随。

第三节　跆拳道的基本规则

一、竞赛规则的适用

本竞赛的规则适用于联盟、欧洲第一联盟、已加盟各国的国内联盟所举办的比赛。加盟各国的国内联盟，若因特殊情势须修改一部分的竞赛规则时，必须得到联盟执行委员会的承认才可实行。

使用本国语所写的联盟竞赛规则,得经过联盟执行委员会的承认才可使用。

二、竞赛

跆拳道比赛包括两方——chung(蓝)和 hong(红),双方以脚踢、击打对手的头和身体或用拳击打对方的身体而得分。比赛分三个回合,每回合 3 分钟,两回合之间休息 1 分钟。选手可通过下述方法获胜:将对方击出场外,得分最高,使对手被罚分达到 3 分,或对手被剥夺比赛资格。

比赛开始前,裁判分别发出"cha-rycot"和"kyeong-rye"指令后,双方立正并相互鞠躬,然后裁判喊"shi-jak!"宣布比赛开始。

每个合理的攻击将得分,下述为合理的攻击:

(1)击打对手的得分部位,除了头外,得分部位包括腹部及身体两侧,这三个部位标于对手的护具上。禁止击打对方小腹以下部位。

(2)用规则允许的身体部位击打对手。须用正确紧握的拳头的食指和中指的前部或脚踝关节以下的部位击打对方。

若三位裁判中的至少两位对击打进行了认定并记录,则得分有效。

三、犯规

犯规是跆拳道比赛中的一个重要因素,被罚 3 分在高水平比赛中极为罕见,意味着自动失败。通常仅仅 1 个罚分就可左右比赛的胜负。

跆拳道犯规分两种:Kyong-go 和 gam jeom。最常见的一种犯规 Kyong go 或警告意味着罚 0.5 分,但是若仅有一次这种犯规则不计入罚分,除非再次犯规而累计罚 1 分。若选手抓、抱、推对方,逃避性地背对对方,假装受伤等时,则判 Kyong-go。

另一种更为严重的犯规称为 gam-jeom,将被罚 1 分。典型的犯规行为包括扔对手,在格斗中在对手双脚离地时故意将其放倒,故意攻击对手后背,用手猛击对手的脸部及击打对方小腹以下部位。

四、击倒

选手被击倒后裁判如拳击比赛一样开始 10 秒的读秒。在跆拳道比赛中一方由于对手发力使其脚底以外的其他任何部位触地则判为被击倒。裁判也可在选手无意或无法继续比赛时开始读秒。

一旦出现击倒,则裁判喊"kal yeo",意为"暂停",指示另一方退后,裁判开始用韩语读秒,从 1~10。即使被击倒的选手站起来欲继续比赛,他(或她)必须等待裁判继续读秒至 8 或 yeo dul,然后裁判判定该选手是否能继续比赛。若其无法继续比赛,则另一方以击倒获胜。

五、胜方

除了决赛以外的其他比赛若以非平局结束,则分数高的一方获胜。若双方仍旧平分秋色,则由裁判根据比赛中双方表现的主动性来决定在三回合各 3 分钟的比赛中哪一方占优。若为争夺金牌的决赛,则双方进行第四回合即突死亡回合的较量,率先得分者获胜,若无人得分,则裁判通过判断谁在该回合中占优而决定最后的胜方。

六、护具

跆拳道是一项身体全面接触的运动,要求参赛选手身着世界跆联规定的护具:护头、护胸、护臂、护档、护腿。比赛前所有参赛选手将接受检查以确保其穿上所要求的护具。

七、其他规则

(1)若同时出现的犯规在一种以上,则裁判以处罚较重的犯规为准。
(2)若双方均被击倒且读至10秒后无法恢复,则击倒前得分高者获胜。
(3)若选手得分后立即犯规,则其所获分数可判为无效,如故意摔倒(一种避免受击打的战术)。
(4)头部被击中倒地的选手在30秒内不得参加比赛。

跆拳道的级别:腰带颜色辨高低

跆拳道按腰带颜色不同,分10级9段。

白色腰带——最低级别,象征纯净、正统,代表入门阶段。

黄色腰带——大地的颜色,象征正处于打基础的阶段,要注意学好基本功,为提高技术创造条件。

绿色腰带——树木的颜色,象征技术有所突破,已经具备一定的水平。

蓝色腰带——天空、大海的颜色,象征在技术难度与对抗能力方面,已达到很高的水平,预示有条件进一步锤炼自己的技术及武道的精神气质。

红色腰带——太阳的颜色,代表技术已经具备非常大的威力,但是还不能很好地收放自如。此时的技术及气质应具备威慑力、震撼力,同时要戒骄戒躁。

黑色腰带——与白色相对,象征技术和心态已非常成熟,且具有冷静、果断面对危险与困难的能力,预示一个新境界的开始。

在上述腰带中间还穿插有间色带,如白黄带、黄绿带、绿蓝带、蓝红带、红黑带,警惕自己正处于攀登的山腰,努力进步则可获得更高色带,松懈则会退回原地。黑带之前均设级别,10级最低为白色腰带,1级最高为红黑色腰带。上黑带以后,分段位,1段最低、9段最高。不同的段位间又有着严格的修炼年限及年龄限制。

思考题

1. 解释跆拳道释义。
2. 列举几种跆拳道的实战姿势。
3. 简述跆拳道的常用的腿法。

第十五章 健美操

学习目标

1. 了解健美操的分类。
2. 掌握健美操的基本技术与动作组合。
3. 学会健美操创编原则及规则。

第一节 健美操的概述

健美操源于英文原名 Aerobics，意为有氧运动、有氧健美操。有氧运动（Aerobics）最早由美国人 Kenneth Cooper 博士于 20 世纪 60 年代开始在美国推广。健美操运动于 20 世纪 80 年代初传入我国。2006 年第 9 届健美操锦标赛在我国南京举行，这是健美操锦标赛首次在亚洲举行。

健美操是一项融体操、舞蹈、音乐于一体，以健身、健美为目的的体育运动项目。经常从事健美操锻炼，能使心肌增厚，心腔容量增大，血管壁弹性增强，进而提高心脏的功能；能提高呼吸深度，增加每次呼吸时的气体交换量，从而保证在激烈运动时满足气体交换的需要，提高机能水平；能提高消化系统的机能，有助于营养物质的吸收和利用，从而提高对疾病的抵抗能力。健美操运动除了具有增强体质的作用外，还具有塑造健美体形的功能。使体态变得丰满、线条优美、秀丽动人。

知识窗

一位健美爱好者的"忌讳经"

肌肉发达、身材匀称的梁建超多年来一直是健身馆的常客。健身馆里的器械怎样使用，锻炼什么肌肉，他都能够给你说个一五一十。不少初学者把他视为"半个教练"。

"搞健美，除了前期热身运动必须充分，让肌肉'预热'，运动过程中还要掌握科学手段和方式，注意各种细枝末节。"梁建超说，"健美运动同样有很多忌讳，如果盲目锻炼，健身可能就会变成伤身。"

两年前，梁建超曾经因为肩部肌肉拉伤，足足半年时间无法继续健身。原因其实很简单：平时缺少对小肌肉群的锻炼，在举重中突然上了大重量，造成大肌肉群与小肌肉之间承受压力不均匀。

总结教训后，梁建超编出了健美锻炼的"忌讳"顺口溜："健美一忌没体力，突然加码要不得；二忌关节缺韧性，脊椎四肢易损伤；三忌姿势不正确，硬拉深蹲伤肌群；四忌大小（肌肉）不平衡，肩肘髋伤痛难防，五忌器械多种难把握，没有保护太盲目。"

第二节　健美操的分类

一、大众性健美操

大众性健美操也称健身健美操,其目的是锻炼身体,增强体质,增进健康,促进身体全面发展,提高身体的工作能力,掌握健美操练习最基本的方法。不同年龄的人都可以学。从单个动作设计和成套编排来看,其动作简单易学,活泼流畅,讲究实效。有针对性,节奏感强,按照一定的顺序来锻炼身体的各个部位。

二、竞技性健美操

竞技性健美操是以争取优胜为直接目的的一类健美操。它有特定的竞赛规则,按照规定的项目和规则要求组织运动员进行训练和比赛。它虽然同大众性健美操一样都有增强体质、美化形体、陶冶情操的功效,但这类健美操动作难度较大,密度和强度亦大,技术复杂,具有全面性、准确性和艺术性的特点,在比赛中要求运动员在规定时间内完成包括12个难度动作和操化动作在内的成套动作。目前国内重大比赛有全国健美操锦标赛、全国健美操冠军赛和全国健美操精英赛。比赛分团体赛和个人赛。健美操只进行自编动作的比赛,自编动作必须符合规则要求。比赛项目有男子单人、女子单人、混合双人、三人操和六人操。

第三节　健美操的基本技术与动作组合

一、手型

健美操手型主要有掌和拳两种(图15-1)。

(一)掌:包括分掌、合掌

(1)分掌:五指用力分开,手腕保持一定的紧张程度。

(2)合掌:五指并拢伸直。

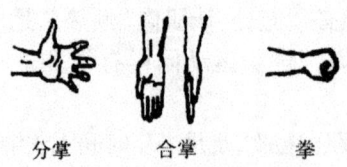

分掌　　　合掌　　　拳

图15-1　手型

(二)拳:五指弯曲紧握,大拇指压在食指弯曲部位。

二、基本站立

(一)立

(1)直立:指头颈、躯干和脚的纵轴保持在一条直线上(图15-2)。

(2)开立:指两脚左右分开与肩同宽或宽于肩(图15-2)。
(3)提踵立:指两脚跟提起,用前脚掌站立(图15-2)。
(4)点地立:指一腿直立(重心在站立脚上),另一腿向各方向伸直,脚尖点地。包括前点立、侧点立、后点立(图15-3)。

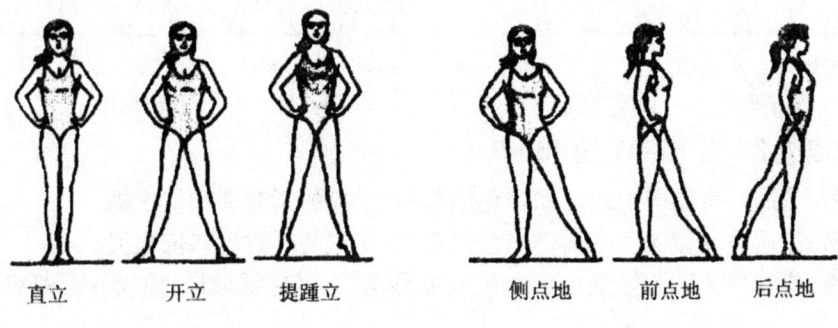

图15-2 立　　　　　　　　　图15-3 立

(二)弓步

指一腿向某方向迈出一步,膝关节弯曲成90°左右,膝部与脚尖垂直,另一腿伸直。包括左、右腿的前、侧、后弓步,见图15-4。

(三)跪立

指大腿与小腿成直角的跪姿。包括双腿跪立、单腿跪立(图15-5)。基本站立的动作要求:

(1)站立时,头正直,上体保持挺直、沉肩、挺胸、收腹、收臀、立腰、立背、直膝。
(2)弓步时,前弓步和侧弓步的重心在两腿之间,后弓步的重心在后腿。
(3)提踵立时,两腿内侧肌群用力收紧,起踵越高越好。

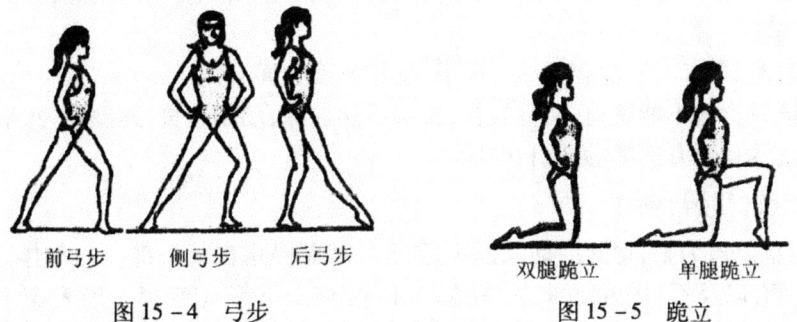

图15-4 弓步　　　　　　　　　图15-5 跪立

三、身体各部位基本动作

(一)头、颈部动作(图15-6、图15-7)

(1)屈:指头颈关节的弯曲。包括向前、后、左、右的屈。
(2)转:指头颈部绕身体垂直轴的转动。包括向左、右的转。
(3)绕和绕环:指头以颈为轴心的弧形和圆形运动。包括左、右绕和左、右绕环。
动作要求:做各种形式头颈动作时,上体保持正直,速度要慢,头颈移动的方向要准确,颈部被动肌群充分伸展。

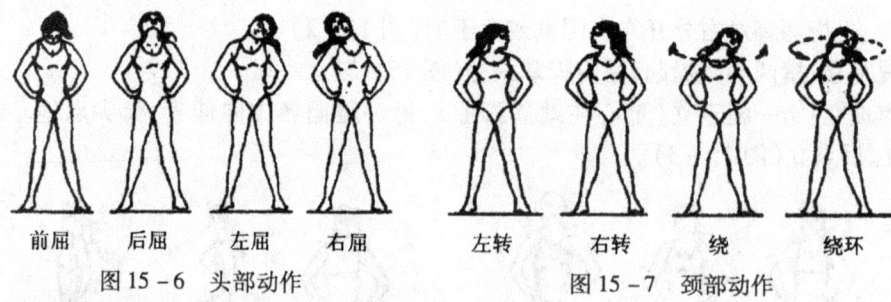

图 15-6 头部动作　　　　　　　图 15-7 颈部动作

（二）肩部动作（图 15-8、图 15-9）

(1) 提肩：指肩胛骨做向上的运动。包括单肩、双肩的同时提和依次提。

(2) 沉肩：指肩胛骨做向下的运动。包括单肩、双肩的同时沉和依次沉。

(3) 绕肩：指以肩关节为轴做小于360°的弧形运动。包括单肩向前、后绕，双肩同时或依次向前、后绕。

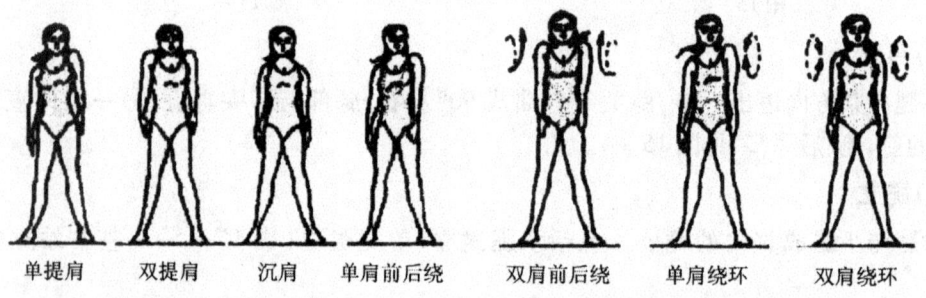

图 15-8 肩部动作　　　　　　　图 15-9 肩部动作

(4) 肩绕环：指以肩关节为轴做360°及360°以上的圆形运动。包括单肩向前、后绕环，双肩同时或依次向前、后绕环。

(5) 振肩：指固定上体，肩急速向前或向后的摆动。包括双肩同时前、后振和依次前、后振。

动作要求：

(1) 提肩时尽力向上，沉肩时尽力向下，动作幅度大而有力。

(2) 绕肩时上体不能摆动，两臂放松，头颈不能前探；动作连贯，速度均匀，幅度大。

(3) 振肩动作要有速度、力度和弹性。

（三）上肢（手臂）动作

(1) 举：指以肩为轴，臂的活动范围不超过180°而停止在某一部位的动作。包括单臂和双臂的前、后、侧，以及不同中间方向的举（如前上举、侧上举等）（图 15-10 和图 15-11）。

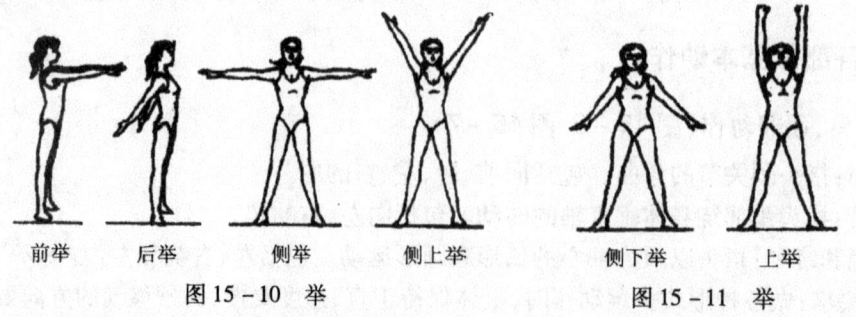

图 15-10 举　　　　　　　图 15-11 举

(2) 屈：指肘关节产生了一定的弯曲角度。包括头上屈、头后屈、肩侧屈、肩上侧屈、肩下侧屈、肩上前屈、胸前屈、胸前平屈、腰间屈、背后屈。

(3)绕:指双臂或单臂向内、外、前、后做180°以上、360°以下的弧形运动(图15-12)。

(4)绕环:指以肩关节为轴,双臂或单臂做向前、向后、向内的绕环。

(5)摆:指以肩关节带动手臂来完成臂的摆动动作。包括单臂和双臂同时或依次向前、后、左、右的摆。

(6)振:指以肩为轴,手臂用力摆至最大幅度。包括上举后振、下举后振、侧举后振,见图15-13。

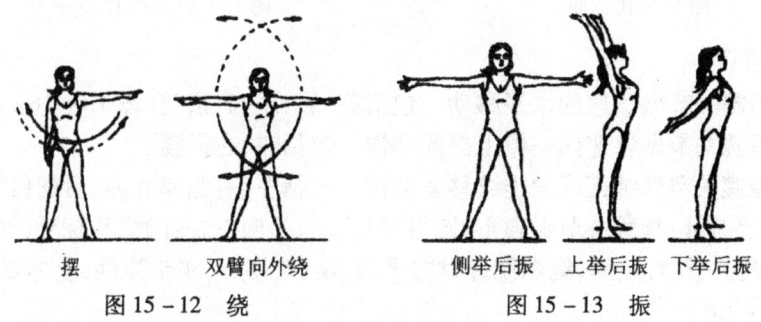

摆　　　双臂向外绕　　　　侧举后振　上举后振　下举后振

图15-12　绕　　　　　　　图15-13　振

(7)旋:指以肩或肘为轴做臂的旋内或旋外动作(图15-14)。

动作要求:

(1)做臂的举、屈伸时,肩下沉。

(2)做臂的摆动时,起与落要保持弧形。

(3)上体保持正直,位置准确,幅度要大,力达身体最远端。

(四)胸部动作(图15-15)

(1)含胸:指两肩内合,缩小胸腔。

(2)展胸:指两肩外展,扩大胸腔。

(3)移胸:指髋部固定。做胸左、右的水平移动。

动作要求:练习时,收腹、立腰。含、展、移胸要达到最大极限。

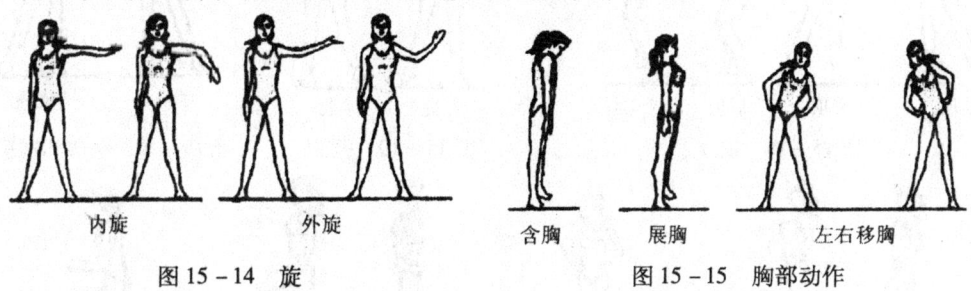

内旋　　　外旋　　　　　含胸　　展胸　　　左右移胸

图15-14　旋　　　　　　　图15-15　胸部动作

(五)腰部动作

(1)屈:指下肢固定,上体沿矢状轴和水平轴的运动。包括前、后、左、右的屈(图15-16)。

(2)转:指下肢固定,上体沿垂直轴的扭转。包括左、右转。

(3)绕和绕环:指下肢固定,上体沿垂直轴做弧形和圆形运动。包括左、右绕和绕环(图15-17)。

动作要求:

(1)练习时,身体远端尽力向外延伸,绕环幅度要大而连贯,速度放慢。

(2)腰前屈、转时,上体立直。

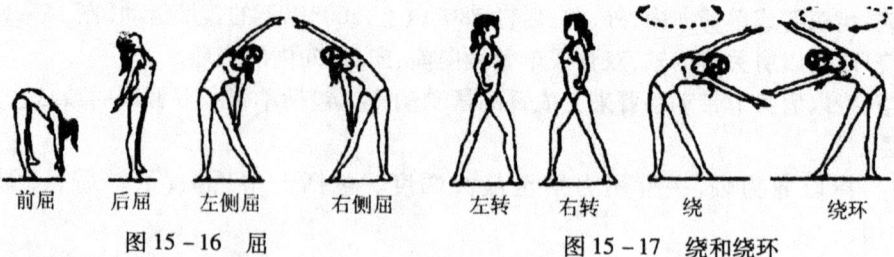

前屈　后屈　左侧屈　右侧屈　　　左转　右转　　　绕　　　绕环

图 15-16　屈　　　　　　　　图 15-17　绕和绕环

(六)髋部动作

(1)顶髋:指髋关节做急速的水平移动。包括前、后、左、右顶髋(图 15-18)。
(2)提髋:指髋关节做急速向一侧上提的动作。包括左、右提髋。
(3)摆髋:指髋关节做钟摆式的连续移动动作。包括左、右侧摆和前、后摆(图 15-19)。
(4)绕髋和髋绕环:指髋关节做弧形、圆形移动。包括向左、右的绕和绕环(图 15-20)。
动作要求:髋关节做顶、提、绕和绕环时应平稳、柔和、协调,稍带弹性,上体要放松。

(七)下肢动作

(1)滚动步:两脚同时交替做由前脚尖至全脚掌依次落地动作(图 15-21)。
(2)交叉步:一脚向另一脚前或后交叉行进(图 15-22)。
(3)跑跳步:两脚交替进行,跑后支撑阶段有一次跳的过程(图 15-23)。
(4)并腿跳:双腿并拢,直膝或屈膝跳(图 15-24)。
(5)侧摆腿跳:单腿跳起,同时另一腿向外侧摆动(图 15-25)。
动作要求:跳跃要轻松自如,有弹性,注意呼吸配合。

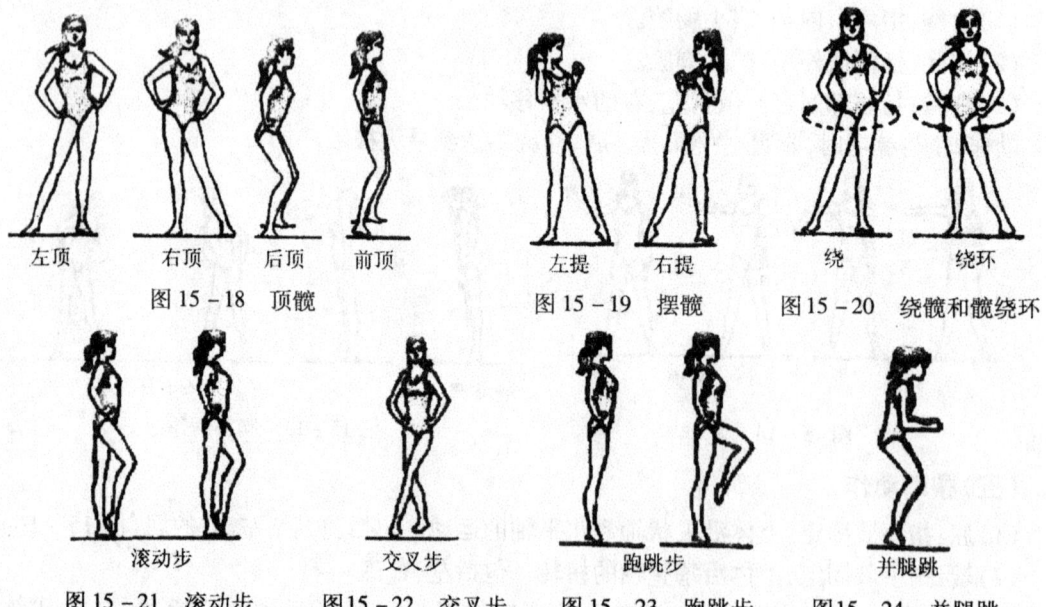

左顶　右顶　后顶　前顶　　左提　右提　　绕　绕环

图 15-18　顶髋　　　图 15-19　摆髋　　图 15-20　绕髋和髋绕环

滚动步　　　交叉步　　　跑跳步　　　并腿跳

图 15-21　滚动步　图 15-22　交叉步　图 15-23　跑跳步　图 15-24　并腿跳

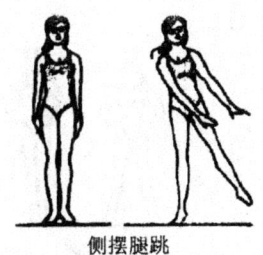

图 15-25 侧摆腿跳

四、健美操规则规定的 7 个基本步伐

（一）踏步

两脚交替,不间断地做屈膝上提,然后踏地的动作。包括脚尖不离地的踏步、脚离地的踏步、高抬腿的大幅度踏步(图 15-26)。

要求:落地时,由脚尖过渡到脚跟着地;屈膝时,胯微收。两臂自然前后摆动。

（二）吸腿跳

单腿跳起,同时另一腿屈膝向前、侧上提(图 15-27)。

要求:大腿用力上提,小腿自然下垂。

（三）踢腿跳

单腿跳起,同时另一腿直腿向前、侧方向踢出。包括小幅度和大幅度的踢腿(图 15-28)。

要求:踢腿时,须加速用力,上体保持正直、立腰。

（四）后踢腿跳

两脚交替有短暂腾空过程(类似跑步),小腿向后屈(图 15-29)。

要求:髋和膝在一条线上,小腿叠于大腿。

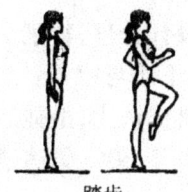   

图 15-26 踏步　　图 15-27 吸腿跳　　图 15-28 踢腿跳　　图 15-29 后踢腿跳

（五）弹踢腿跳

单腿跳起,同时另一腿经屈膝向前、侧方向弹踢(图 15-30)。

要求:大腿抬起至一定角度后,小腿自然伸直,膝关节稍有控制。

（六）开合跳

并腿跳至开立,分腿跳至并立(图 15-31)。

要求:分腿时,两腿自然外开,膝关节沿脚尖方向弯曲;跳起与落地时,屈膝缓冲。

（七）弓步跳

并腿跳起,落地时成前(侧、后)弓步(图 15-32)。

要求:跳成弓步时,把握住身体重心。

图 15-30　弹踢腿跳　　　图 15-31　开合跳　　　图 15-32　弓步跳

第四节　健美操创编原则及规则

一、健美操创编原则

(一)全面性原则

健美操是以全面发展身体为宗旨,因此全面性是创编健美操的基本原则。主要体现在创编的成套动作,包括头、颈、肩、胸、腰、髋、腹、背和上下肢动作,使身体各部位的肌肉、关节、韧带以及内脏器官都得到锻炼。在动作方向上要考虑有上下、左右、前后方向变化,动作线路有长短、曲直搭配,动作速度、力度、幅度有大小、快慢、强弱对比。总之,要求动作变化丰富。

(二)针对性原则

根据锻炼者的锻炼目的,可分为姿态形体操、素质练习操、医疗保健操。针对不同锻炼对象的生理、心理、文化层次、身体状况、运动水平等方面的特点,在操的内容、风格、难度与负荷方面应有所区别。同时要根据锻炼者的具体情况因地制宜、因人制宜,结合场地、器材的具体条件进行创编。例如,有一定器材设备,可创编轻器械健美操;若场地较小,可创编徒手健美操。

(三)合理性原则

合理性原则是指创编的动作恰当,每节操都有锻炼的实效性。动作顺序设计合理,特别是第二部分主体动作,要从人体远端自头或脚开始,逐步过渡到肩、胸、腰、髋和上下肢与躯干。总之,动作是从局部到整体,由慢至快,由弱到强。健美操的高潮是跳跃动作。研究认为,最佳运动强度标准是锻炼者自身最高心率的 60%~80%,超过 80% 为强化训练,低于 60% 属消遣活动。

(四)艺术性原则

艺术性的重点是音乐的选配,音乐是健美操的灵魂。选配音乐除与操的整体风格统一外,还要求旋律动听,力求新颖、节奏鲜明。音乐速度一般是 24 拍/10 秒以下。

艺术性还体现在整套动作要符合创编对象的需求,动作语言应丰富新颖有特色,动作组合连接自然流畅,动作设计幅度大、力度强、造型美。

二、健美操规则简介

(一)运动员年龄

青年组:18~35 岁。

(二)竞赛内容

符合规则及规程要求的自编成套动作比赛。

(三)成套动作的时间

大众健美操成套动作的时间为 2 分 30 秒至 3 分,竞技健美操的时间为 1 分 40 秒至 1 分 45 秒(计时由动作开始到动作结束)。

(四)比赛音乐

(1)音乐速度。大众为每 10 秒钟 22 拍~26 拍,竞技为 26 拍以上。

(2)成套动作允许有 2×8 拍的音乐前奏。在成套动作结束时音乐应同时停止。

(3)参加比赛的队需自备比赛音乐,并将音乐录在高质量空白磁带的 A 面开头或 CD 开头。

(五)参赛人数与更换运动员

(1)参加人员。大众每队 4~6 人,性别不限,竞技每单位每项可参加 2 人(队)。

(2)更换运动员。如有特殊情况更换运动员时,需持有效证明,经组委会批准方可。

(六)比赛场地

竞赛地板必须是 12×12 平方米,并清楚地标出 7×7 平方米的男子单人、女子单人、混合双人、混合三人的比赛场地,以及 10×10 平方米的集体六人比赛场地,标记带为 5 厘米的红色或黑色带,标记带是场地的一部分。

(七)服装

运动员需穿适合运动的健美操服和运动鞋,着装整洁、美观、大方,不允许使用悬垂饰物,如皮带、飘带和花边等;女运动员的头发须梳系于后,头发不得遮住脸部;允许化淡妆,禁止戴首饰。

(八)比赛程序与计分方法

(1)比赛程序。比赛分为预赛和决赛,凡参赛队均需参加预赛,预赛前八名者进入决赛,不足八名时,递减一名录取。

(2)计分方法。比赛中得分高者名次列前,如遇得分相等,按艺术分高者名次列前,再相等名次并列,无下一名次。

(九)裁判组的组成

大众操裁判组由裁判长 1 人、艺术裁判 3~5 人、完成裁判 3~5 人、视线裁判 2 人和辅助裁判若干人组成。竞技操裁判组设裁判长 1 人、艺术裁判 4 人、完成裁判 4 人、难度裁判 2 人、视线员 2 人和辅助裁判若干人。

(十)评分方法

(1)比赛采取公开示分的方法,裁判员评分精确到 0.1 分,运动员得分精确到 0.01 分。

(2)成套动作的评分因素包括艺术分 10 分和完成分 10 分,各组裁判员评分去掉最高分与最低分,所剩分数或所剩分数的平均数为运动员的艺术分或完成分,两个分数相加为总分。如果是竞技健美操比赛再加上难度分,从总分中减去裁判长的减分为最后得分。

(十一)奖励

比赛录取前八名,不足时递减一名录取或根据规程评出一、二、三等级奖。可授予奖杯、奖旗、奖状或证书等。

几类健身健美操简介

1. 高、低强度的有氧操（Hi/Lo）

在地板上进行的有氧运动（不包括踏板操）。低强度有氧操简单，音乐速度较慢，在运动中始终有一个脚接触地面；高强度有氧操有难度，音乐速度快一些，可增加有腾空和跳跃的动作（双脚可以同时离地）高强度有氧操能量消耗更大些。

2. 踏板操基础课程（Basic Step）

低强度的踏板操课程，以学习简单的踏板动作为主的有氧踏板操。

3. 踏板哑铃课程（Cardio Step Body Sculpting）

有哑铃的有氧踏板操。在做踏板练习时，同时手持哑铃，增加手臂的运动强度和总体强度。

4. 低强度踏板课程（Low Step Comb）

低强度的有氧踏板操课程，内容包括：简单的踏板技术，动作组合练习、地面练习（如腹肌、腿部练习等）最后是放松运动。

5. 有氧踏板操课程（Step Aerobics/Step）

有氧踏板操在可调节的踏板上完成各种健美操动作达到锻炼的有氧运动（锻炼时间可以是30分钟、45分钟、75分钟）。

思考题

1. 简述健美操的分类。
2. 练习健美操的基本技术与动作组合。
3. 简述健美操创编原则及规则。

第十六章 体育舞蹈

学习目标

1. 了解体育舞蹈运动的动作方法和特点。
2. 通过进行体育舞蹈运动帮助自己提高身体素质。

第一节 体育舞蹈概述

体育舞蹈是以国际标准交际舞为基础,经过不断的更新、发展,引进体育技巧(高空托举围绕身体旋转,地下的滑、拖、粘、滚、旋等)而形成的具有时代气息的体育竞赛项目。

体育舞蹈融文体于一身,作为新兴的体育项目,已被列入奥运会的正式比赛项目。

体育舞蹈始于国际标准交际舞,而交际舞(我国解放后习惯称为交谊舞)是起源于西方的一种舞蹈形式,它的正式名称为"舞厅舞"或"交谊舞",也被称为"社交舞"。交际舞有其悠久的历史,经过几百年的演变过程才形成了人们熟悉的"布鲁斯"、"慢华尔兹"、"慢弧步舞"、"快华尔兹"、"快步舞"、"伦巴"、"探戈"等 7 种国际标准交际舞。随着当代科技、文化的发展,交际舞已经不仅是一种自娱性舞蹈,而且发展为一种艺术性高、技术性强的表演性和竞技性舞蹈。

第二节 体育舞蹈的内容和分类

一、现代交际舞的内容与分类

在过去交际舞还不发达的时代,把所有社交舞蹈统称为交际舞(舞厅舞或舞会舞),意思就是舞厅或舞会跳的舞蹈。到了 20 世纪 60 年代,由于交际舞技术和舞种的发展,才逐步由自娱性发展成为独立的有竞技性质的运动项目——现代交际舞(表 16-1)。

表 16-1 现代交际舞内容与分类

现代交际舞		
国际标准舞	流行交际舞	游戏与趣味舞蹈
现代舞　拉丁舞		
华尔兹舞　伦巴舞	迪斯科舞　节奏舞蹈	曼波舞
探戈舞　桑巴舞	布鲁斯舞	吉特巴舞
快步舞　牛仔舞	一步舞	
狐步舞　斗牛舞	维也纳华尔兹	伦巴舞
维也纳华尔兹　恰恰恰舞		

现代交际舞运动的项目多,内容丰富。从其活动形式看,有单人、双人和集体练习三种,按其内容和所要完成的目的和任务,又可归纳为国际标准舞、流行交际舞和游戏与趣味舞蹈三大

类。这是现代交际舞较为完整的概念。

（一）国际标准舞

国际标准舞是国际和国内体育竞赛项目之一。它有特定的竞赛规程和评分规则。这类交际舞动作难度大，具有全面性、复杂性、准确性和艺术性的特点，是现代交际舞的重要内容。它对参与者的体能、技术、意志、音乐修养和艺术性提出了更高的要求。其比赛项目分成两大类：

1. 现代舞

共有五个舞种，即华尔兹舞、探戈舞、快步舞、狐步舞和维也纳华尔兹舞。国际比赛要求每个选手要参加全部五个舞种项目的比赛。

2. 拉丁舞

也有五个舞种，即伦巴舞、桑巴舞、斗牛舞、牛仔舞和恰恰恰舞。比赛要求同国际标准交际舞。在国际比赛中，一些优秀选手一般都参加现代舞和拉丁舞十个舞种的比赛。

（二）流行交际舞

各国除了国际标准舞以外，还有许多流行性交际舞，而且还拥有大量群众。一般来讲，这些流行交际舞舞步比较简单，自娱性强、活动范围比较小，适宜在拥挤的舞厅跳，而且也适宜与陌生的舞伴跳。如：布鲁斯、吉特巴、维也纳华尔兹（快三）和迪斯科等。

（三）游戏或趣味交际舞

在公众的和私人的舞会中，舞会结束前，插入一、二个舞蹈游戏或趣味舞蹈，能很好地活跃舞会气氛。一般来讲，舞步非常简单。舞会全体人员都参加。

二、国际标准舞的舞种简介

（一）华尔兹舞

慢华尔兹舞在19世纪末美国的波士顿市得到最初的发展。华尔兹舞舞态雍容华贵，舞步婉转流畅，旋转起伏似行云流水，富于抒情浪漫情调。被称为"舞中之后"。

节拍：3/4拍，每小节3拍。

速度：每分钟31/32小节。

基本节奏：华尔兹没有快慢步之分，只有平均的1、2、3拍。第1拍是重拍，而2、3拍为弱拍。

（二）快步舞

快步舞起源于英国，快步舞音乐明亮欢快，动作轻松活泼，跳跃转动洋溢着青春活力，被称为"快乐舞蹈"。

节拍：4/4拍，每小节4拍。

速度：每分钟48～52小节。

基本节奏：慢、慢、快、快、慢。每个慢步用2拍，快步用1拍。第1、3拍是重拍，而第2、4拍是弱拍。

（三）狐步舞

狐步舞于1613年起源于美国，狐步舞非常轻松，步态从容，平稳大方，动作严谨，轻松悠闲，给人一种不慌不忙的感觉和安详的流动感。

节拍：4/4拍，每小节4拍。

速度:每分钟 30 小节。

基本节奏:慢、慢、快、快、慢。每个慢步用 2 拍,快步用 1 拍。第 1、3 拍是重拍,而第 2、4 拍是弱拍,但不像快步舞节拍那样明显。

(四)探戈舞

现代探戈舞起源于阿根廷,探戈舞舞姿刚劲顿挫,潇洒奔放,动静交织,有阳刚之美。探戈舞被称为"舞中之王"。

节拍:2/4 拍,每小节 2 拍。

速度:每分钟约 33 小节。

基本节奏:慢、慢、快、快、慢。由于探戈音乐是 2/4 拍,每小节 2 拍都是重拍,所以每个慢步只占音乐的 1 拍,而快步只占 1/2 拍。

(五)维也纳华尔兹舞

维也纳华尔兹舞最早起源于奥地利,舞曲轻快明朗,优雅动人;动作流畅,典雅大方,热烈活泼,旋转性强。富有朝气蓬勃的轻快色彩,又有矜持傲岸气派。

节拍:3/4 拍,每小节 3 拍。速度:每分钟约 56 小节。

基本节奏:同华尔兹。

(六)伦巴舞

伦巴舞源于古巴的民间舞。伦巴是表现爱情的舞蹈,男女情感在缠绵抒情的音乐中融于一体,柔媚动人的舞姿,更加显示了女性的婀娜多姿之美。

节拍:4/4 拍,每小节 4 拍。

速度:每分钟 28~31 小节。

基本节奏:快、快、慢。每个快步占 1 拍,慢步占 2 拍。而舞者的前进步和后退步都踩在每小节的第二拍(弱拍)上,所以,基本节奏数拍为 2、3、4、1,第 1 为原地臀部扭摆,第 2 拍(弱拍)起步。

(七)恰恰恰舞

恰恰恰舞起源于古巴,原是模仿一对企鹅在生活中的各种姿态而创造出来的舞蹈。该舞蹈节奏欢快,舞姿花哨利落。

节拍:4/4 拍,每小节 4 拍。

速度:每分钟 32~34 小节。

基本节奏:慢、慢、快、快、慢。恰恰恰音乐富于切分音,在每拍之间可以听到一种确定的音乐节奏联系,其总节奏是 1、2、3、4 或 1、2、3 和 4。这个节奏由舞者按 2、3、4 和 1 脚步动作表现出来,其拍子值为 1、1、1/2、1/2、1。也可以用慢、慢、快、快、慢来表示。恰恰恰舞起步与伦巴舞相同都在节奏 2 起步。

(八)桑巴舞

桑巴舞起源于巴西的民间舞蹈,为拉丁舞的一种。桑巴舞舞姿活泼动人,双膝随着音乐节奏一重一轻地弹动,身体如同风吹椰树一样摇曳生姿。

节拍:2/4 拍,4/4 拍。

速度:每分钟 48~56 小节。

桑巴舞节奏变化多,轻松欢快,节奏有快、慢二种速度。

(九)斗牛舞

斗牛舞亦称帕索多伯勒,其源于西班牙,是模仿斗牛士的一种舞蹈。男士好似斗牛士,傲岸神气,不可一世的勇士气派,女士好似斗牛士手中的红斗篷,舞蹈动作刚劲有力,威武雄壮,配以激昂有力的音乐,更加精神奋发,鼓舞人心。

节拍:2/4、3/4、6/8 拍。

速度:2/4 拍每分钟 60~62 小节,音乐每一拍跳一步。3/4 拍音乐,每分钟 35~45 小节,按着每小节"123"拍也是每拍跳一步。6/8 拍音乐,每分钟 55~77 小节,每 3 拍跳一步。

(十)牛仔舞

牛仔舞也称吉特巴,源于美国西部。其音乐节奏欢快,动作豪放活泼,舞步多变,节奏感强。动作随意性大,要求腰髋部自然扭摆。

节拍:4/4 拍。

速度:每分钟 40~46 小节。

基本节奏:慢、慢、快、快、慢。慢步只等于 1 拍,而第 1 个快等于 3/4 拍,第 2 个快则等于 1/4 拍。即 1 拍、1 拍、3/4 拍、1/4 拍、1 拍。

第三节 体育舞蹈基本知识

一、竞赛规则与方法

国际比赛分为职业组、业余组,业余组又分为成年组和青年组。国内比赛分为乙组新人、乙组公开、甲组、职业新星组、职业组。比赛的种类分为初赛、复赛、半决赛、决赛;比赛的项目又分为摩登舞五项全能、摩登舞单项、拉丁舞五项全能、拉丁舞单项、十项全能、摩登团体舞、拉丁团体舞。

(一)裁判标准

(1)基本技术。足部动作、姿态、平衡和稳定、移动、升降技法、倾倒技法。

(2)表现力。对各种不同舞种的节奏要求清晰、表现准确,能很好地体现音乐,要求舞者能跳出音乐的境界。

(3)舞蹈风格。能细致区别出各种不同舞种之间在风格、韵味上的差别和个人风格的体现。

(4)舞蹈编排。动作编排流畅新颖、运用自如,既能体现出舞种的基本风韵,又含有一定的技术难度。

(5)临场表现。比赛现场遇到意外情况有应变能力,比赛时能保持良好的竞技状态,专心、自信并有控制,临场发挥好。

在体育舞蹈竞赛中,裁判员根据以上 5 条标准对参赛选手进行评定。前三项主要评定选手的技艺品质,后两项是评定选手的艺术魅力。初赛和复赛着重于前三项的评判,在半决赛中着重后两项的评判,在决赛中应全面评价选手这五项标准完成的情况。

(二)欣赏与评价方法

体育舞蹈是与美紧密结合的运动项目,美是体育舞蹈的最高旨趣。当选手随着美妙的音乐旋律,运用变幻莫测的舞步,将美的形体、美的姿态、美的音乐、美的队形、美的服饰呈现给观众时,观众就从选手的表演中获得了优美、清新、高雅的视觉享受。对一般爱好者来说,大多从舞蹈的内容、形式、形体、步型以及舞蹈者的服装和舞步等感性方面来欣赏;对于专业行家来讲,可以从对舞蹈音乐的处理、舞蹈的技巧、艺术感染力等艺术角度来欣赏。

欣赏体育舞蹈比赛,应主要从以下几个方面评价:(1)选手的形体美与动态美。(2)选手的基本技术与技巧。(3)选手的搭配配合。(4)选手的舞步及套路的编排。(5)选手对音乐的理解程度。(6)选手在舞蹈中体现出的神韵。

二、舞程线和舞程向

对于每位跳舞者来说,必须首先懂得舞程向和舞程线,对现代舞的这一规定可避免舞蹈者相互之间的碰撞,使舞蹈者均沿着舞场的大圆按逆时针方向进行。舞程向是指整套舞蹈沿舞场逆时针行进的方向。舞程线是指舞蹈者在起舞时沿舞场四侧之一按舞程向行进的路线(图16-1)。

三、场地(赛场)

场地应呈长方形,两条长边长一般为24米,两条短边长为16米。两条长边分别为A线和C线,两条短边分别为B线和D线。

四、方位

跳舞时,为了便于在舞蹈中正确辨别自己的方向和位置,检查旋转的角度,国际标准舞中又规定了8条线来指示舞蹈者每个舞步进行和完成的方向(图16-2)。

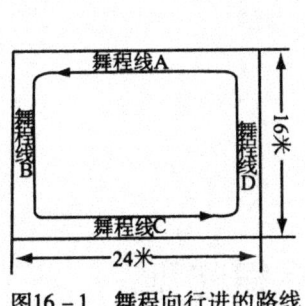

图16-1 舞程向行进的路线

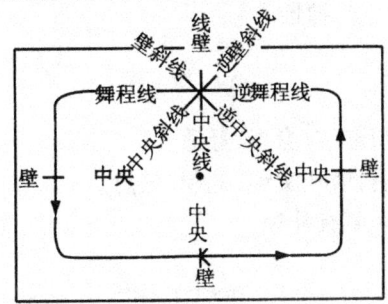

图16-2 8条线来指示

五、旋转与角度

跳交谊舞离不开旋转(转身)。旋转是构成交谊舞的基本步法之一,也是表现舞蹈水平和特点的重要组成因素。旋转有以下几种分类:

(1)按旋转的方向分,有左转和右转。左转(也叫反转),即按逆时针方向的身体转动,这种向左方向的旋转,也称为向内侧的转动。右转(也叫正转),即按顺时针方向的身体转动,这种向右的转动,也叫向外侧的转动。

(2)按旋转的角度分,有45°、90°、135°、180°、225°、270°、315°、360°等旋转。

(3)按整体与局部分,有公转和自转。公转,是指在跳舞时每一对舞伴沿舞池(场)形成的整体转动。自转,指与此同时每一对舞伴在运用舞步时所出现的自身转动。自转可以是逆时针的,也可以是顺时针的,但它们转动的总趋势都是按公转的方向进行的。

(4)按两人之间的配合分,有男、女自转(分手后自转),女转男不转(牵手旋转),男女同时转(两点转),女围男转(男原地转或不转),男绕女转(女原地转),男托女转(原地转)等。

六、身体位置与脚位

(一)身体位置

身体位置是指跳舞者从舞步开始或结束时身体与舞场的位置关系。按舞蹈的方位所示,分别有以下几种不同的位置关系:面对舞程向、背对舞程向、面对中央、面对墙壁、面斜对中央、背斜对中央、面斜对墙壁、背斜对墙壁。在跳舞过程中,这种位置关系处于不停的变化之中。舞者可根据动作编排的需要选择适当的位置关系,以提高表演的效果和突出舞蹈的风格特点。

(二)脚位

交谊舞中旋转的角度大小是以脚的位置来确定的。根据舞步的运用情况,一般有以下几种:①左(右)脚前进;②左(右)脚后退;③左(右)脚向侧;左(右)脚斜进;左(右)脚斜退。

七、音乐的选用

音乐是交谊舞的灵魂。节拍、速度和旋律构成了音乐的三要素。

与交谊舞相关的首先是节拍和速度,其次是旋律。国际公认的标准如慢四的音乐节拍为4/4,音乐速度为每分钟24~28小节;慢的华尔兹音乐节拍为3/4,音乐速度为每分钟30~40小节;快的华尔兹音乐节拍为3/4,音乐速度为每分钟50~60小节;狐步舞的音乐节拍为4/4,音乐速度为每分钟28~36小节;探戈舞的音乐节拍为2/4现用4/4,音乐速度为每分钟28~34小节。任何舞步都在强拍中起步弱拍中进行。好的音乐不仅提供了舞蹈节奏,更主要使舞者充满激情、振奋情绪、心旷神怡。

八、舞会的礼节

(1)衣着必须整洁、漂亮、舒适。
(2)举止文明,谈吐文雅、礼貌、诚恳。
(3)邀舞别人要有礼貌。

第四节　恰恰恰舞步型

一、恰恰恰舞握持姿势

拉丁舞与摩登舞相比较具有活泼欢快的特点,因而它的握持姿势没有统一固定的模式,姿势各异,同时起舞中握持姿势随着舞姿的变化而变化。恰恰恰舞的舞姿比华尔兹舞姿变化较多,男女方相对位置与牵手状况也较复杂,大致有以下几种:

(一)正常闭握姿(闭合舞姿)

将体重完全置于中心脚上方,男女双方距离约15厘米,男性右手放在女性左肩胛骨,女性的左手放在男性右肩上,沿着肩膀放松。男性左手放在眼睛高度处,轻握女性右手(图16-3)。

(二)分式面对姿

背部要尽量延伸,臀部不要提升向身体内缩,男女双手保持在腰部附近,非重心脚的脚跟提起(图16-4)。

(三)扇形舞姿

扇形舞姿是拉丁舞伦巴及恰恰恰中常用基本舞姿。扇形打开时,脚跟不可着地,女性肚脐向男性,身体有点扭转,女性重心脚稍向后。扇形舞姿要如同能容纳三个人一般,圆形要大一些,双手则在男女双方中间紧握(图16-5)。

图 16-3 闭合舞姿　　　　图 16-4 分式面对姿　　　　图 16-5 扇形舞姿

(四)影位姿

影位一姿在伦巴、恰恰恰和桑巴中常常用到。男女双方面对同一方向,女士在男士右前方,双方的重心、握手方式及手臂位置依不同舞步有差异。例如,有男士左手握女士右手、男士右手握女士左手的影位舞姿,也有男士左手握女士左手,右手则放在女肩的影位舞姿,称之为同手相握影位舞姿。

(五)纽约线条

纽约步是伦巴和恰恰恰舞常用的舞姿。手向上延伸,手掌在腕关节处弯曲成水平。手肘部分要保持弹性,不可伸太直。头部不可太过向前,要有向上顶的感觉。身体外侧尽量延伸,肩胛骨下压,两肩放松,双手握处较肩膀低,两人角度呈现90度姿势(图16-6)。

图 16-6 纽约线条

二、音乐及动作要领

恰恰恰舞曲为4/4拍,速度为29~32小节/分钟,其节奏为1、2、3、4&1,其拍子值为1拍、1拍、1/2拍、1/2拍、1拍,拍子的1、2、3各走一步,第四拍是两步,因此恰恰恰舞由5步构成。

(一)追步

基本形式由三步组成,分向左、右、前、后和原地,转与不转。在做追步时,第一步在数"4"时向侧移动,脚法是脚掌平面,膝部略屈;第二步在数"&"时半关闭,双膝略屈,脚跟略提起,重心完全在脚掌上;第三个舞步在数"1"时一脚伸膝发力,把另一脚"退"向侧,脚法是脚掌平面,结束时两膝伸直,重心脚由脚掌变为全足,非重心脚脚跟提起,使身体挺拔(动作图示同基本动作)。

(二)锁步

前进锁步:数"4"时脚法为前脚掌平面;数"&"时后脚脚尖放在靠近前脚跟稍外侧的位置,脚尖外转,脚法为脚尖姿势,膝部动作为前腿直膝,后腿略弯;数"1"时,后脚伸膝发力,把另一脚"推"向前,脚法为前脚掌平面,脚位向前偏右。

后退锁步:数"4"时脚后移,脚法为脚尖姿势,脚位放置在前脚跟跟垂线的稍外侧,膝部伸直;数"&"时,脚后移,脚法为脚掌平面,脚位是脚跟放在靠近后脚脚尖稍外侧的地方,脚尖外转;数"1"时一脚伸膝发力把另一脚"推"向后,脚法为脚掌平面,脚位向后偏左。

三、恰恰恰舞步型

(一)基本动作(图16-7)

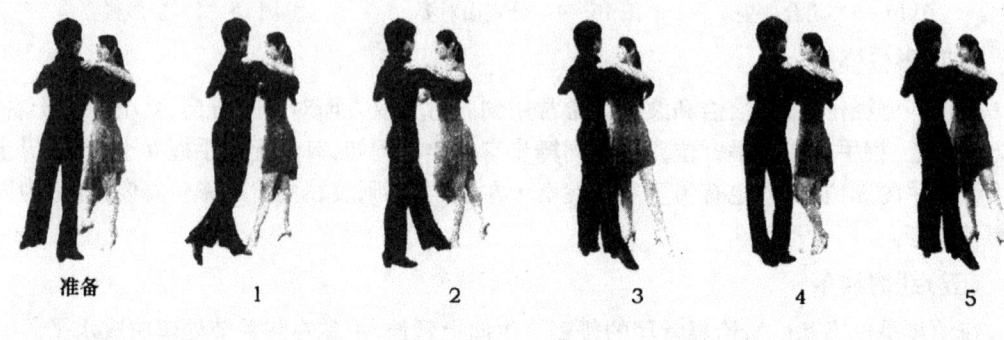

图16-7 基本动作

(二)手接手(图16-8)

图16-8 手接手

(三)曲棍步(图16-9)

(四)定点转(图16-10)

(五)右分展步(图16-11)

(六)闭式扭臀步(图16-12)

(七)纽约步(图16-13)

第十六章 体育舞蹈

准备　　　　　1　　　　　2　　　　　3-4

5　　　　6　　　　7　　　　7&　　　　8-10

图 16-9　曲棍步

准备　　　1　　　1&　　　2　　　3-5

图 16-10　定点转

准备　　　　1　　　　2　　　　3-5

图 16-11　右分展步

图 16-12 闭式扭臀步

图 16-13 纽约步

知识窗

体育舞蹈：国际奥委会设定的"观察项目"

20世纪初，各种交谊舞在欧洲盛行。1924年，英国皇家交谊舞专业教师协会把其中七种交谊舞定为"国际标准交谊舞"，简称国际标准舞，并于1925年初颁布了标准舞步伐。进入20世纪80年代，国际标准舞开始增加表演和竞技性内容。1995年，国际标准舞蹈被国际奥委会列为"观察项目"，并更名为"体育舞蹈"。

思考题

1. 体育舞蹈的内容和分类有哪些？
2. 简述体育舞蹈的竞赛规则与方法。
3. 简述恰恰舞的音乐及动作要领。

第十七章 瑜伽

学习目标

1. 了解瑜伽运动的起源与功效。
2. 掌握瑜伽运动的基本技能。

第一节 瑜伽呼吸法

呼吸是练习瑜伽的基础,在整个瑜伽练习过程中,都需要瑜伽呼吸功法的配合。瑜伽呼吸是自然而完全的呼吸,正确的呼吸法能给精神和身体带来益处。它能加强全身的系统功能,增进健康、增强生命力。呼吸间于瑜伽姿势与冥想联系中,呼气比吸气更为重要,因为正确的呼气可以清洁肺部及加速消除体内的毒素。每当进行其他健身瑜伽之前,应先做几分钟基本呼吸功法的练习。

一、腹式呼吸

仰卧或直坐立,一手放于腹部。吸气时,把空气直接吸向腹部,如果这步吸气动作做的正确,手就会被腹部抬起,吸气越深腹部升起越高。随着腹部的扩张,横膈膜就会向下降。

而呼气时,腹部会向内、向脊柱方向收缩。尽量收缩腹部,把所有空气呼出双肺。此时,横膈膜向上升起。

二、胸式呼吸

仰卧或直背坐立,深深吸气,但不要让腹部扩张,把空气直接吸入胸部区域。在胸式呼吸中,胸部区域扩张时腹部应该保持平坦。吸气越深,腹部越向内、朝脊柱方向收缩。吸气时,肋骨向外和向上扩张,呼气时,肋骨向下并向内收。

三、完全(瑜伽)呼吸

完全(瑜伽)呼吸是把以上两种类型的呼吸功法结合起来完成。练习完全呼吸时,轻轻吸气,首先吸向腹部区域,待腹部鼓起的时候,就开始充满胸部区域的下半部分。然后,充满胸部的上半部分。尽量将胸部吸满空气而扩张到最大限度——此时双肩略微抬起,胸部也将扩大等。在这种情况下,腹部向内收紧。接着,按相反的顺序呼气:首先放松胸部,然后放松腹部,用收缩腹部肌肉的方法结束呼气。然后,再次慢慢吸气,首先充满腹部,如此循环下去。

四、口吸式呼吸

向内吸气一口,两手拇指按向鼻子两侧,口充满气,仰头,屏住呼吸,低头,停住。抬头,放松拇指,通过鼻孔呼气。口吸式呼吸能增强肺活量,集中能量,刺激神经系统。它有站立、坐式、地面(仰卧)站立和前弯、后仰、侧弯等多种形式。

瑜伽是净化心灵的艺术

古印度的伟大瑜伽师帕坦伽利在《瑜伽经》中把瑜伽系统化为一种特别的心灵境界——Darshana。这表明,瑜伽并非宗教,而是作为一种超世俗的探究,希望用真诚的期待,去认识生活及与其联系在一起的所有现象,目的在于使身体和精神之间达到完美的平衡与发展,以求得个体和外部之间的完美和谐。

第二节 瑜伽姿势

瑜伽姿势是指一个人能够在身体上和精神上保持稳定、超脱和舒服的姿势。一种稳定和愉快的瑜伽姿势能够带来精神上的平衡,并能防止思想变得浮躁。在瑜伽圣典中总共有800余万种不同的瑜伽姿势,其中有8400种是最卓越的。瑜伽姿势不同于其他健身运动,它是一种姿势,不需要一个较大的活动空间或是昂贵的设备器材,因为身体的四肢就能提供必要的重力和平衡力。

当完成了瑜伽姿势以后,人的身躯和思想就能获得稳定,四肢会感到很轻松。如果没有瑜伽姿势就不能称为瑜伽,一旦掌握了瑜伽姿势,身体就不会出现任何混乱的情况,会很健康,而只有这样,才是真正地理解瑜伽。

一、热身姿势

(一)颈部转动功

动作要领:

(1)屈膝坐好,两手放于两膝上,伸直脊柱,两眼看前方。

(2)呼气,慢慢低头,伸展颈椎,眼看胸部。

(3)吸气,慢慢抬头,伸展颈部前侧,眼看上方。

(4)呼气,回到中间。

(5)重复1次后调整呼吸。

(6)呼气,头转向左,以脊柱为轴,上体转向左,眼看左后方,伸展右侧颈部和腰部。

(7)吸气,头转回中间。

(8)呼气,头转向右,以脊柱为轴,上体转向右,眼看右后方,伸展左侧颈部和腰部。

(9)吸气,头转回中间。

(10)自然呼吸,顺时针方向转动颈部5~6次,再逆时针转动颈部5~6次,然后回到中间。

(二)双肩转动功

动作要领:

(1)屈膝坐好,两手放于体侧。

(2)关节从前向后做360度绕环3~6次,然后从后向前做360度绕环3~6次。

(3)吸气,向上提肩,紧靠颈部耸起。
(4)呼气,向下沉肩展胸。
(5)放松两臂、两肩。
(6)吸气,两手侧平举,呼气,两手向两侧延伸。
(7)吸气,两手上举,在头上方手心交错相对(图17-1)。
(8)呼气,低头,眼看胸部,自然呼吸数秒。
(9)吸气,抬头,呼气,放下两臂。

(三)胸、背的运动

动作要领:

(1)屈膝盘坐,两手放于体侧。

(2)吸气,两手前平举。

(3)呼气,两手经侧平举在背后十指交叉,两肩后收夹紧背部,同时向后仰头伸展颈部前侧。

(4)放松两肩关节,两手臂胸前相抱,低头伸展颈椎。

(四)腰腿运动

动作要领:

(1)屈膝坐好,两手放于两膝上。

(2)左腿向左方伸出,绷脚尖,伸直膝盖,右脚跟贴近会阴。

(3)呼气,上身躯干缓缓向左侧下压,使左肩尽量向下贴于左膝,伸出右手,抓住左脚尖,眼向上看。(图17-2)

(4)吸气,抬起上身躯干。

(5)交换两腿,动作相同,方向相反。

注意:每次练习瑜伽动作时,尽量先做一遍热身姿势,以防止关节和韧带的拉伤。

图17-1　　　　图17-2

二、瑜伽体位法

其中第1~10组是A组难度,第11~21组是B组难度。

(一)敬礼式

动作要领:

(1)蹲下,两脚平放地上,双膝分开。

(2)双掌合十,用两肘推两膝的内侧。

(3)吸气,向后伸展颈项,两眼向上看,把两肘再向外推,借此尽量将两膝向外伸展。

(4)保持这个姿势6秒。

(5)然后呼气,两臂向前伸直,两掌仍合十。

(6)把两膝尽量向内侧收,相互靠拢。
(7)上身躯干向前下方弯下去。
(8)保持这个姿势几秒钟。在做这个姿势练习的全过程中,臀部不应着地。
(9)把以上顺序反过来做,回复蹲下的姿势。
(10)至少重复做12次。

医疗功效:这个姿势能改进练习者的体态和平衡感,它使颈部得到伸展,对双肩、双臂、两腿和两膝等处的神经有益。

(二)侧展仰视

动作要领:

(1)自然盘坐准备,吸气,十指交叉置于脑后,挺直脊背。
(2)呼气,脊柱向左侧弯曲,左肘慢慢地轻触地面,保持8秒钟。
(3)顺畅呼吸,头转向上,眼看上方,保持8秒钟。
(4)吸气,完全使用侧腰的力量将身体还原。
(5)吸气,折叠式放松。
(6)方向相反,动作相同,可重复3~6次。

医疗功效:伸展腰部两侧,消减腰部多余脂肪。

(三)简化脊柱扭动式

动作要领:

(1)两腿向前伸直坐好。
(2)两手平放地上,略微在臀部的后方,两手手指向外。
(3)以脊柱为轴,向右转动上体,右手保持不动,左手移至右手前方。
(4)把左脚放置在右膝的外侧,并把右手掌进一步伸向背后[图17-3(1)]。
(5)吸气,尽量把头转向右方,从而扭动脊柱。
(6)蓄气不呼,保持这个姿势若十秒钟。
(7)呼气,把躯干转回原位。
(8)动作相同,方向相反。左、右可各做6次。

医疗功效:伸展脊柱,有助于消除较轻的背痛。

(四)鸭行式

动作要领:

(1)蹲下,两手放在两膝上。
(2)一面保持蹲下的姿势,一面向前步行[图17-3(2)]。
(3)开始时,用脚趾着地步行。
(4)在20~30秒钟之后,开始用平板脚走路。
(5)再过20~30秒钟,每行一步就用膝盖接触地面一次[图17-3(3)]。
(6)这个练习喜欢做多长时间都可以,但要小心不要过于费力劳累。

医疗功效:这个练习能增强两腿肌肉力量,增进血液循环,加速兴奋消退过程。

(五)船式

动作要领:

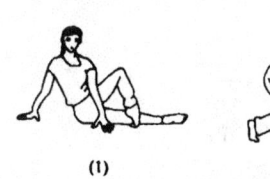

图 17－3

(1)仰卧,两腿伸直。
(2)两臂平放体侧,掌心向下。
(3)吸气,同时将头部、躯干、两腿和双臂全都抬起来,离开地面。
(4)脚趾和头部离开地面约 30～60 厘米。
(5)双臂应向前伸直并与地面平行。
(6)一边蓄气不呼,一边尽量长时间保持这个姿势,但以不勉强费力为限。当保持躯体从地面抬起的姿势时,握紧双拳,把全身的肌肉紧张起来[图 17－4(1)]。
(7)一边渐渐地把双腿和躯干放回地面,一边慢慢地呼气。
(8)放松全身,休息几秒钟,然后再做 6 次。
医疗功效:这个姿势能促进肠道蠕动,改善消化系统的功能,帮助消除肠胃中的寄生虫,也有放松身体许多肌肉和关节的功效,对于神经质或紧张的人特别有益。

(六)摇摆式

动作要领:
(1)仰卧,两腿向前伸直。
(2)两腿屈膝,将两大腿收近胸部。
(3)两臂抱住两腿,十指相交。
(4)抬起你的头,让身体前后摇摆[图 17－4(2)]。
(5)小心不要让头猛碰地板。
(6)前后摇摆 5 次,到第 5 次完成时,顺势做出蹲着的姿势。这是一个回合,重复做 8～10 个回合。
医疗功效:这个练习能按摩双髋、双臀和背部,放松僵直的背部,增强血液循环。

(七)双脚伸展式

动作要领:
(1)双脚展开到 1～2 倍的肩宽,双手十指交叉相握于体后,吸气,绕转手腕,手指向上,置于腰后。
(2)吸气,体前屈,然后上体和右脚转向右方,让上体尽量多的靠近腿部,深长地呼吸,5～8秒钟。
(3)深长地吸气,抬起上体,再呼气,头部后仰,敞开胸腔,顺畅呼吸,保持 8 秒钟。
(4)最后吸气,还原头部,放松。
(5)方向相反,动作相同,可重复练习 4～6 次。
医疗功效:加强胸部的弹性和柔韧性,充分舒展脊柱。

（八）虎式

动作要领：

(1) 开始时跪下，臀部坐在两脚跟上，脊柱要伸直。

(2) 两手放在地面上，抬高臀部，做出爬行的姿势。

(3) 吸气，把右腿向后伸展，同时两眼向上凝视。

(4) 呼气，然后把腿放回髋部下面，贴近胸部。

(5) 保持脚面略高于地面，两眼向下看，用鼻子触膝部，把脊柱形成拱形。

(6) 再把右腿向后伸展，重做这个动作，每条腿做6次。

医疗功效：虎式有助于使脊柱得到伸展和运动，强壮脊神经和坐骨神经，减少臀部和大腿的脂肪。

（九）战士（一）式

动作要领：

(1) 双腿分开2～3倍的肩宽，手位于体侧。

(2) 吸气，双掌合十，上举过头并尽量向上伸展。

(3) 吸气，右脚和上体向右方转90度，保持下体不动。

(4) 屈右膝呈90度，小腿垂直于地板，左膝充分挺直，保持上体不动。

(5) 保持上体不动，仰头向上看手指尖，尽量伸展脊柱[图17-5]。

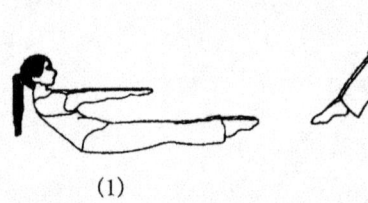
图17-4

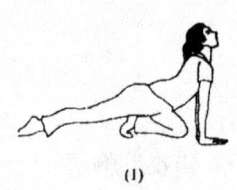
图17-5

(6) 呼气，上体向前，手臂平行于地面，同时眼看右方，保持10～15秒钟。

(7) 动作相同，方向相反。可重复练习3～6次。

医疗功效：这两个动作都具有增进脊柱的弹性和身体的均匀对称，按摩腹部器官的功效。

（十）蹬自行车式

动作要领：

(1) 仰卧，两腿伸直。

(2) 将两脚抬高并做用脚蹬自行车的动作，想象自己正在蹬自行车[图17-6(1)]。

(3) 头部和身体其余部分都要平放在地面上。

(4) 至少再做12次旋转动作。

(5) 停止，然后开始向后蹬。

(6) 至少再做12次旋转动作。

(7) 两腿并拢，两脚同时向同一方向做蹬车动作，向前蹬12次。然后，反过来再蹬12次[图17-6(2)]。

(8) 以躺着的姿势休息，直到已经彻底放松、呼吸恢复正常为止。

医疗功效：这个姿势能增强血液循环，有强壮腹部器官的作用。

(十一)束脚式

动作要领:

(1)两脚向前伸直坐好。

(2)屈膝开胯,把两脚的脚跟和脚掌贴合一起。

(3)用手抓住两脚脚趾,尽可能使小腿贴近大腿,两膝和两脚的外侧都应该接触地面。

(4)两手紧握两脚,伸直脊柱,尽量长时间的保持这个姿势。

(5)呼气,把两肘按落在两大腿上,向前弯身直到你的头部靠落在地板上。

(6)随着身体柔韧性的增强,逐渐把鼻子、下巴都放到地而上去。

(7)正常呼吸,保持这个姿势30~60秒。

(8)吸气,回复到挺身坐着的姿势,然后放开双脚,伸直两腿。再重复一次。

医疗功效:对于消除坐骨神经痛非常有益处。

(十二)扭背双腿伸展式

动作要领:

(1)两腿向前伸直坐好,并拢双膝和双脚,同时伸直膝盖。

(2)呼气,把右手伸向左脚,并抓住左脚外侧。

(3)深深吸一口气,然后呼出。

(4)伸出左臂,放在右前臂之下并抓住右脚外侧。

(5)屈双肘并向两侧撑开,头在两臂之间,在不勉强用力的情况下尽量把躯干转向左边,同时转动头部,眼看上方(图17-7)。

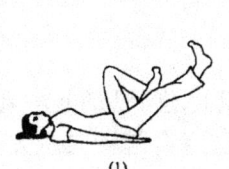
(1)

(2)

图17-6   图17-7

(6)保持姿势15~20秒钟,然后吸气,转动躯干慢慢回到中间,然后放松手臂,渐渐伸直背部。动作相同,方向相同,可重复练习3~6次。

医疗功效:这个姿势能使背部得到伸展,增加脊柱中的血液流通量,从而滋养脊神经和消除背痛。

(十三)侧身伸展式

动作要领:

(1)两腿分开站立,至1~2倍肩宽,伸直膝盖,同时两手侧平举,伸直脊柱、颈椎保持上体的直立。

(2)屈右膝,保持上体不动,眼看右手。

(3)呼气,以脊柱为轴,上体慢慢向右侧倾斜,右手尽量触及脚心后侧的地面,左手向右侧伸展(图17-8)。

(4)吸气,慢慢抬起上体,回到中间。

(5)呼气,在左侧做同样的动作。

（十四）敬日式

动作要领：

（1）蹲式准备，双手支撑于双脚外侧的地面上。

（2）呼气，后撤右腿，充分伸直右腿。

（3）慢慢将右脚背和膝盖放落到垫子上。

（4）吸气，双手离地，经前平举至上举。

（5）呼气，上体向后，掌心向上，充分伸展，保持顺畅呼吸10秒钟[图17-9（1）]。

（6）吸气，双手支撑，同时重心后移伸直前腿，上体前俯伸展腰部[图17-9（2）]。

图17-8　　　　　　　　　　图17-9

（7）前腿收回，折叠式放松。

（8）方向相反，动作相同，可重复3~6次。

医疗功效：减轻腰部疼痛，驱除腰部淤血，加强血液循环，消除郁闷、压抑感，同时消减腿部的多余脂肪和肌肉的紧张，增加腿部关节的韧性和弹性。

（十五）侧犁式

动作要领：

（1）仰卧准备，吸气，下压双臂，慢慢抬高伸直的双腿。

（2）绷直双腿、向上方送腰顶胯，腿向后上方伸，脚趾落于地板上，位于头的上方[图17-10（1）]。

（3）自然呼吸，充分伸直双腿，双脚分开1~2倍的肩宽，将右脚转向左方，并拢脚跟保持6~10秒钟[图17-10（2）]。

（4）右脚还原，将左脚转向右方，并拢脚跟，顺畅的呼吸，保持6~10秒钟。

（5）双腿回止，呼气，抬起下巴，保护颈椎。控制腿慢慢地落到地面上。

（6）可重复3~6次。

医疗功效：消除便秘、口腔异味。

（十六）太阳致敬式

动作要领：

（1）挺身站立，但要放松，两脚靠拢，两掌在胸前合上，正常地呼吸。

（2）两脚保持平放在地面上，双臂高举头上（举臂时，两手食指相触，掌心相对），缓慢而深长地吸气，上身自腰部起向后方弯下。

（3）在这样做的过程中，两腿、两臂都伸直，上身向后弯以帮助增加脊柱的弯度。

（4）一面呼气，一面慢慢地向前弯身，用双掌或两手手指触及地板（不要弯曲双膝）。以不感到太费力为限，尽量使头部靠近双膝。

（5）一面保持双掌和右脚在地板上稳定不动，慢慢吸气，同时把左脚向后伸展。

（6）在做上面动作的过程中，慢慢把头向后弯，胸部向前挺出，背部则成凹拱形。

(7)一面慢慢呼气,一面右脚向后移,使两脚靠拢,两脚脚跟向上,臀部向后方和上方收起。两臂和两腿伸直,身体应该像一座桥的样子[图17-11(1)]。

(8)一边呼气,一边让臀部微微向前方摇动,一直到两臂垂直地面为止,然后蓄气不呼,弯曲两肘,把胸膛朝着地面放低(臀部和腹部比胸部离开地面还高少许)[图17-11(2)]。

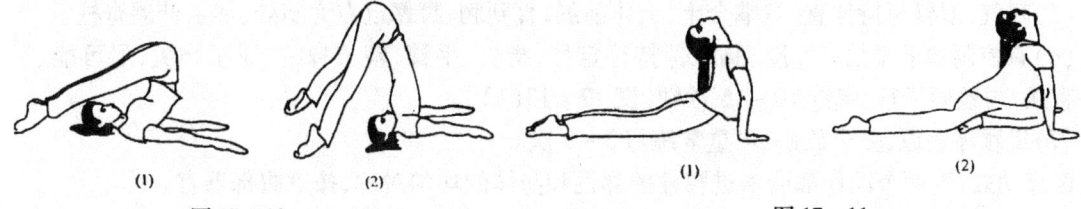

图17-10　　　　　　　　　图17-11

(9)一边保持胸部略高于地面,一边慢慢呼气,把胸部向前移,两大腿接触地面。

(10)吸气,同时慢慢伸直两臂(或者以不过度劳累背部为限,尽量伸直两臂),上身从腰部向上升起。背部应成凹拱形。头部像眼镜蛇式那样向后仰起。

(11)呼气,同时把臀部升高到空中。

(12)一边吸气(双掌和右脚稳定地放落在地面上),一边弯曲左腿伸向前边。向上看,胸膛上前挺,脊柱呈凹拱形。试着把这个动作做得连贯,一气呵成。

(13)一边保持两掌放在地板上,一边慢慢呼气,把右脚放在左脚旁边。低下头,伸直双膝。

(14)一边吸气,一边慢慢抬高身躯,两臂和背部向后弯。

(15)一边呼气,一边回复到开始的姿势,两掌在胸前合上。

医疗功效:这个练习的益处有很多,能对身体的各个系统产生良好影响。

(十七)吊桥式

动作要领:

(1)吸满气,呼气收紧腹部,伸直双腿慢慢抬离地而,双腿与地面呈30°角,保持10秒钟,然后慢慢地放落腿部。

(2)呼气,同时慢慢抬起双腿,与地面呈60°角,保持10秒钟,然后慢慢地放落腿部。

(3)呼气,再次抬高双腿垂直于地面呈90°角,保持10秒钟,然后慢慢地放落腿部。

(4)重复练习5~10次。

医疗功效:增强股部肌肉,消减腹部多余脂肪。

(十八)金鸡独立式

动作要领:

(1)两脚并拢站立,同时两手上举,手心相对。

(2)慢慢抬起左脚,左手抓住左脚背,重心移至右脚,上体向右前方倾斜,右手指向右前方,同时,左腿在左手的帮助下尽量向后上方伸展(图17-12)。

(3)慢慢放下左脚,放下两手,还原到基本站立姿势。

(4)换右侧做同样的练习。

医疗功效:增加练习者的平衡感和腿部力量,对腹部有很好的按摩作用。

(十九)战士(二)式

动作要领:

（1）双腿分开 2~3 倍的肩宽，手位于体侧，吸气，双掌合十，上举过头并尽量向上伸展。

（2）吸气，右脚和上体向右方转 90 度，保持上体不动。

（3）屈右膝呈 90 度，小腿垂直于地板，左膝充分挺直，保持上体不动。

（4）保持上体不动，仰头向上看手指间，尽量伸展脊柱。

（5）呼气，双臂保持伸直，双掌合十，上体前展，直到胸、腹靠近右大腿处，尽量伸展脊柱。

（6）有控制地慢慢抬高左腿，脚踝保持稳定性，指尖、手臂、整条脊柱、腿至脚尖，尽可能成一条直线，与地面平行，保持 10~15 秒钟［图 17-13（1）］。

（7）反顺序还原，完全放松，可重复练习 3~5 次。

医疗功效：这两个动作都能增进脊柱的弹性和身体的均匀对称，按摩腹部器官。

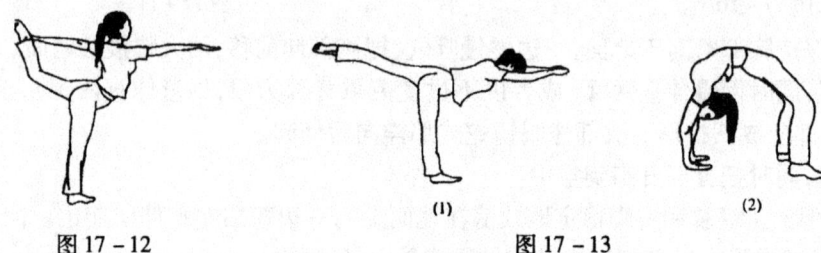

图 17-12　　　　　　　　　　图 17-13

（二十）轮式

动作要领：

（1）背部贴地面仰卧，双腿伸直，两手放在体侧，掌心向下。

（2）屈膝，将脚跟收回紧贴大腿背后。

（3）双手放在头部两边，掌心贴地板，指尖向着脚的方向。

（4）深深吸气，拱起背部，将髋部与腹部向上升起［图 17-13（2）］。

（5）让头部向地面低垂，同时双手、双脚均向下用力。

（6）舒适而平稳地呼吸，保持这个姿势 3~10 秒。

（7）弯曲双肘，慢慢把头放到地面上，接着把脊柱滑回地面上。

（8）把双臂、双腿回到开始时的姿势，休息一会，然后再做 1 次。

医疗功效：这个姿势能伸展脊柱，滋养和增强腹部各肌肉，具有清醒头脑的功效。

第三节　瑜伽冥想

瑜伽冥想是通过自我暗示来调节自身的身体状况，如果你感到身体十分疲劳，就可以在心里默默地想放松肌肉和关节，完全放松身体等等，同时配合瑜伽的呼吸法。真正的瑜伽冥想姿势全都是打坐姿势。但是，高级的瑜伽师有时也用放松功的姿势。下面我们将介绍两个较简单的打坐姿势，也是较基础的打坐姿势。在练习时要注意，背部时刻都要挺直。

一、简易坐动作要领：

（1）坐在地上，两腿向前伸直。

（2）弯起右小腿，把右脚放在左大腿上。

（3）弯起左小腿、把左脚放在右大腿下。

(4)把双手放在两膝上。
(5)头、颈和躯干应该保持在一条直线上,且毫无弯曲之处。

二、莲花坐动作要领:

(1)在地上,两腿向前伸直。
(2)双手抓着左脚,把它放在右大腿上,脚跟放在肚脐下方,左脚板底朝天。
(3)双手抓着你的右脚,把它扳过左小腿上方,放在左大腿之上。把右脚跟放在肚脐下方,右脚板底朝天。
(4)脊柱要保持伸直。
(5)试着努力将两膝贴在地面上,尽量长久地保持这个姿势。
(6)交换两腿位置,重复这个练习。
(7)每次练习完后要按摩两膝、大腿、两踝和两小腿腿肚。

第四节　瑜伽练习的注意事项

(1)练习的最佳时间是早晨。此时空气清新,环境安静。然也可以在黄昏或白天的其他时间练习瑜伽。每次练习的时间可分为两部分来进行,一是瑜伽体位练习,以10~60分钟为宜;二是瑜伽冥想,可根据自己的实际情况来安排练习时间的长短。
(2)不要在烈日下练习瑜伽。
(3)不要在冷硬的地面上直接练习,要在干净、平坦的地方练习,并在地面铺上垫子或毛巾,以免身体损伤,同时周边尽量没有家具或其他遮盖物,以免妨碍自己身体的自由舒展。如果在室内练习,要求通风条件好。
(4)着舒适而宽大的衣服效果也非常不错,但有条件的话,尽量穿健身瑜伽专用服。
(5)练习前至少3~4小时不吃东西,练完后1小时进食对瑜伽练习者比较适宜,也比较科学。但如需要,喝杯流质食物也是可以的;另外,练习前尽量解完大、小便,让膀胱及大肠没有负担。除非另有说明,否则的话,要用鼻而不是用嘴呼吸。
(6)多吃原生食物、粗粮,不要吃得太精细,多吃水果、蔬菜类,少食多餐,细嚼慢咽。
(7)如果在练习一个姿势的过程中或在练完之后,发生肌肉抽筋或痉挛,或某一处感到特别紧绷酸痛,就应加以按摩。
(8)瑜伽虽然有改善身体状况的功效,但绝对不能替代治疗,因此,当身体感到不适时应及早就医。

足底按摩好处多

按中医学理论的说法:大脚趾是肝、脾两经的通路,按摩脚掌和脚趾有助于脚底上皮细胞、脚底肌肉和关节的发育,可以增强脚底韧带的力量,促进脚弓形成和防止扁平足。国外科学家则把脚掌视为人的"第二心脏",认为人的脚掌上有无数的神经末梢与大脑相连,刺激脚掌能使人感到轻松舒畅、血液循环加快,有提高记忆力的功效。

思考题

1. 简述瑜伽基本呼吸功法。
2. 简述瑜伽练习的基本姿势。
3. 简述瑜伽冥想各种动作的要领。

第十八章　游泳

学习目标
1. 掌握各种泳姿的动作要领和特点。
2. 了解游泳安全与防护知识。

第一节　游泳运动概述

一、游泳运动的种类

游泳的种类可分为竞技游泳和实用游泳两大类。竞技游泳包括自由泳（爬泳）、仰泳、蛙泳、蝶泳、四种姿势组合的混合泳五种。实用游泳的姿势很多，一般可分为侧泳、潜泳、反蛙泳、踩水、救护等。

二、竞技游泳的比赛项目

按竞赛规则，男女根据不同的游泳姿势和距离，规定了不同的比赛项目（见表18-1）。

表18-1　竞技游泳项目表

泳姿 项目 性别	男子/m	女子/m
自由泳	50、100、200、400、800、1500	50、100、200、400、800、1500
仰泳	100、200	100、200
蛙泳	100、200	100、200
蝶泳	100、200	100、200
个人混合泳	200、400	200、400
接力	4×100 混合泳 4×100 自由泳 4×200 自由泳	4×100 自由泳 4×100 混合泳 4×200 自由泳

第二节　熟悉水性

一、水中行走练习

这是熟悉水性的第一个练习。目的是体会水的阻力与浮力，初步掌握身体在水中维持平衡的方法,消除怕水的心理。

(1)手扶池壁向前、向两侧慢步行走。

(2)离开池壁用手维持平衡向前、向后、向两侧慢走。

(3)在水中向各方向跑动和跑跃或做追逐游戏。

二、呼吸练习

游泳的呼吸与陆上呼吸所不同的是,游泳时是用口吸气,然后在水中用口鼻慢慢呼气。所以初学游泳者要掌握正确呼吸方法,锻炼把头浸入水中的勇气,进一步消除怕水的心理。

(1)手扶池壁或在同伴帮助下,用口吸气后闭气,然后下蹲把头全部浸入水中,停留片刻后起立,在水面换气,口鼻出水后先呼后吸,如图18-1所示。

(2)同上练习,要求把头浸入水中停留片刻后,在水中用鼻慢慢呼气,直至呼完,然后起立在水面上用口吸气,如图18-2所示。

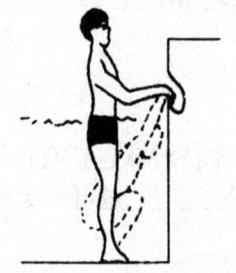
图 18-1 呼吸练习一

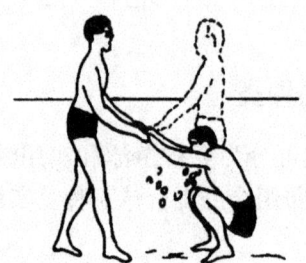
图 18-2 呼吸练习二

(3)同上练习,要求吸气后把头浸入水中,稍闭气后用口、鼻同时呼气,在接近水面时用力把气呼完,并立即用口在水面上吸气,吸气结束后再把头浸入水中。连续有节奏地做吸、闭、呼动作。并且吸气要快而深,呼气时要慢,最后用力将气呼尽。

(4)两脚开立,按上述练习要求,连续做呼、吸动作10次(如图18-3),稍休息后再重复练习。

图 18-3 呼吸练习三

图 18-4 抱膝漂浮练习

三、浮体与站立练习

目的是体会水的浮力,初步学会控制身体在水中平衡的能力和水中站立的方法,树立学会游泳的信心。

(1)抱膝漂浮练习:原地站立,深吸气后下蹲头抱膝,膝部尽量靠近胸部,前脚掌蹬离池底,成低头团身抱膝姿势,自然漂浮于水面,如图18-4所示。

(2)展体漂浮练习:两脚开立,两臂放松向前伸出,深吸气后身体前倾,两脚离池底,成俯卧姿势,漂浮水面,两臂两腿自然伸直,如图18-5所示。

图 18-5　展体漂浮练习

四、滑行练习

滑行是各种泳式的基础,是整个熟悉水性练习的重点,目的是进一步体会水的浮力,掌握水中的平浮和身体的滑行姿势。

(1)蹬池后滑行练习。两脚前后开立,两臂前伸,两手并拢。深吸气后屈膝,当头和肩浸入水中时,前脚掌用力蹬池底,随后两腿并拢,身体成"流线型"向前滑行,如图 18-6 所示。

图 18-6　蹬池后滑行练习

(2)蹬边滑行练习。背向池壁,一手拉水槽,一臂前伸,同时一脚站立,一脚贴池壁。深吸气、低头、上体在水中前倾成俯卧姿势,然后支撑脚向上收起,两脚掌贴住池壁,臀部尽量靠近池壁,随即拉水槽的一臂向前伸出与前臂并拢。头夹在两臂之间,两脚用力蹬池壁,使身体成流线型向前滑行,如图 18-7 所示。

(3)滑行打水。滑行后,两脚上下轻轻打水,体会水的推动力,如图 18-8 所示。

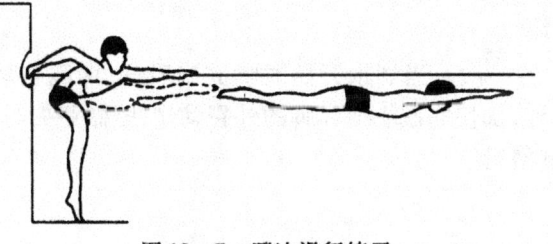
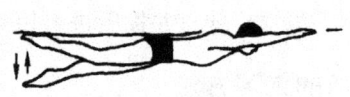

图 18-7　蹬边滑行练习　　　　　　图 18-8　滑行打水

第三节　蛙泳

一、蛙泳的基本技术

(一)身体姿势

蛙泳时身体俯卧水中,头稍抬起,置于前伸并拢的两臂之间,前额齐于水面,眼睛注视前下方。稍挺胸且稍收腹、微塌腰、两腿并拢伸直,使整个身体成"流线型"。身体纵轴与水平面约成5°~10°角,如图18-9所示。

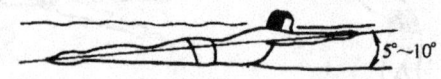

图18-9 蛙泳的身体姿势

(二)腿部动作

蛙泳的腿部动作可分为收腿、翻脚、蹬腿、滑行四个连贯的动作。

收腿。从两腿自然并拢伸直、脚面绷直开始,大腿带动小腿,屈膝向腹部侧下方收,小腿向臀部侧后方靠近,两腿自然边收边分。当收腿结束后,大腿与躯干之间约成120°~140°角,小腿与水平面成垂直的状态,两膝距离与肩同宽。

翻脚。翻脚是在收腿结束前开始,小腿靠近臀部、两膝内压、小腿外移时形成的。当两腿外翻、足踝、脚跟靠近臀部,两脚和小腿内侧向后对水时,蹬水的效果为最佳。

蹬腿。从大腿发力向后伸展开始,以伸髋、伸膝、伸踝的先后顺序,以大腿的旋外和内收完成其有力、快速、弧形向后的鞭状蹬夹水动作。蹬腿结束时,两腿要并拢、伸直、放松。

滑行。滑行是在蹬夹水动作后借助惯性推动身体前进的技术。在滑行时臂、腿要并拢、伸直和躯干成一条直线。

(三)臂部动作

双臂伸直,开始分手向外,继而屈小臂向后,向两侧划水,划至胸前、小臂内收并随之伸向前并靠拢。

(四)呼吸与臂的配合

呼气是在水中用口鼻同时做由慢到快的呼吐动作。吸气是在水面上用嘴把最后的氧气用力吐完的刹那做短促有力的吸气动作。当两臂开始划水时,利用产生的浮力嘴露出水面吸气;两臂内收前伸时闭气低头;开始划水前,嘴鼻同时迅速呼气。随着技术的提高,可使吸气和划水同时进行或收手时再快速抬头吸气。

(五)蛙泳的臂腿呼吸完整配合动作

蛙泳的配合为腿和臂以及呼吸动作各一次。当划水开始时嘴露出吸气、两腿自然放松并拢;收手时开始屈膝低头闭气;手开始前伸,加快完成小腿和脚的外翻动作;腿做蹬夹时,两臂继续前伸;手腿前后伸直并拢后进行短暂的滑行。

二、蛙泳的练习方法

(一)腿部动作的练习方法

(1)坐在池边或岸上,上体后仰,两手后撑,两腿做收、蹬、翻、夹、并的动作练习。如图18-10所示。

(2)俯卧在池边或岸上,做蛙泳腿部动作练习,建立正确的腿部肌肉感觉,如图18-11所示。

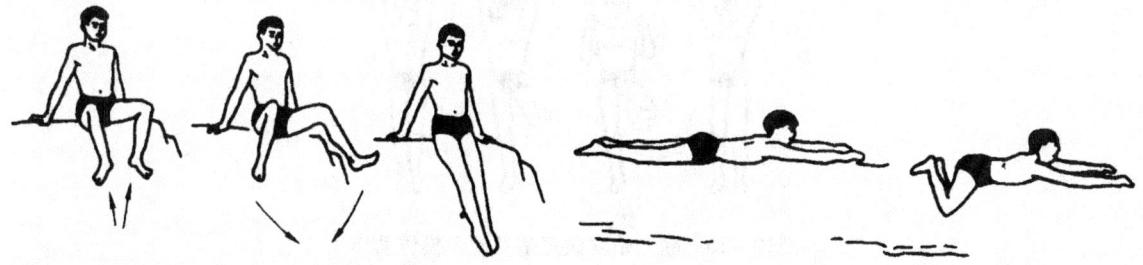

图 18 – 10 腿部动作的练习方法一　　　　图 18 – 11 腿部动作的练习方法二

（3）在同伴的扶练下或手扶板做蛙泳腿部练习，体会和提高腿在水中的动作和用力，如图 18 – 12、图 18 – 13 所示。

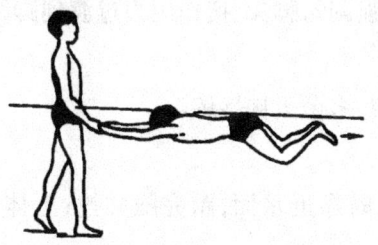

图 18 – 12 腿部动作的练习方法三　　　　图 18 – 13 腿部动作的练习方法四

（二）臂部动作的练习方法

（1）在陆上两脚开立，身体前倾，两臂向前伸直，手指并拢，掌心向下按口令做蛙泳臂的模仿练习，建立正确的划臂概念，如图 18 – 14。

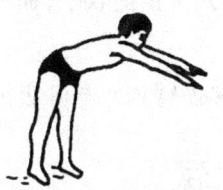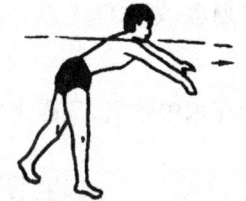

图 18 – 14 臂部动作的练习方法　　　　图 18 – 15 臂部动作的练习方法

（2）在水中两脚前后开立做同（1）的练习，建立水中正确划臂的肌肉感觉，如图 18 – 15 所示。

（3）做同（2）的练习，加上呼吸的配合，体会水中臂和呼吸的配合技术。

（三）完整连贯动作的练习方法

（1）陆上站立做完整的配合模仿动作，体会划手腿不动，收手又收腿，伸臂接蹬腿，伸直漂一会儿的动作顺序，以及划臂抬头吸气、收手低头闭气、伸臂蹬腿呼气的完整技术配合练习，如图 18 – 16 所示。

（2）在水中做臂、腿的配合练习。臂、腿交替进行，建立臂先腿后的动作概念。

（3）在水中做臂、腿和呼吸的连贯动作配合练习。逐渐做到臂、腿配合一次、呼吸一次的完整技术并逐渐增长游泳的距离，不断改进，提高动作质量。

图18-16 陆上站立做完整的配合模仿动作

(四)易犯错误与纠正方法

1. 蹬腿未翻脚

纠正方法:在陆上和水中反复做专门性练习,强调勾脚尖,把作用力过渡到脚跟上。

2. 蹬腿过宽

纠正方法:用皮条捆着两个膝关节,限制距离并多做柔韧性练习。

3. 腿的部位太低

纠正方法:游进时保持平卧稍抬头提臀;收腿时靠近水面,蹬完腿并拢;上体前俯,划手深一些。

4. 收、蹬腿时臀部上下起伏

纠正方法:平卧稍挺胸塌腰;慢收不要收的太多;蹬腿向侧后用力。

5. 两臂划水过宽、路线过长

纠正方法:屈臂划水;划水深一点,向侧下划手;手划到头稍前收手;加强腿的练习。

6. 吸气不足

纠正方法:强调在水中呼气,口露出水面快速吸气;多做臂划水与呼吸配合的练习。

第四节 自由泳

自由泳又称为"爬泳",它是各种竞技游泳技术中速度最快的一种姿势。自由泳是游泳运动教学和训练中的基础项目,它在竞技游泳和实用游泳中都占据着重要位置。

一、自由泳的基本技术

(一)身体姿势

自由泳时身体伸直俯卧水中成流线型。两眼注视前下方,头稍抬起与身体纵轴成20°~30°角,身体纵轴与水平面成3°~5°角,如图18-17。在游泳时身体可随纵轴有节奏转动,其转动角度一般为35°~45°角,如图18-18所示。

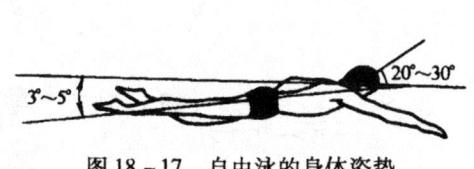

图 18-17 自由泳的身体姿势

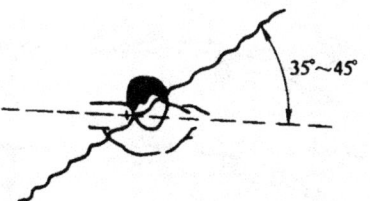

图 18-18 自由泳的身体姿势

(二) 腿部动作

自由泳腿打水的动作主要是起着维持身体平衡作用。它的动力作用是通过以髋和大腿肌肉发力带动小腿和脚的上下鞭状打水获得的。打腿时两脚稍内收，踝关节自然放松，两腿分开约 30~40 厘米，膝关节弯曲约 160°角，如图 18-19 所示。

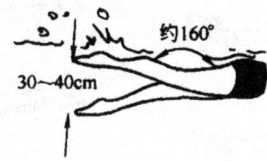

图 18-19 自由泳的腿部动作

(三) 臂部动作

臂的动作是自由泳的主要动力。臂的动作可分为入水、抱水、划水、出水和空中移臂五个紧密相连的动作组成，如图 18-20 中的 1~18。

(1) 入水。手臂入水一般在肩的延长线或身体纵轴与肩的延长线之间。入水时手指并拢伸直。通过臂的内旋掌心向外成线分开，拇指和食指率先向前下方切入水，肘高于小臂和手，如图 18-21 所示。

(2) 抱水。臂入水后积极插向前下方，当手臂滑下与水面成 15°~20°角时，应逐渐屈肘，使肘高于手。当臂滑至肩带肌群充分拉开时，手臂与水面成 40°角，肘关节屈至 150°角左右，整个臂保持高肘对准水，为划水做好准备，如图 18-20 中的 1~7 所示。

(3) 划水。划水是手臂在划水前与水平面成 40°角起，划水后与水平面成 15°~20°角度的动作过程，如图 18-20 中的 7~14 所示。在整个的划水过程中，肩前的划水由直臂到屈臂称为拉水；肩后的划水由屈臂到直臂称为推水。这两个过程是连贯加速完成的。在划水过程中要始终注意手对准水做桨式划水。手掌的整个运动轨迹成"S"形。

(4) 出水。划水结束后，利用划水的惯性由肩带动大臂、小臂和手在大腿旁提拉出水，要求臂和手腕的肌肉要放松。

(5) 空中移臂。臂出水后，由肩带动大臂、小臂和手做高肘快带向前移臂。整个移臂过程的前半部肘关节领先，小臂相对较慢；后半部小臂向前伸出准备入水，如图 18-20 中的 7~10 所示。

(四) 臂与呼吸的配合动作

(1) 两臂的配合。两臂配合分为三种，即前交叉配合、中交叉配合和后交叉配合。前者是一臂入水时，另一臂处于肩前方，与水平面构成 30°角，如图 18-22 所示。中交叉是一臂入水时另一臂处于肩下垂直部位与水平面构成 90°角，如图 18-23 所示。后交叉是一臂入水时，另一臂划至腹下方，与水平面构成 150°角，如图 18-24 所示。

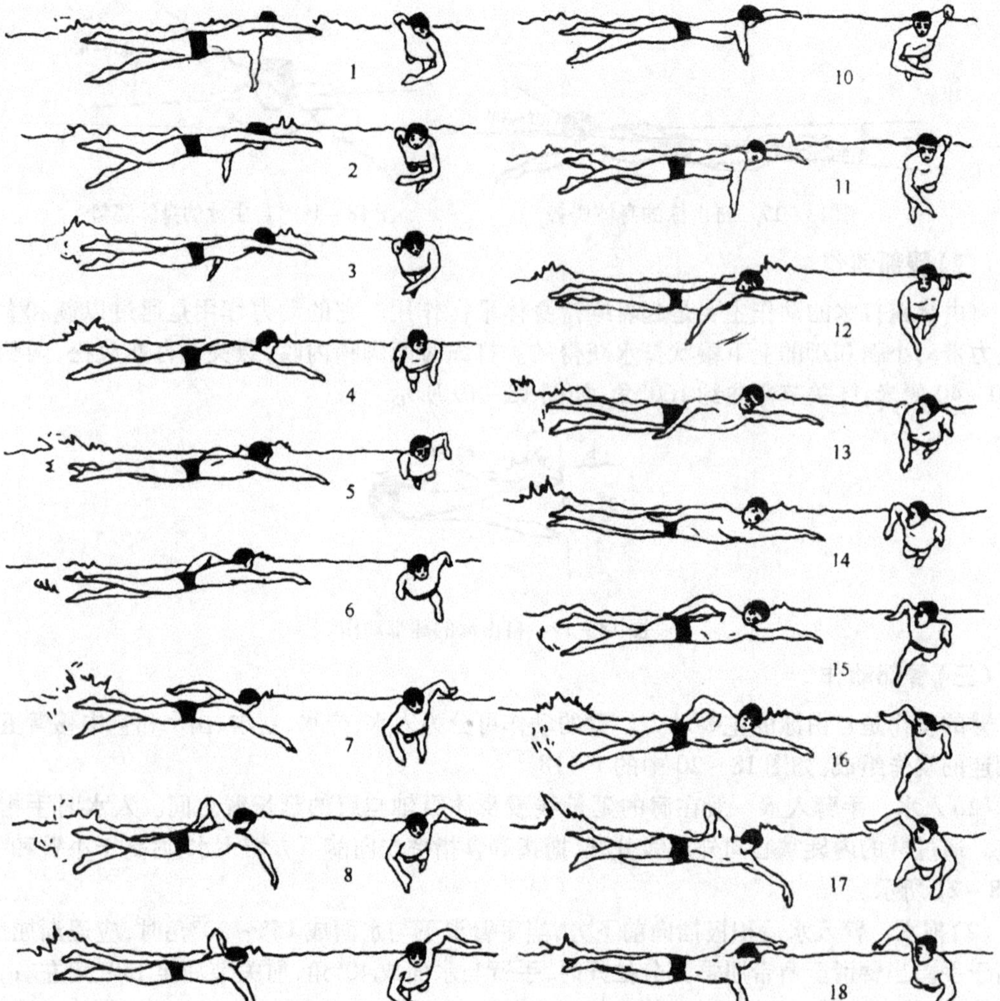

图 18-20　自由泳的臂部动作

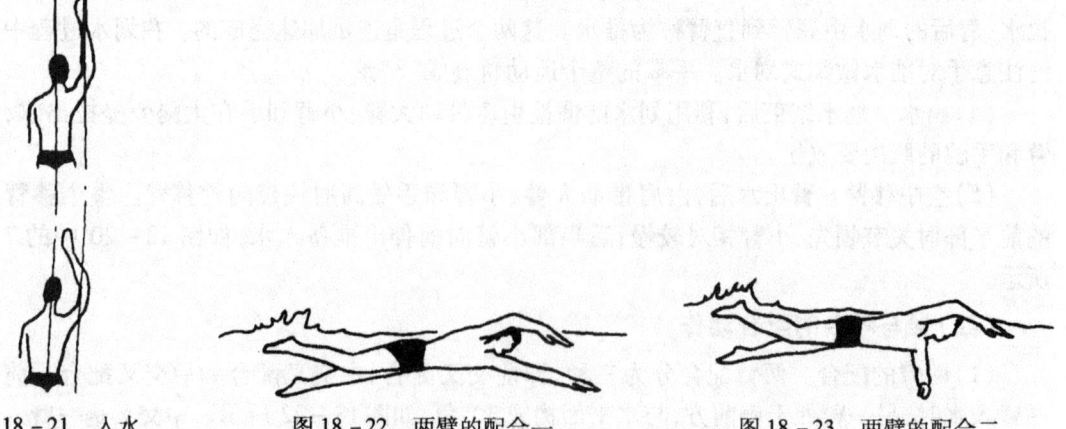

图 18-21　入水　　　图 18-22　两臂的配合一　　　图 18-23　两臂的配合二

初学者和手臂力量小者多采用前交叉配合。随着技术的熟练和臂力的增强可发展为中交叉或后交叉的两臂配合技术。

图 18-24　两臂的配合三

（2）呼吸与臂的配合。吸气时头向臂划水一侧转动，如图 18-20 中的 11~15 所示；移臂时头开始复原并闭气，如图 18-20 中的 16~18 所示；当臂入水时，头复原并开始呼气，直到划水结束后呼气量逐渐增大，呼气的压力和速度也逐渐增加，如图 18-20 中的 10~15 所示。

（五）完整配合动作

自由泳的完整配合动作一般是腿打六次（左右各三次），臂划两次，呼吸一次。这就是 6∶2∶1 的配合。也可采用 4∶2∶1 或 3∶2∶1 的配合。但初学者最好采用 6∶2∶1 的配合。

二、自由泳的练习方法

（一）腿部动作的练习方法

（1）坐在池边或岸上做腿的打水练习，如图 18-25 所示。

（2）俯卧水中，手扶池边做腿的打水练习，如图 18-26 所示。

（3）蹬池边或扶板滑行做腿的打水练习，如图 18-27 所示。

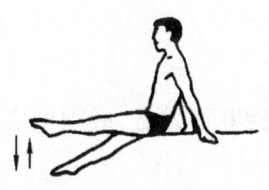 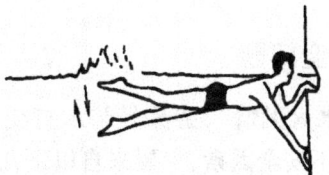

图 18-25　腿部练习一　　　　图 18-26　腿部练习二

（二）臂部动作及其与呼吸配合的练习方法

（1）两脚开立，上体前倾做陆上单臂和两臂轮流划水的模仿练习，在练习中逐渐加上呼吸的配合模仿练习。

（2）在浅水中做同（1）的练习，如图 18-28 所示。

 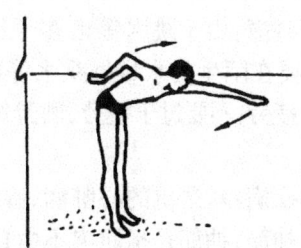

图 18-27　臂部动作与呼吸配合练习一　　图 18-28　臂部动作与呼吸配合练习二

（3）在水中蹬边滑行后，腿不动，做划臂或划臂与呼吸配合的练习。

(三)完整动作的练习方法

(1)蹬边滑行做臂、腿的配合练习。

(2)蹬边滑行在(1)的基础上加上呼吸配合的练习。

(3)在水中做从闭气游过渡到增加呼吸次数的配合游练习。

(四)易犯的错误和纠正方法

1. 小腿打水

纠正方法:强调大腿带动小腿和打水;用直腿打水进行练习;小幅度快频率打腿。

2. 臂入水后向下压水,划水时抹水

纠正方法:强调臂的内旋,高肘入水,手掌向外后压水;注意手掌对准水划臂。

3. 划水路线平直,身体有起伏

纠正方法:强调"S"划水路线;划水时用力由小到大,速度由慢到快地进行。

4. 呼吸困难影响游泳姿势

纠正方法:加强转头的灵活性;强调沿身体纵轴转头呼吸;呼吸时用力把余气吐净,用嘴进行短促用力的呼吸。

第五节 水上救护与安全

一、游泳的安全问题

俗话说"水火无情",游泳是与水打交道,切记不能麻痹大意,必须慎之再慎,才能确保安全。游泳时的不安全因素,主要来自以下几个方面:

(1)会一点,技术欠佳:对游泳而言,会一点不算会,溺水事故多发生于会一点、但水性不好的人身上。会游泳的最低标准是:能连续游 200 米以上,同时掌握踩水技术。游泳最好有组织地进行或结伴前往。

(2)水情不熟:会游泳的人,有时也会因不熟悉水情而发生危险,比如跳水特别是头朝下的跳水就极易引发事故。因此,游泳前应先了解水情。一般不要在船泊码头或有暗桩、暗礁、竹排、急流、漩涡、水草蔓生等情况的水域中游泳。

(3)潜泳:潜泳是较剧烈的运动,如憋气时间太长,肺和血液中的氧储量因代谢加速很快会被消耗掉,这样就可能引起大脑缺氧,导致突然性休克,而出现险情。

(4)碰撞:由于跳水等诸多原因,时有碰撞池底、池壁或陷入水草、淤泥之中的情况发生。因此,不要在陌生的水域做跳水等剧烈动作,以避免碰撞。

(5)疲劳:不要过于疲劳、酒醉饭饱及剧烈运动后去游泳,或游泳时出现疲劳因未节制而引发事故。

(6)疾病:对严重的心脏病、癫痫等休克性疾病患者而言,游泳是很危险的。

(7)抽筋:抽筋是指肌肉不由自主地强直性收缩,亦称痉挛。抽筋的原因很多,忽视准备活动、过于疲劳、水温低、过分紧张、动作不协调或用力过猛等都可能引起抽筋。如遇抽筋,应保持冷静,不可慌张,可自救亦可呼救。不管自救或呼救都要有针对性地进行治疗,即拉长抽筋的肌肉,使其松弛。

二、救护方法

凡发现溺水事故或出现苗头时,应迅速进行救护,决不能延误时间。水域不同,发生事故和救护的应急措施亦不相同。

(一)利用器材救护

如有救护器材时,首当选用。先将器材(竹竿、救生圈、浮板、木块、球等)伸(或扔)到呼救或正在挣扎的溺水者伸手能拿到的位置,之后,救护者也应向器材或溺水者游去,使其尽快得到器材或救护者扶着器材进行施救。

(二)直接救护

若无救护器材,应直接救护。直接救护包括人入水前准备、入水、游近溺水者、施救、拖带、上岸、抢救等环节。

(1)入水前准备。应迅速脱去衣裤,从岸上跑到离溺水者最近的地方入水。

(2)入水。入水要注意目标,动作迅速,保证安全。在游泳池,可用臂、头先入水的跳水动作入水;在不熟悉的水域,则应采用脚先入水的跳水动作。

(3)游近溺水者。救护通常采用自由泳或蛙泳。当游到距溺水者3~5米时,可对其进行安慰和告诫,使之不乱动、乱抓而保持镇定,主动配合救护。然后吸足一口气,潜入水中或从其侧面、背面动手施救。

(4)施救。施救方法见图18-29。

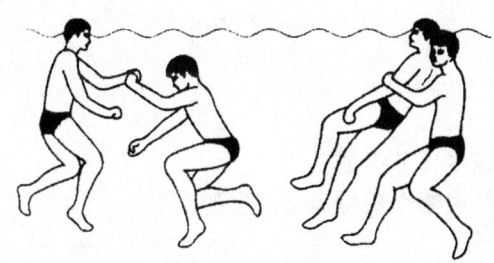

图18-29 施救方法

(5)拖带。救护拖带多采用侧泳或反蛙泳,具体方法见图18-30。不管采用哪种拖带法,均应使溺水者的面部始终露出水面。

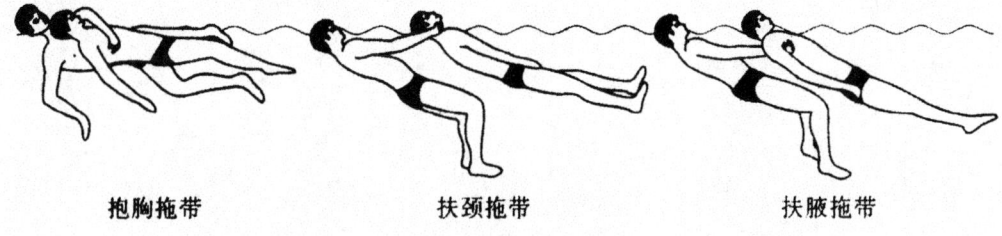

抱胸拖带　　　　扶颈拖带　　　　扶腋拖带

图18-30 拖带方法

(6)抢救。抢救一般情况下应经过以下过程:其一,清理溺水者口鼻中的脏物;其二,排溺水者呼吸道和胃中的水;其三,进行人工呼吸。

(三)救护与解脱

救护须懂得一些解脱的基本方法,以确保安全,防患于未然。

解脱时应运用杠杆原理,动作要熟练、快捷、准确。解脱的常用方法有虎口解脱、扳指解脱、推扭解脱。

早学游泳好处多

游泳是最常见的水中健身。人在水平时,血液向心脏的回流要比直立下容易多,因此同样的运动量,水中的心率上升幅度要小于陆地,对于未发育成熟的心脏负担减轻。游泳绝对没有陆地上轮滑、跑步、打球对于稚嫩的骨骼韧带带来损伤的问题。尤其神经肌肉的协调性是锻炼的最佳时期,一旦掌握某种技能,终身不会忘掉。到了很容易患骨关节病的中老年时期,陆地上的许多运动不能进行的时候,小时候学习的技能就充分体现益处了。

游泳的基本正规姿势是蝶、仰、蛙、自由泳四种,还有非正规的侧泳、狗刨式。如果能慢游蛙泳800米、自由泳1500米,就能充分获得游泳的健身效果。

游泳的最佳学习时间是在婴儿时期,刚离开充满水环境的子宫,也没有对于水惧怕的信息来源。学龄前儿童期,青少年期也是最佳学习阶段,游泳对于孩子尚未发育成熟的各系统器官功能,起到任何一种运动方法都不可替代的作用。

思考题

1. 简述如何熟悉水性。
2. 蛙泳技术主要由哪几个技术环节组成?
3. 自由泳前进的主要动力是由哪个部位运动产生的?
4. 如何进行水上救护?

下篇 职业体育篇

第十九章 职业实用性体育

 学习目标

1. 了解职业体育的含义、地位及其意义。
2. 掌握实用性体育的安全防护知识。
3. 学会职业病的预防和体育疗法。

第一节 职业实用性体育的含义、地位及其意义

高等职业院校以社会适应为目标,以培养未来职业人、专门人才为主线,以培养技术性、应用性专门人才为根本任务,在培养目标上更需要突出"职业性、岗位性、实践性和实用性"的特点。为了使学生的"身体—心理"素质、体育组织与锻炼能力能适应未来职业工作的需要,直接为职业工作和生活提供相关"身体—心理"和素质的支持,增加与各种职业相适应的体育内容,为未来职业人提供"身体—心理"准备和从事未来职业所需要的特殊体育素质,高等职业院校开展职业实用性体育拓展将成为一种重要的组织形式与活动内容。

根据学校专业设置的具体特点,大学生课内外体育建设需考虑与所学专业特点相结合,具有适用性和实用性,如国防保安专业可进行与国防、保安有关的武术、耐力、体操等内容的职业实用性体育能力的培养;电子电工专业可安排些爬竿、登高、登山等内容,从而提高大学生职业实用性学习的实用价值,也有利于增强学习的积极性。大学生职业实用性体育在完成一般身体发展的同时,还适应专业和未来职业工作的特点和需要,选择与职业相结合的内容和方法,进行职业所必需的身体基本活动能力的训练,提高对职业环境和条件的适应能力,达到职业教育岗前培训的目的。当然实用性是统一于大纲的基础上,在有利于全面发展学生身体素质的前提下而言的。

一、职业实用性体育的含义

职业实用性体育是指根据学生目前就学专业、未来第一可能从事职业的特点与需要,为培养未来职业人所需要的实用体育知识、一般身体素质、职业特殊素质和终身体育锻炼能力,而进行的有目的、有计划的教育活动及教育现象。职业特殊体育素质主要是指职业人在从事职业活动过程中克服外界环境的特殊影响(生存、发展、抗自然、抗挫等)的能力。

职业实用性体育教育思想是随着社会化大生产、大分工带来的工作环境的复杂性、职业的多样性和工业革命带来的生产技术的高智能性、高强度性而产生的。在培养人们不断适应复杂

的工作形式和社会环境方面,体育向来有着极其重要的意义,体育教育中实用性目标是一种重要的社会需求,这种需求是以社会化大生产带来的现代化需求为依据。前苏联教育体制针对当时建国初期社会主义经济和生产建设需要,曾大力推广过职业实用性体育,前苏联的职业实用身体训练在20世纪30年代已见雏形,并不断完善。从1959年起,它已被纳入大学和职业技校各类学生体育教育大纲,在《中专学校体育教育大纲的修改和补充》(1959)中,规定在从事群众体育工作时,必须发展学生适应将来职业需要的身体素质和技能,但真正对学生职业实用身体训练提出实际建议的是1977年的体育教育大纲,在1985—1986学年公布的《全苏9·11年级体育教育大纲》中,已经把职业实用身体训练作为一个独立的部分。

二、职业实用性体育的地位及其意义

根据加拿大著名社会学家凯尼恩的分类方法,从人们的社会职业、在体育运动中的角色和涉及体育的程度来看,体育向社会有着广泛的渗透性,如体育已涉及新闻、文秘、教师、建筑、司政、服装设计、医学等职业需要,未来不同社会职业从业人员社会适应、应对能力要求职业人需要具有相应的"身体—心理"特殊素质,见表19-1。

表19-1　不同社会职业与体育的关系及体育向社会职业的渗透性

直接涉及关系			
直接参与者	辅助者	管理者	宣传者
1. 在校学生 2. 体育教师 3. 体育锻炼参与者 4. 运动员 5. 裁判员 6. 教练员 7. ……	1. 班主任 2. 辅导员 3. 体育科研人员 4. 体育场馆工作人员 5. 竞赛工作人员 6. ……	1. 体育干部 2. 工会干部 3. 体育场馆设计、施工领导者 4. ……	1. 体育报刊、栏目编辑和记者 2. 电台、电视台的体育广播员、策划、编辑 3. 体育影片的编导和演员 4. 体育书报、文章的作者 5. 体育球迷、拉拉队、乐队 6. ……
间接涉及关系			
组织管理者	生产者	推销者	服务者
1. 体育部门机关工作人员 2. 工会、团委、学生处 3. ……	1. 体育器材、服装的设计、制造者 2. 体育影片的工作人员 3. ……	1. 运动服装、器材的批发、代理商 2. 体育器材、服装、书刊的售货员 3. ……	1. 医务工作者 2. 体育经纪人 3. 体育俱乐部 4. ……

随着未来职业人社会交往的增多、职业更替的频繁和现代生活方式的健康理念,不同社会职业从业人员需要培养健康的体魄、健全的人格、顽强的意志、抗挫能力和社会交往能力,开设职业实用性体育课程,如休闲体育内容、职业专门性体育内容有利于增加交往手段、交往途径、交往能力和从业、再就业的社会适应能力、抗挫能力等。

三、职业实用性体育的任务

职业实用性体育的基本任务:充实和完善职业活动有益于运动技能储备和体育知识;强化发展对职业重要的身体能力及其相关能力,在此基础上保障身体活动水平的稳定性;提高机体对不良劳动环境条件的耐受力和适应能力,保持和增进未来劳动者的健康。职业实用性身体训练的手段,主要采用一般体育运动和竞技运动中的各种各样的身体练习动作,以及根据职业活动的特点进行改造和专门设计的练习。许多劳动类型是采用细小的动作、局部性的动作和区域性的动作,其本身无论如何不能有效地发展身体运动能力,当然,职业实用性身体训练并不一味排斥模仿劳动活动的某些特点。但是,模仿并不是简单地在形式上对劳动动作的模仿,而主要应有针对性地锻炼对于职业必要的身体功能能力、运动能力及相关能力。正是这些练习直接决定着具体职业活动的效果。

第二节 职业实用性体育活动的主要内容与练习方法

一、职业实用性体育活动的主要内容

(1)一般实用性练习:借助它可以形成在一般职业活动条件下和可能出现的极端情况下使用的运动技能。

(2)职业实用性体操和职业实用性运动项目:职业实用性体操不仅要符合职业活动的要求,而且必须预防职业活动对身体状况和姿势所造成的不良影响;职业实用性运动项目则无论在操作方式或身体能力方面,均需与职业特点相似。

(3)自然环境的锻炼:对提高机体适应力水平和抵抗职业活动特殊条件不良影响也是十分必要的。

(4)根据职业活动对身体素质和技能的特殊要求,采取在不同职业活动时身体活动方式的辅助性或针对性练习,以提高职业活动时的身体素质与心理素质。

二、职业实用性体育主要培养内容与练习方法

职业实用性体育主要培养内容与练习方法见表19-2所示。

表19-2 职业实用性体育主要培养内容与练习方法

职业	特殊职业体育知识与能力	培养途径
地质	高山缺氧对工作能力的影响、无氧耐力。	登山、远足、定向越野。
医学	体育运动的一般理论与特点、医务、救护知识。	体育活动中的医务监督、运动按摩、运动损伤与急救。
河运、水文、海洋	无氧耐力、自然力锻炼方法。	竞技游泳、实用游泳。
建筑工程	身体本体感觉与平衡能力练习法。	竞技体操、技巧运动。
法律	爆发力量、速度反应、抗挫能力练习法。	散打、拳击运动。
金融	反应速度、抗击、防卫能力。	防身术、拳击、散打。
林业	定向能力、耐力练习方法。	远足、登山、定向运动。

续表

职业	特殊职业体育知识与能力	培养途径
车工、铣工、切削工、钻工	要求发展肩带肌、躯干肌和脚掌肌力量，发展平衡能力、一般耐力、下肢静力性耐力、上肢动作的协调性和准确性、目测力、注意力的专注。	各种走、左脚和右脚交换跳跃；体操棒、环、实心球、哑铃练习；爬绳；滚翻；头手倒立；重物投掷目标；装配和摆放物件等；田径运动；篮球和手球。
无线电安装员、装配工、绘图员、缝纫工、钟表工	要求发展一般耐力、手指协调性、动作的准确性、触觉的敏感性、注意力的专注、反应的速度。	300m跑、1000m跑；跳绳；体操凳练习；俯卧体后屈；两手耍网球；篮球运球、投篮；排球、乒乓球、手球。
吊车司机、拖拉机手、汽车司机、建筑和农业机械驾驶员	要求发展上肢和下肢协调性、上肢和肩带肌肉静力性耐力、一般耐力、简单和复杂反应、注意力的转换能力。	实心球、哑铃、橡皮缓冲装置练习；加速运球和听信号急停；左右手同时运球；听信号加速；听信号蹲踞式、站立式起跑；体操；篮球。
木工、瓦工、粉刷工、油漆工、石工	发展肩带和下肢肌肉、静力性耐力、前庭稳定性、灵敏性；在高空和有限地点、爬楼梯、爬绳、爬竿和跳跃中保持平衡的能力。	沿纵放、斜放、横放的梯上作攀爬练习；肋木练习和爬绳练习；头手倒立和手倒立；窄木行走；负重和对抗练习；在不高处跳下练习；竞技体操、技巧运动；跳水。
传送带装配工	要求发展动作速度和准确性、动作的灵敏性和协调性。	30m跑；按标记跳远、支撑跳跃；篮球变换方向、速度运球、传球、投篮；滑雪；排球、足球、田径。
安装工、调整工、修理工	发展手指灵巧性、上肢动力性和静力性耐力，上肢、肩带和躯干的力量和耐力，平衡和一般耐力。	哑铃、实心球、橡皮减震器、体操凳和肋木练习；杠铃、壶铃练习；举重和搬运重物；投掷小球、手榴弹、推铅球；球类运动动作；运动准确性和灵活性练习；注意力游戏；体操、击木游戏、冰球。
采矿工	要求发展肩背肌力量和耐力，灵敏和柔韧。	器械练习（体操棒、实心球、哑铃）；攀爬练习；跳远；体操、摔跤。
控制台操作员、畜牧业工人、农艺师和其他农业工人	发展动作速度、反应速度、协调性、躯干肌肉的静力性耐力；培养在紧张的情况下完成动作的能力。	徒手、器械体操练习；体操凳、肋木练习；接力、耐力性、准确性、灵敏性游戏；篮球、手球、排球、乒乓球。

第三节　职业实用性体育活动中的安全防护

职业实用性体育活动中安全防护的主要内容见表19-3。

表19-3　职业实用性体育活动中的安全防护

名称	原因与症状	处理
溺水	溺水多发生于夏、秋季，尤多见于青少年。溺水者自水中救出时常呈呼吸浅速、不规律、呼吸困难、紫绀、咳嗽，甚至呼吸、心跳停止。溺水者常因窒息而死亡。溺于淡水者，水自肺泡进入血循环，可引起血液稀释、血容量增加及溶血，而造成急性肺水肿和电解质紊乱。溺于海水者也可因血液浓缩、血容量减少而导致肺水肿和电解质紊乱。	将溺水者救出后立即清除口腔、鼻咽腔的呕吐物和泥沙等异物，保持呼吸道通畅。将其舌头拉出，以免后翻堵塞呼吸道，可将溺水者腹部垫高，胸及头部下垂，或抱其双腿，腹部放在急救者肩部走动或跳动以"倒水"。若呼吸停止并伴心跳停止，应进行人工呼吸同时立即进行胸外按摩，以恢复心脏搏动，胸外心脏按摩与人工呼吸比为4:1，对溺水患者复苏的急救，人工呼吸中以口对口人工呼吸最常用和最为有效，人工呼吸不可间断，更不能轻易放弃抢救，直到溺水者恢复自主呼吸或其他症状已表明无法抢救为止。
烫伤	烫伤可分为烧伤和水烫伤两种类型。除日常生活中常见的开水和火焰、蒸气等高温灼伤外，还包括工业上的强酸、强碱等化学灼伤，电流、放射线和核能等物理灼伤，面积愈大，深度愈深，对全身和局部的影响也愈大、愈严重。 烫伤的程度： 一度烫伤：红斑性，皮肤变红，并有火辣辣的刺痛感； 二度烫伤：水泡性，患处产生水泡； 三度烫伤：坏死性，皮肤剥落。对局部较小面积轻度烫伤，可在家中施治，在清洁创面后，可外涂京万红、美宝润湿烧伤膏等。对大面积烫伤，宜尽早送医院治疗。	烫伤处理的原则是首先除去热源，迅速离开现场，用各种灭火方法，如水浸、水淋、就地卧倒翻滚等，立即将湿衣服脱去或剪破衣服淋冷水，肢体浸泡在冷水中，直到疼痛消失为止。还可用湿毛巾或床单盖在伤处，再往上喷洒冷水。不要弄破水泡。 烫伤的创面处理：先剃除伤区及其附近的毛发，剪除过长的指甲，创面周围健康皮肤用肥皂水及清水洗净，再用0.1%新洁尔灭液或75%酒精擦洗消毒。创面用等渗盐水清洗，去除创面上的异物、污垢等。保护小水泡勿损破，大水泡可用注射空针抽出血泡液，或在低位剪破放出水泡液。已破的水泡或污染较重者，应剪除泡皮，创面用纱布轻轻辗开，上面覆盖一层液体石蜡纱布或薄层凡士林油纱布，外加多层脱脂纱布及棉垫，用绷带均匀加压包扎，并注射破伤风抗毒素。
晕厥	热昏厥的主要症状表现为：感觉筋疲力尽、烦躁不安，头痛、晕眩或恶心。脸色苍白，皮肤感觉湿冷。呼吸快而浅，脉搏快而弱。可能伴有下肢和腹部的肌肉抽搐。体温保持正常或下降。	一旦发生热昏厥，应尽快将患者移至阴凉处躺下。若患者意识清醒，应让其慢慢喝一些凉开水，若患者大量出汗，或抽筋、腹泻、呕吐，应在水中加盐饮用（每升一茶匙）。若患者已失去意识，应让其卧姿躺下，充分休息直至症状减缓。

续表

名称	原因与症状	处理
急性酒精中毒	由于饮酒过量易造成急性酒精中毒,早期出现面红、脉快、情绪激动、语无伦次、恶心、呕吐、嗜睡等症状,严重者可出现昏迷,甚至呼吸麻痹而死亡,还可发生高热、惊厥及脑水肿等。	急性酒精中毒者可采用刺激舌根部以催吐,轻者饮用咖啡或浓茶可缓解症状,对症状较重者可用温水或2%碳酸氢钠溶液洗胃。一般醉酒者经休息、饮茶即可较快恢复,中毒症状重者宜送医院诊治。 对昏睡者可在洗胃后注入浓茶,对严重中毒者可静脉注射50%葡萄糖溶液100ml和胰岛素20单位。同时肌注维生素B_6和烟酸各100毫克,以加速乙醇氧化及促进患者清醒。必要时可进行血液透析。如酒精中毒伴有脱水者可于静脉补液。
煤气中毒	煤气中毒又称一氧化碳中毒,凡含碳有机物质,如煤、石油、木柴等燃烧不完全时都能产生一氧化碳(CO),炼钢、炼铁、炼焦过程中也可产生一氧化碳,此外,用火炉、煤炉取暖时,缺乏通风排烟设备或设备陈旧失修,在使用煤气红外线取暖器时,缺乏安全使用知识或产品本身不合规格,都有可能发生一氧化碳中毒事故。可分为轻、中、重三度。	对煤气中毒者,应先将患者撤离现场,移至空气新鲜、通风良好处,若呼吸停止,宜立即进行人工呼吸。昏迷者应注意吸出口腔及呼吸道的分泌物,以保持呼吸道通畅。应尽快给患者吸入氧或含5%二氧化碳的氧气,有条件者,应尽快进行高压氧舱治疗。还可配合针刺太阳、列缺、人中、少商、十宣等穴位进行治疗。在寒冷季节室内生炉取暖时,应装置排烟管道,让烟气充分排出,用煤气红外线炉时,橡皮管要不漏气,产生一氧化碳的场所,应加强通风。
食物中毒	食物中毒以呕吐和腹泻为主要表现,常在食后1小时到1天内出现恶心、剧烈呕吐、腹痛、腹泻等症状,继而可出现脱水和血压下降而导致休克。肉毒杆菌污染所致食物中毒病情最为严重,可出现吞咽困难、失语、复视等症状。食物中毒多因细菌污染食物而引起的一种以急性胃肠炎为主症的疾病,最常见的为沙门菌类污染,以肉食为主。	对食物中毒者要及早进行救治,中毒早期可考虑洗胃,以减少毒素的吸收。剧烈呕吐、腹痛、腹泻不止者可用硫酸阿托品注射,有脱水征兆者及时补充体液,可饮用加入少许食盐、糖的饮品,或静脉输液。也可选用适宜抗生素。肉毒杆菌食物中毒者应速送医院急救,给予抗肉毒素血清等。预防食物中毒应禁食霉腐变质的食品,食物宜新鲜,保持清洁卫生,鱼肉类食物宜煮熟蒸透后,方可食用。一旦发生食物中毒,早期应禁食,但时间不宜过长。
蜈蚣咬伤	局部表现有急性炎症和痛、痒,有的可见头痛、发热、眩晕、恶心、呕吐,甚至谵语、抽搐、昏迷等全身症状。	蜈蚣咬伤后,应立即用弱碱性溶液(如肥皂水、淡石灰水等)洗涤伤口和冷敷,或用等量雄黄、枯矾研末以浓茶或烧酒调匀敷伤口,亦可用鱼腥草、蒲公英捣烂外敷,有全身症状者宜速到医院治疗。

续表

名称	原因与症状	处理
中暑	在烈日下或高温环境进行活动时,由于身体调节体温的能力不能适应,体内产生的热能不能适当地向外散发,积聚而产生高热称为中暑。患者先有头痛、眩晕、心悸、恶心等,随即出汗停止,体温上升,如不及时抢救可致昏迷而死亡。	露天活动时可搭凉棚,通风能加速对流散热和排除湿气,但不能减低辐射热。有气流的厂房建筑,应根据风向开窗,使厂房内热空气能被气流带走,有时高温作业点可用电风扇、空气淋浴等方式通风。合理安排活动时间,尽量避开一天中最热的时间。服装以传热慢和透气性能强的为好,露天活动应戴宽边草帽或竹笠。饮食应富有蛋白质和维生素B、C,饮料中应含有一定的盐分,以补充体内随汗液流失的盐分。要配备必需的防暑药品如清凉油、人丹等。
晕动症	晕动症即指俱乐部活动过程中乘车、船、飞机时,由于交通工具的加、减速,或颠簸震动,刺激人的前庭迷路而出现头晕、头痛、恶心、呕吐,甚至虚脱、休克等症状,伴有面色苍白、出冷汗、心动过速或过缓、血压下降,或眼球震颤、平衡失调等。本病主要发生于乘车、船、飞机中或其后,可因情绪抑郁、精神紧张、过饥过饱、过度疲劳及嗅吸异常气味等而诱发。晕动症患者的症状因人而异,轻的微觉头昏,重的恶心呕吐、出冷汗甚至	此病的发生因人而异,症状轻重不同,其处理的原则是加强预防,及时对症处理。对于以往有过晕动症病史者,可在乘车、船、飞机前30~60分钟服用抗晕、镇静、止吐药物,最为常用的是茶苯海明,又称乘晕宁、晕海宁,50~100毫克口服,每4~6小时1次。也可选用异丙嗪,12.5~25毫克,每日口服2~3次。还可选用复方晕海宁、敏克静、安其敏等等。在乘车、船、飞机时发生晕动症,应尽可能让患者平卧,亦可将头靠在椅背上闭眼休息。同时,要保持通风、凉爽、空气新鲜,若出现呕吐,宜及时清除呕吐物。另外,针刺或手指按压内关、足三里、神门、百会、合谷及中脘等穴,对及时缓解症状和预防本病发生亦有作用,及时补充体液,纠正酸碱失衡。
猫鼠咬伤	被猫鼠咬伤后局部多出现红肿疼痛,严重时累及淋巴管、淋巴结而引起淋巴管炎、淋巴结炎或蜂窝组织炎。	咬伤部位在四肢时,可暂结止血带,用生理盐水或清水冲洗伤口,并用5%碳酸或硝酸将局部腐蚀,症状较重者宜到医院治疗。
外耳道异物	一般的外耳道异物有飞虫、豆类、纽扣、石子、纸卷等,常表现出疼痛、耳鸣或眩晕,较大的异物或谷物遇水后胀大,常有听力减退。若异物未伤及鼓膜和外耳道壁,应无明显自觉症状。	对于外耳道异物,宜视异物形状择法除去,圆形质硬的异物可用耳钩针,经异物周围细小间隙放入,绕过异物深面将其钩出,切忌将异物推至深部。豆类、花生仁可先淌入酒精,使之缩小,再钩出或掏出;扁形或棒状异物可用耳镊夹出;小泥块或泥沙,可用温开水冲洗,或用挖耳勺或小匙细心挖取;对活蚊蝇小虫入耳,可用蘸有乙醚或氯仿的布签接触虫体,也可用酒精或油类灌满外耳道,待将蚊虫杀死后用夹子取出或用水冲出。

续表

名称	原因与症状	处理
电击伤	人体接触电流或电弧可引起电击伤,8~12毫安电流通过身体时,肌肉自动收缩,无明显损害,超过20毫安可导致接触部位皮肤灼伤,25毫安以上电流可致心房纤颤及死亡。220~1000伏的电压可致心脏和呼吸同时麻痹。轻度电击伤者仅出现恶心、心悸、头晕或短暂的意识丧失,恢复后多不遗留症状。严重电击伤者可致电休克、心室纤颤或呼吸、心跳骤停,甚至死亡。电休克恢复后可留有头晕、心悸、耳鸣、眼花、听力或视力障碍等症,多可自行恢复,电击伤还可引起内脏损伤或破裂,电击伤的局部损伤主要为烧伤。	一旦发生电击伤,应迅速使病人脱离电源,立即切断电源,或用干木棒、竹竿等绝缘体将电源拨开。迅速将患者移至通风处,呼吸及心跳停止者宜立即进行人工呼吸和胸外心脏按摩,人工呼吸至少4小时,或直至自主呼吸恢复为止,有条件者应进行气管插管,加压氧气人工呼吸。不能轻易放弃抢救。出现神志不清者可针刺或指压人中、中冲等穴位。电击伤就地急救十分重要,不要因送医院而延误抢救时机。 电击伤的局部治疗以暴露疗法为好,其原则和方法同一般烧伤。对电击伤还应注意对症治疗,因缺氧所致脑水肿可使用甘露醇、50%葡萄糖等脱水。出于电击伤而致肢体肌肉强烈收缩,可针对骨折、脱位等治疗。
日照性皮炎	常发生于颜面及颈部等暴露部分。大多数日照性皮炎患者仅有局部皮肤发红发黑、脱屑的现象,无明显痛苦,不需治疗。部分对紫外线较为敏感者,照射部位可出现红肿水疱,甚为疼痛,继之出现黑褐色色素沉着,多在面颊部出现黑色晒斑。 主要是涂青霉素等消炎软膏,有疱疹者涂龙胆紫防止感染,局部的炎症数日即愈。初到高山,不可在烈日下长时间(半小时以上)赤身运动或劳动,暴晒时间只能逐步增加。在山地烈日下进行时,颜面等暴露部分应涂防晒膏,也可用白纱布自制面罩防晒。	
野外急救	1. 应确定救援者及伤患者均无进一步的危险,并尽可能在不移动伤患者的情形下施以急救。 2. 镇定自己,迅速检查伤口,评估并决定急救的优先顺序。如有大量出血,应立刻止血;若呼吸停止,应快吹四口气,施行人工呼吸;若发生心跳停止的情形,应立即展开心肺复苏术;处理休克,垫高下肢与保暖;其他伤害(如创伤、骨折、中毒、烧烫伤等)处理。 3. 尽快将患者移到避风处,如帐篷或天然的避风处,以防止伤害加重,在安置病患者时,应采取正确的姿势: (1)头及胸部受伤,若为横伤,可采取仰卧屈膝的姿势; (2)若为直伤,则应采取仰卧平躺的姿势; (3)对于意识不清,但呼吸正常者,可采取复苏姿势。休克患者,应将其平躺,并垫高下肢20~30cm; (4)对于意识不清、疑有内伤、头部严重受损、腹部贯穿等可能需要全身麻醉的伤者,不可给予食物或饮料,并须在最短的时间内,以最安全的方法送医院处理; (5)由于山区送医院较困难,因此在途中应严密观察伤者的变化,随时安慰、鼓励伤者,以减轻其恐惧及焦虑; (6)若下山的路途较远或不方便移动伤者,可派两人先行下山求援,或以无线对讲机向外求救。求援时应详细说明求援的地点(最好有明显的目标)、伤患的状况,及已做的急救处理,使救援工作能发挥积极的效果。	

第四节 职业病的预防和体育疗法

一、常见性职业病

职业病(Occupational Diseases),是指企业、事业单位和个体经济组织(以下统称用人单位)的劳动者在职业活动中,因接触粉尘、放射性物质和其他有毒、有害物质等因素而引起的疾病。要构成《中华人民共和国职业病防治法》中所规定的职业病防治法,必须具备4个条件:①患病主体是企业、事业单位或个体经济组织的劳动者;②必须是在从事职业活动的过程中产生的;③必须是因接触粉尘、放射性物质和其他有毒、有害物质等职业病危害因素引起的;④必须是国家公布的职业病分类和目录所列的职业病。四个条件缺一不可。

中国古代医籍中已提到有关职业病的内容。古罗马的老普林尼记述了奴工用猪膀胱预防熔矿烟气的办法,瑞士医生帕拉切尔苏斯提出铸造及熔炼中的劳动卫生问题,G.阿格里科拉报告矿工中呼吸病多发,B.拉马齐尼所著《论工匠的疾病》一书,详细分析和记载了多种生产有害因素与职业病的关系。随着大工业生产及自然科学发展,职业性疾病越来越多。

在生产劳动中,接触生产中使用或产生的有毒化学物质、粉尘气雾、异常的气象条件、高低气压、噪声、振动、微波、X射线、γ射线、细菌、霉菌、长期强迫体位操作、局部组织器官持续受压等,均可引起职业病,一般将这类职业病称为广义的职业病。广义的职业病一般有尘肺、职业中毒、职业性皮肤病等。若干概念解释尘肺:因长期吸入一定量的生产性粉尘而引起肺组织纤维化的疾病。

职业中毒:发生在接触的工人中。因长期接触铅、汞、锰、苯、有机磷农药、一氧化碳、三硝基甲苯、砷、磷等生产性毒物而引起的中毒。

职业性皮肤病:由于职业性因素(化学、物理、生物)引起的皮肤及其附属器官的疾病,主要表现为皮炎(变应性)、痤疮、烧伤、黑变病等。

同样,在日常工作中,由于长期重复性工作,容易使颈椎疲劳,引起颈椎病,出现骨质增生等症状,有的影响血液循环,出现习惯性头晕等症状。由于工作方式的机械性,经常固定姿势进行操作,各部分的肌肉容易出现劳损。长时间的坐姿、站姿、弯腰等工作形式,也容易引起腰肌等劳损甚至导致腰椎间盘突出症,容易出现便秘等不良症状。此类由于特殊的工作造成的职业性损伤一般有颈椎病、椎间盘突出、下肢静脉曲张、肩周炎,等等。该类由于长期固定的或重复的动作造成的职业病需要通过一定的体育运动疗法加以治疗。

对其中某些危害性较大,诊断标准明确,结合国情,由政府有关部门审定公布的职业病,称为狭义的职业病,或称法定(规定)职业病。

二、职业病的诊断原则和程序

(一)职业病诊断原则

职业病诊断政策性强,技术要求高,是一项严肃的工作,须由各级政府卫生行政主管部门认定的专门医疗卫生机构进行。一般采取(诊断小组)集体讨论、诊断的方式。诊断的核心问题是明确职业危害因素与所患疾病是否有确切因果关系,需要收集和分析下述资料。

(1)病因资料:确定患者受职业危害的可能性及其程度,包括职业史,现场劳动卫生调查资料,作业场所有害物质强度(浓度)数据,患者体内特异性生物标志物数据,以及其他特异测试数据。

关于职业病的相关文件《中华人民共和国职业病防治法》、《职业病诊断与鉴定管理办法》、《职业病诊断国家标准》

(2)临床资料:鉴定患者受职业性有害因素损害的后果及其病情程度。应当收集的资料有疾病史,临床症状和体征,常规、生化检查及其他辅助检查,活体组织检查等资料。

(3)综合分析以上两方面资料,确定:①职业危害因素的危害作用与临床表现是否相符;②剂量(强度)与疾病严重程度是否一致;③接触时间、方式是否符合职业病发病规律。一般来说,经过这些步骤即能做出诊断。对一时不能确诊的可疑职业病,须随访观察,定期复查。

(二)职业病诊断程序

(1)目的:规范职业病诊断,落实职业病诊断措施,加强职业病诊断工作的管理,做出科学、客观、准确的职业病诊断结论,保障劳动者和用人单位合法权益,制订本工作程序。

(2)适用范围:在浙江省卫生厅批准诊断职业病项目范围中的职业病;卫生部、劳动和社会保障部颁发的《职业病目录》中规定的职业病;杭州市社保局委托的所有职业病劳动能力医学鉴定。

(三)职责

(1)尘肺、中毒、物理因素诊断组和职业病科严格按《职业病诊断与鉴定管理办法》的要求和《职业病诊断国家标准》进行职业病诊断。

(2)各诊断组负责做出科学、客观、准确的职业病诊断结论,并对其职业病诊断结论承担责任。

(3)职业病诊断领导小组负责对所有职业病诊断工作和职业病劳动能力医学鉴定工作的领导,负责对《职业病诊断证明书》的最后审核。

(四)诊断程序

根据卫生部颁布的《职业病诊断与鉴定管理办法》有关规定,从事接触职业危害的劳动者,经职业性健康检查发现异常,可以进行职业病诊断。职业病诊断程序如下。

(1)劳动者可以选择用人单位所在地或本人居住地的职业病诊断机构进行诊断。

(2)申请职业病诊断时应当提供以下材料:职业史、既往史;职业健康监护档案复印件;职业健康检查结果;工作场所历年职业病危害因素检测、评价资料;诊断机构要求提供的其他必需的有关材料。

(3)用人单位和有关机构应当按照诊断机构的要求,如实提供必要的资料。没有职业病危害接触史或者健康检查没有发现,职业病诊断机构在进行职业病诊断时,应当组织三名以上取得职业病诊断资格的执业医师进行集体诊断。

(4)确诊为职业病的患者,用人单位应当按照职业病诊断证明书上注明的复查时间安排复查。

(5)职业病诊断的费用由用人单位承担。

三、工作场所的职业卫生要求

工作场所存在职业病危害因素可以说是难以避免的,除了极少数国家明令禁止使用的设备或者材料外,大部分可能产生职业病危害因素的设备、材料,国家并没有禁止使用,例如,氰化物是剧毒物品,国家并没有禁止使用。触电会致命,火可引起火灾导致重大伤亡,但我们照样要用电、用火,问题是我们是否采取严格、有效的预防措施。

由于不少企业作业场所缺乏应有的通风、排尘、排毒设施,车间布局不合理,有毒作业与无毒作业场所不分开,存在严重的先天不足。随着新材料、新工艺、新技术的不断引进,加上境外不少职业病危害项目往内地转嫁,所带来的职业病危害日趋严重,群体职业病危害及死亡事故不断发生,尤其是到了20世纪90年代中后期,职业病发病已呈上升趋势,不少新的职业病病种也因此而生。从我省几十起职业病事故原因分析看,建设项目未实行"三同时"、车间布局不合理、作业场所缺乏必要的职业病防护设施,就是事故发生的主要原因。

对存在职业病危害因素的工作场所,《职业病防治法》明确规定应当符合以下职业卫生要求:

(1)职业病危害因素的强度或者浓度要符合国家职业卫生标准。
(2)有与职业病危害防护相适应的设施。
(3)生产布局合理,符合有毒害与无毒害作业分开的原则。
(4)有配套的更衣间、洗浴间、孕妇休息间等卫生设施。
(5)生产设备、工具、用具等生产设施和劳动条件符合保护劳动者生理、心理健康的要求。
(6)另外还要符合法律、法规和卫生部关于保护劳动者健康的其他要求。
(7)用人单位违反上述规定,可被处以8万元以上20万元以下的罚款。

四、常见职业病的体育疗法

现代工作的各种特征由于长期伏案工作,容易使颈椎疲劳,引起颈椎病、骨质增生等症状,有的影响血液循环,出现习惯性头晕等症状。由于工作方式以上肢活动为主,经常固定姿势进行柜台操作,肩部的肌肉出现劳损,容易出现肩周炎。长时间的坐姿形式和不时的柜台迎送服务,也容易引起腰肌肉劳损甚至导致腰椎间盘突出症,容易出现便秘等消化不良症状。现对颈椎病、腰椎间盘突出症和肩周炎这三种常见职业病的预防及体育疗法进行简单阐述。

(一)颈椎病的体疗方法

颈椎病的体疗方法主要有医疗体操、牵引疗法和按摩法。

1. 医疗体操

医疗体操是积极预防和治疗颈椎病的有效方法,下面介绍一套实用医疗体操。

(1)伸颈拔背

两足分开同肩宽站立,两手叉腰。两肩下垂,同时作引颈向上伸的动作,保持此姿势3秒~8秒,然后放松,还原至预备姿势。如此连续做8次~10次。

(2)与颈争力

两足分开同肩宽站立,双手十指交叉置于头后。头颈用力向后仰,同时双手用力向前拉,保持此种姿势3秒~8秒钟,然后放松,还原至预备姿势。如此连续做6次~8次。

(3)头颈侧屈 两足分开同肩宽站立,双手叉腰。

①先向右侧屈颈8次~10次。②再向左侧屈颈8次~10次。侧屈头颈时不能耸肩,尽可能使耳触及肩部,向两侧屈头颈可多做几次,动作宜缓慢柔和。

(4)回头望月

头向左转,眼望左后上方,然后头向右转,眼望右后上方。左右各做8次～10次,动作宜协调、柔和、缓慢。

(5)头颈绕环

头颈向顺时针方向绕环4次～6次,然后头颈向逆时针方向绕环4次～6次。动作要柔和、缓慢,活动幅度逐渐增大。

医疗体操每天做2次～3次。

2. 牵引疗法

颈椎病的牵引疗法已被国内外普遍采用,在医生指导下可在家里进行。患者可仰卧位或坐位,如图19-1、图19-2所示,每天牵引1次～3次,每次时间为10～30分钟,总时间约为30～60分钟。牵引的重量从3kg～4kg开始,逐渐增加到体重的1/18～1/10,应根据年龄、颈部肌力情况而定。神经根型的颈椎病患者,在坐位下颈前屈约20度时做牵引的效果更好。一般2周～3周为一疗程,需要时可休息1周～3周后再做牵引。

图19-1　仰卧位牵引疗法

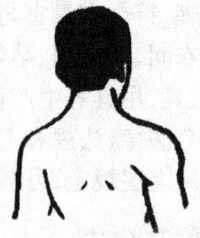
图19-2　坐位牵引疗法

3. 按摩法

(1)擦、揉、捏颈后肌肉和两侧斜方肌,如图19-3所示。

(2)缓慢屈伸、旋转头颈3次～4次。

(3)打八邪。两手十指分开,手指相互交叉,做两手指根相互冲撞动作,如图19-4所示,做3～4分钟。

图19-3　擦、揉、捏颈后肌内

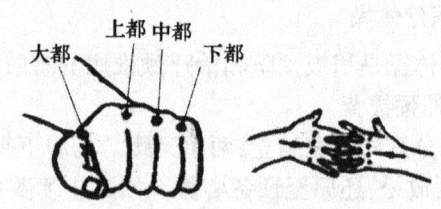
图19-4　打八邪

(二)腰椎间盘突出症的体疗方法

腰椎间盘突出症的体疗方法主要有医疗体操、牵引疗法和按摩法。

1. 医疗体操

医疗体操是积极有效治疗腰椎间盘突出症的实用方法,下面介绍一套医疗体操。

(1)预备姿势:患者仰卧于床上,腰部垫一小枕。

(2) 屈踝运动：四肢放松，两踝关节做尽力屈伸运动，重复 20～30 次。

(3) 交替屈伸腿：左腿用力屈曲，膝关节贴近胸部，随后用力踢腿伸直。左右腿交替，重复 10～18 次。

(4) 举臂挺腰：两手用力后举同时用力挺腰，尽量使腰部抬离床面，重复 10 次。

(5) 交替直抬腿：两腿重复做直腿抬高动作，重复 18 次。

(6) "五点"式挺腰：屈双膝，两手握拳，屈双肘置于体侧，头顶、双肘、双足同时用力尽量抬高腰部，在最高处停留 3 秒复原，重复 10 次。

(7) "三点"式挺腰：两手握拳，屈双肘置于体侧，用头、双肘同时用力抬起腰部，重复 10 次。

(8) 屈膝屈髋：屈两膝用力贴近胸部，双手抱住两膝停留 2 分钟。

(9) 抱膝滚腰：完成抱膝滚腰后，继续用腰作为接触面做前后轻轻晃动，重复 18 次。

2. 牵引疗法

利用自身的重量进行的牵引。患者牵引前，先温水浴（水温 37°，持续 15 分钟）使背肌松弛，然后自我用手掌对脊柱由下而上进行轻缓地推摩。最后床头垫高约 30cm，再在床头上固定两条软带（长度 1.8m，宽度 7～8cm），带中装填棉花，拴套在腋部，利用自身体重进行牵引治疗，如图 19－5 所示。牵引时间开始为每次 30 分钟，若无不适，可逐渐增加到 1～2 小时。如需要增加牵引力量，可在骨盆上部附加腰带，腰带左右两侧各拴两根布带，布带下端各挂－3kg～4kg 的重物，如图 19－6 所示。

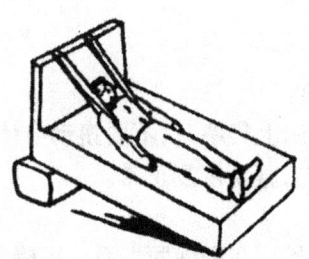
图 19－5　自身体重牵引疗法

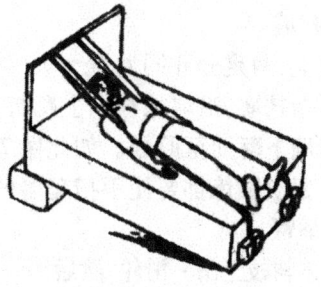
图 19－6　重物牵引疗法

3. 按摩法

(1) 患者俯卧在硬板床上（床面垫上约 2 寸厚的被褥）。先在腰、臀部做擦、揉、滚等，反复多遍，然后用肘尖用力点按臀部环跳穴约 30 分钟。

(2) 擦摩、揉捏患侧大腿、小腿后群肌，用掌根揉小腿外侧部，反复几遍。

(3) 用手指点、按、揉承山、承筋、委中、风市穴各约 30 秒。

(4) 双手拍击臀部、大腿和小腿，反复来回几遍，然后双手五指并拢，用指端自下而上啄击患腿后部及外侧部，反复几遍。

(5) 斜扳法。即对患者先施行腰臀部一般按摩后，患者取右侧卧位，左腿屈曲，右腿伸直。按摩者面对患者而立，首先双肘分别抵住患者上体前部和髂后，然后嘱患者上体慢慢向左后方旋转，当旋转到最大范围时，按摩者双手略施巧力（切忌暴力！），使患者的左臀与左肩做相反方向的轻轻扳动，此时常听到清脆的一声轻响。接着患者取左侧卧位，再做斜扳法一次，方法同前。

(6) 晃背法。做晃背法时，患者直立，按摩者背对背立于患者身后，用双肘勾住患者对肘，用臀部顶住患者腰部，把患者背起离地颠 3 次，然后再左右晃 3 次，再轻轻放下患者。

(三)肩周炎的体疗方法

肩周炎的体疗方法主要有医疗体操和按摩法。

1. 医疗体操

(1)弯腰划圈

双足分开同肩宽站立。

①向前弯腰90°,患侧上肢自然下垂,先做顺时针方向划圈20~30次。

②还原至预备姿势,休息约1分钟。

③再弯腰,患臂沿逆时针方向划圈活动20~30次。

④还原至预备姿势。划圈的幅度逐渐加至最大,划圈的次数也应逐渐增加。

(2)屈肘摸背

双足分开同肩宽站立。

①患臂屈肘置于身后,手背贴在腰部,手指徐徐向上摸背,直至最高限度。

②患臂放松,手指沿背后慢慢落下置于腰部。如此反复做7~8次。

(3)旋转上肢

两足分开同肩宽站立。

①患侧上臂屈肘上举,先由后向前做肩关节旋转运动18~20次。

②再做由前向后旋转运动18~20次。动作应柔和,运动幅度要逐渐增大。

(4)手指爬墙

面对墙而立,两足分开同肩宽。

①患侧手指扶墙,沿墙徐徐向上爬行,直至最高限度。

②手指沿墙下落回至原处。如此做7~8次。手指向上爬墙时,不要扭动身体或提踵,患臂要尽量上举。每次锻炼都要使手指爬墙的高度逐渐增加,直至恢复正常。

(5)滑车举臂

先在门架或树枝上吊一滑轮,然后用一条细绳穿过滑轮后在细绳两端系一短棒。锻炼时,双手握住短棒,以健肢的活动来带动患肩的活动。每次练习3~4分钟,中间可以休息一会。患肩活动要柔和,运动幅度逐渐增加,也要注意用患肩的运动来带动健肢活动,以发展患肩肌肉力量。

2. 按摩

以疼痛为主要表现者,应以按摩为主,配合轻微体操活动;在后期,以肩关节活动障碍为主要表现时,则以医疗体操为主,并配合按摩。按摩的操作步骤与方法大体如下。

(1)患者取坐位。若患肩疼痛时,按摩者用拇指用力点揉下肢的金门、申脉、跗阳、公孙穴各30秒,具有解除痉挛、镇静止痛之效果。

(2)按摩者站在患者身后,用单手揉捏颈后肌肉,反复数遍。

(3)揉、揉捏肩部三角肌、肱二头肌、斜方肌,掌根揉背部肌肉,反复几遍;弹拨肩前肱二头肌腱2~3次;点揉风池、肩髃、肩井、外关等穴。

(4)双手夹住患肩,一手在肩前,另一手在肩后,搓动肩部30秒,然后轻轻拍击患肩20~30下。

(5)按摩者站在患者身后,一手扶住患侧肩部,另一手握住患臂,做肩关节的外展、旋转等被动活动。动作要轻柔,活动幅度逐渐增大,以不引起明显疼痛为宜。

(6)患者取立位。按摩者一手握住患者的手,另一手按住患者肩部,做患肢抖动约1分钟。

抖动的幅度要小,抖动的频率一般较快。

以上按摩每天1次。做完按摩后,嘱咐患者做肩部主动活动或医疗体操,以提高医疗效果。

首次公布职业病

我国中央卫生部从1972年首次公布职业病14种,至1987年公布的规定职业病名单列有:职业中毒81种,尘肺12种,物理因素职业病6种,职业性传染病3种,职业性皮肤病7种,职业性眼病3种,职业性耳鼻喉疾病2种,职业性肿瘤8种,其他职业病7种,共计99种。

我国政府规定诊断为规定职业病的,需由诊断部门向卫生主管部门报告,规定职业病患者,在治疗休息期间,以及确定为伤残或治疗无效而死亡时,按照国家有关规定,享受工伤保险待遇或职业病待遇。有的国家对职业病患者给予经济赔偿,因此,也有称这类疾病为需赔偿的疾病。职业病的诊断,一般由卫生行政部门授权,具有一定专门条件的单位进行。

思考题

1. 阐述2~3种常见职业病的运动疗法?
2. 谈谈预防职业病的重要性?
3. 肩周炎有哪些体疗方法?

第二十章　职业拓展训练

学习目标

1. 了解拓展运动的基础知识。
2. 掌握常见扩展运动的装备、技术等。

第一节　拓展训练概述

一、拓展训练的起源

拓展训练创始人库尔特·汉恩对船员幸存者进行了大量的研究,针对幸存者赖以生存下来的这些品质与特点,研究设计出一些人工设施和利用自然条件,模拟海难发生的情境训练船员,让船员做一些具有心理挑战的活动和项目,以训练他们的心理素质和掌握应对海上危机的生存技能,提高他们在身处险境时的生存能力。经历过这种拓展训练的船员遇险生还的几率明显高于没有经过训练的船员。1934年4月,汉恩建立了一所他理想的学校——戈登思陶恩男校。起初只有2个学员,但这并没有动摇汉恩的决心,由于此后的不断努力,9月份就有了21名学员,不久该校就成了一个非常有名望的学校,此后学校的招生人数稳步增长。

1938年汉恩获得了英国国籍,其后他呼吁英国战争委员会在部队中实行一种训练方式,这种训练能够在几个月里培养士兵在野战或困境中的生存能力,同时在体力、毅力、智慧、沟通、协作等方面提升士兵的素质和能力,从而全面提高军队的战斗力。第二次世界大战爆发后,英国部队征用了戈登思陶恩学校,学校搬迁到威尔士的营部。那时的汉恩一直试图实行一个雄伟的国家计划,即"城郡徽章计划(County Badge Scheme)"来改变年轻人的态度,培养年轻人的身体素质、事业心、韧性以及激情。这个计划与戈登思陶恩学校的大亨劳伦斯·霍尔特的想法不谋而合,经汉恩提议,他们联合力量于1941年在威尔士的阿伯德威成立了一所新型学校,取名Outward Bound学校,这就是拓展训练课程模式的开端。这不是一所针对年轻商船船员的学校,除了霍尔特的公司以及其他轮船公司的年轻职员外,有来自政府用船的年轻船员,还有工厂的学徒、警察、消防员以及军校学员、普通学校放假或者就要参军的男孩子。课程内容是进行为期一个月的培训学习,包括小船驾驶训练、体能训练、越野训练、救援训练、海上探险、穿越山脉的陆地探险,以及对当地居民的服务活动。

在这所学校里,通过在海上、山谷中、遍布湖泊的野山以及沙漠中的磨炼可以得到生活的体验。从最初在阿伯德威的日子开始,Outward Bound一直在发展,但始终没有脱离汉恩和霍尔特的基本理念,即在自然的环境中获得挑战的体验,通过这种体验建立起对个人价值的认知,也会更清楚地意识到人与人之间的相互依靠,以及所有人都要关心和帮助处于困境和危险中的人们。

二、拓展训练的发展

(一)拓展训练国外发展状况

随着社会的进步,当人类进入工业化社会,很多管理者在面对飞快的工作节奏和复杂的人际关系时,往往造成思想保守、情绪焦虑、精神压抑,更为严重的是很多人承受不了压力做出极端的举动。种种现象给企业和个人带来了很大的损失。于是在英国慢慢形成了以培训管理者和企业人为对象、以培训管理者的心理适应能力和管理技能为培训目标的学校。在这些学校里拓展训练的独特创意和训练方式受到青睐,并逐渐被推广开来,训练目标也由单纯体能、生存训练扩展到心理训练、人格训练、管理训练等。

真正将拓展训练推广开来的是美国的马萨诸塞州哈密尔顿维恩哈姆高中的校长皮赫(J. Pieh)。在当时的美国,有一些学校的老师开始对学生进行短期的探险教育。这时拓展训练教育活动还没有被列入正规教学大纲中,仅限于教师个人的尝试和教育实践,内容包括攀爬岩石、绳类活动等拓展训练项目,活动大多以野外活动俱乐部的形式进行,有时也会作为日常教学课程的一部分来进行。皮赫认为,仅仅这样是不够的,他觉得必须将拓展训练活动方法与高中课程紧密结合起来,并开始寻找它们的结合点和结合方法。后经皮赫的努力,获得了联邦教育局长达3年的大规模辅助经费。通过这些辅助经费,他聘请了许多拓展训练活动家作为专家,开始研究并制定新的课程大纲。此后越来越多的教师对此有兴趣并积极参与到这项活动中来。由于教师、专门职员和学校管理人员的广泛介入和支持,使带有拓展训练的新大纲得以更顺利地进行。皮赫将拓展训练的方法应用于学校教育中进行摸索,最终把拓展训练的方法与现存的学校制度结合起来,为教育开辟了新的思路和领域。拓展训练实践活动的大纲出台以后得到了世人的瞩目和好评,1974年拓展训练计划被"全美教育普及网络(NDN)"评选为优秀教育大纲。

1974年以来,在美国高中课程大纲中一直沿用该计划的学校达到90%,直到1982年,专门负责计划普及的工作人员从哈密尔顿维恩哈姆市的学校独立出来,成立了非营利性的团体,开展拓展训练计划的普及工作。他们使普通教育系统以外的团体(大学、基督青年联合会、野外教育设施、企业研修设施等)对引入专门拓展训练计划的热情大大提高,增加专门拓展训练计划的申请也急剧增加。1979年美国的拓展训练专门机构为普及拓展训练开设了拓展训练讲习班,学习拓展训练教学大纲,培养学校的拓展训练专职人员和骨干。此后,又有2000余名心理指导者和养护教师受到了专门的训练。所以1982年以来除了高中以外,发展专门拓展训练计划最快的是养护教育和心理治疗领域。私人疗养设施、预防违禁药物使用的设施、美国各个州郡的青少年康复设施以及精神病医院也对专门拓展训练表现出了极大的关注。

(二)拓展训练国内发展状况

1970年,中国香港成立了香港外展训练学校,是注册慈善和非牟利机构,一直得到香港赛马会慈善信托基金支持,这是中国第一个加入Outward Bound国际组织的专业培训机构,1999年该组织在广东肇庆建立了外展训练基地,是国内第一个该训练组织下属的培训基地。

随着国内拓展训练的普及,参训单位也由最初的外企、MBA学员发展到国企、事业单位,参训学员从高层领导直至普通员工,以及新员工融入培训。1999年,清华大学率先将体验式培训引入到MBA、EMBA的教学体系中,随后北京大学光华管理学院、中欧国际工商学院、中山大学岭南学院、浙江大学、中国工商管理学院、暨南大学等学校的MBA、EMBA教学中也纷纷把拓展训练作为指定课程内容。

拓展训练在近几年的发展中，课程出现了多元化，活动项目也日益丰富，以拓展训练经典的活动项目为主体，结合野外活动、室内活动项目，研发出许多新型项目，有的在其他培训活动、年会、旅游团体活动中穿插拓展训练项目。

拓展训练在培训领域的快速发展也带来了一些潜在的问题：重实践、轻理论的现象较为突出；拓展训练机构参差不齐、良莠难辨；拓展训练收费无物价部门审定，从暴利到价格竞争无所不有；培训师缺乏系统知识的培训，水平难以提高；培训师的资质没有国家权威部门的认证等。可喜的是，国家教育部和国家体育总局已经对拓展训练十分重视，决定在学校公共体育课中加入拓展训练课程。浙江省浙江林学院由原来的野外生活生存课转化为户外拓展训练课，经过两年的教学实践，初步验证拓展训练课对大学生心理、生理、社会适应能力的积极作用，充分开发学生的勇气、才智和激情。这是我国学校拓展素质教育途径的尝试，反过来也必将促进拓展训练正规化、正常化的开展。

第二节　学校拓展训练的特点

在我国，拓展训练创建之初主要是一些高校的成人培训班将它列入课程之中，后来，工商管理学硕士（MBA）正式接受了拓展训练。随着高校教育改革的不断深入，教育部颁布的《全国普通高等学校体育课程教学指导纲要》中，将研究和开发野外生活生存列为我国高等学校体育课程改革的方向之一，并于 2002 年通过湖北省中国地质大学、黑龙江省东北林业大学、浙江省浙江林学院"野外生存训练基地"的野外实验，初步验证了野外生存活动对大学生心理、生理、社会适应能力的积极作用，为在普通高等学校推广这项活动奠定了良好的基础。此后我国许多高校在野外生存课程的基础上开展了不同形式的拓展课程，此课程在学生中引起了极大反响，深受学生们的喜爱。拓展训练是对传统学习模式的探索与发展，以体验式学习方式打破了以"教"为主的教育模式，是一种学习模式的突破，它不是对传统教育的背离与反驳，也不是完全脱离传统学习的纯粹体验，是我们在传统教育与其之间寻找的一种均衡，让学生在愉快、积极的参与中学到知识、领悟道理，以期在自身潜能的挖掘、创新精神、实践能力和促进果敢、顽强、自信、团结等优良品格的形成上达到更好效果。

一、培训领域的拓展与学校拓展的区别

培训领域的拓展主要为企业团队培训服务，为参训团体在团队精神、文化渗透、解决困惑、提高效率和休闲娱乐方面提供帮助。采用短期集训的学习形式，学员大多受所在机构的支持或为授权参训，学习同时注重于锻练团队建设，提高团队练效，参训个体获得自身提高的价值主要表现在未来对组织的帮助上，和所在组织之间有明显的利益关系。

学校拓展是学校学生参加拓展课，主要是为了满足学校的教学目标，学生通过拓展课的学习增长经历和知识，提高个体的全面适应能力，尤其是按照体育课进行选课并参加学习，学习的动机和目标是获得身心全面的健康发展。

培训领域的拓展与学校拓展的区别见表 20 – 1。

表20-1 培训领域的拓展与学校拓展的区别

类别	学校拓展	培训领域拓展	类别	学校拓展	培训领域拓展
对象	学生	企业团队	课程设置	设定教学大纲	按需排列项目
学习时间	学期课程	短期集训	费用开支	免费课程	团队组织支付
组织形式	自愿选课	统一参训	教学基地	校园和专用基地	郊野基地
学习目的	提高个体的全面素质	团队绩效	师资力量	长期固定	随机安排

二、拓展训练课程教学团队与传统体育课程教学班级的区别

团队是指由一群技能互补的人为了完成一定的任务和达到一定的绩效而组成的群体。团队能提升组织的运行效率；增强组织的民主气氛，促进学生参与决策过程，使决策更快速、准确；成员之间的互补技能和经验可以应对多方面的挑战。拓展训练课程的教学方式以团队为单位进行，一个教学班级根据人数的不同分为2~3个团队。传统体育课程教学以班级或小组为单位，虽然也是一个团队，但难以完成个人教学任务或达到一定绩效，与传统体育课中的团队相比，拓展训练中的团队更具有团队的明显特征和优势。在多变的环境中，拓展训练课程教学团队比传统体育课程教学班级的组织更灵活，反应更迅速。团队对于学生在工作学习中有着积极的影响，同时团队对个人也产生着不同的影响，如从众压力、社会助长作用、团队压力、社会标准化倾向。拓展训练课使学生在模拟团队中感受团队的氛围，为以后学生走入社会奠定基础。

三、拓展训练课程中教师的位置与作用

在改革浪潮的推动与冲击下，使我们意识到传统体育课中师生关系方面存在着诸多的问题。因此，突出学生在学习过程中的主体地位是体育教学改革的重要内容之一，但是这种理念往往停留于理论层面，在实际体育教学中学生的主体地位仍很难得到完全地体现。拓展训练课程从根本上改变了教师在体育课程中的地位与作用。

（一）教师在教学过程中是一个组织者、引导者

拓展训练项目内容是为达到某一预期结果而设计的。在教学过程中，教师根据项目内容组织和引导所有学生，在活动过程中提出问题、研究问题、解决问题，使每一个学生能以积极的态度、高涨的情绪、昂扬的斗志去面临每一项任务、克服每一个困难，找出问题的正确答案，在民主的气氛中进行学习，挑战自我、超越自我。

（二）教师在教学过程中是一个中介者

拓展训练的每个项目顺利完成后，教师引导学生进行积极讨论，让学生置身于一些特定的环境或氛围中去体验、与大家一起分享，最后由教师阐释这个项目的深层内涵，并折射到学习、工作和生活中，将拓展训练的理念和具体的每个项目的内涵传递给学生。教学过程中教师在知识与学生之间起纽带作用，教师不仅是知识的拥有者，更是知识的传递者。在当前知识爆炸的年代里，知识更新的周期越来越短，新知识不断涌现，社会对新知识、新技术的需求也越来越高。因此，教师需具备良好的综合素质，将学生所需的、最新的知识经过自己的加工传递给学生，帮助学生获得社会所必需的知识和技能。

（三）教师在教学过程中是一个服务者

体育教学的目标是促进学生健康成长，培养终身体育意识。教师在拓展训练过程中是一个

服务者的角色,负责介绍每个项目的由来、规则、保护器械和装备的正确使用,为学生提供安全保护、解答学生在进行项目活动过程中遇到的问题。教师为项目的进行服务,为学生的安全保障服务,整个活动都是在教师的引导帮助下,学生主动积极地去探索、去发现,让每个学生通过自己的探索和体验,树立一个真实、完整、积极的自我意象,避免了对学生人格塑造单一化的倾向,形成积极向上的生活学习态度,从而有效地促进学生健康心理的形成。

第三节 拓展训练项目简介

一、中低空项目

(一)信任背摔

1. 项目概述

这是一个个人挑战与团队协作项目,名字叫背摔。所有学生都将依次站到背摔台上,背向大家倒下来,下面学生用手臂将他接住,团队的每一个人都要参与,如图20-1所示。

图20-1 背摔

2. 目标

(1)培养学生挑战自我的信心和勇气。

(2)增强学生的责任感。

(3)提高学生团队间的凝聚力。

3. 人数与时间

(1)人员不得少于11人,男学生不得少于5人。

(2)时间90分钟。

4. 场地与器材

(1)各基地背摔场地。

(2)外训场地:约1.4m高背摔台,台前2m×5m较软场地(如草地、软泥地等松软地面)或者在条件允许的情况下配备同样大小的软垫。

(3)捆手绳1根,1.5m高背摔台1个。

5. **组织过程**

(1)人员不得少于11人,男学生不得少于5人。

(2)台上学生:双手胸前交叉绑住,双脚并拢膝盖接近,头部微含,身体保持紧张状态。脚后跟出台1/3,发出口令:准备好了吗?听到确切的回答后大声数1、2、3倒下来。

(3)台下学生:两两相对,双手平伸,掌心、肘窝向上,指尖触及对方身体,双臂自然微曲绷住,4条臂膀平行交错,右脚前弓步脚内侧与对面学生接近,上体保持正直,头向后仰,双眼盯住台上学生的后背,相邻学生双肩相靠形成一个整体,根据学生倒的方向及时调整。当台上学生发出口令后齐声回答:准备好了!接住学生后,先放脚,帮助其站直。

(4)所有人员,取出身上所有硬物,长发女学生把头发放在衣服内,戴眼镜的学生要把眼镜取掉。

(5)队长安排人员,适当对疲劳的学生进行调换。

(6)如有身体不适、体重过重、腰部疾病、高血压等症状事先告之教师。

6. **安全监控**

(1)实际操作前再次确认学生是否按安全要点准备,并且让接人的学生做好动作,教师纠正他们的错误,一切就绪后,教师上到背摔台,开始项目操作。

(2)在整个过程中,应多与学生交流,并注意观察。

①台上学生是否紧张,下方学生的注意力是否紧张。

②台上学生的动作是否安全、规范,并及时给予调整。

③台下学生的动作是否规范,即使给予提醒和调整。

④学生们的参与度。

⑤给予足够的鼓励。

(3)反复强调安全,学生倒下后,强调先放下脚,然后解开捆手绳,换下一个。

(二)电网穿越

1. **项目概述**

在规定的时间之内,所有学生都要依次从网洞中通过,由网的一边到达另一边,中途任何人不得触碰电网,每个网眼只有一次使用机会。其中网眼数大于学生数,如图20-2所示。

2. **目标**

(1)让学生了解如何有效地认识、分配和利用资源。

(2)正确科学的决策制定程序,统一的意见与领导,明确的分工。

(3)科学的团队工作方法,P—D—C—A工作方法的重要性——计划、执行、检查、行动循环的工作程序。

(4)通过身体的亲密接触增进交流,拉近彼此距离。

3. **人数与时间**

(1)15人左右。

(2)60分钟左右。

4. **场地与器材**

(1)两头固定的1.5m×6m的网1张,封网洞用绳若干条。

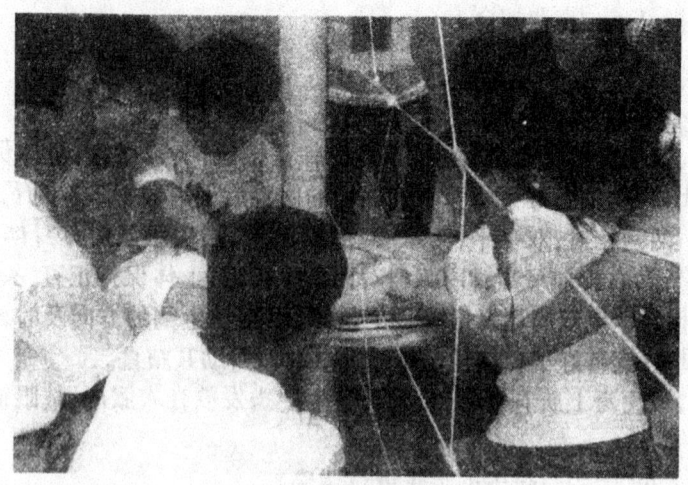

图 20-2 电网穿越

(2)场地平整,没有硬物。

5. 组织过程

(1)前面的是一张无限延伸的高压电网,只能从网洞中通过。

(2)所有人不得在网的两侧帮忙送人,过去的人不可以回来帮忙。

(3)每个网眼只准使用1次。

(4)任何人、物体不得触网、不得用任何工具随意改变网眼的形状,否则该网洞作废。

(5)在整个活动中,如出现危险动作,教师及时制止。

(6)如学生进行抬人,应告知被抬的女士不能正面朝下,另外要求学生在放下被抬的学生时应首先将其腿放下。

6. 注意事项

(1)可用网洞一般为 n+1 个(n=学生人数)。

(2)教师在项目中应向人少方向移动。

(3)封洞时轻而快,不要影响项目进行和监督。

7. 安全监控

(1)保证场地较为平整、松软。

(2)提醒学生将身上所有硬质物品放于整理箱内,特别是眼镜、手机等。

(3)教师要密切关注前两个和最后两个通过者。

(4)不允许蹲越过网,将通过者托起时,任何情况下不得松手或将其抛起。

(5)将通过者托起过网后,必须先将脚放下,然后将其身体扶正。

(6)教师始终要注意站位,保持在人少的一边,腾出双手时刻做好保护准备。

(7)女学生被搬运过网的时候,要求面部向上。

(8)天气寒冷时,提醒学生及时穿好衣服。

(9)注意保护者的安全,坚决制止违反安全规则的行为。

二、地面项目

(一)盲人方阵

1. 项目概述

这是一个团队挑战为主的项目,在今天的经济生活中占有了越来越重要的地位,项目主要凸显有效沟通等。每个学生都戴上眼罩并围站成一圈,教师给学生一根长度适合的绳子或者几根长度适合的绳子。接下来,教师要求团队将绳子分别摆放成各种形状——正三角形、正方形等。同时所有的学生须大致均匀的分布在正几边形的边上,如图20-3所示。

图20-3 盲人方阵

2. 目标

(1)领导在实现团队目标中的重要性,策划、组织、协调是实现目标的重要手段。

(2)培养学生科学的思维方式和对知识的运用能力,感受特殊情况下完成任务的合作方式。

(3)有效的沟通是实现团队目标的必要条件,培养沟通意识,提高沟通技巧。

(4)使学生理解角色定位及尽职尽责完成本职工作的重要性。

(5)体会团队实际上会带来的负面效应:团队的平均智商往往低于团队中个人的智商,这就是所谓的团队智障。

(6)团队在合作时,由于少数服从多数的团队压力的存在,往往使得团队在完成任务的过程中出现很多盲区,从而使得团队合作的效率低下。

3. 人数与时间

(1)人数不少于8人。

(2)30分钟左右。

4. 场地与器材

(1)要求地面平整,周围没有障碍物。

(2)每人一个眼罩。

(3)25m绳子1捆。

5. 组织过程

(1) 任务布置

这是一个团队合作项目,叫盲人方阵。全队人员在不可视的情况下,将教师所提供的几段绳子拉成一个全封闭的、最大的正方形。

(2) 宣布规则

①项目进行中,所有的学生必须带着眼罩,并且不得偷看。

②项目进行中如出现危险情况,教师会及时制止,危险排除后继续进行。

(3) 项目进行中监控学生

①安全监控,排除危险情况。

②是否有人违规,在项目进行时偷看。

③学生是否积极参与并在进行有序地沟通。

④学生在规定时间内认为完成任务,可提出结束,教师在得到信息经确认后,宣布任务结束。

6. 注意事项

(1) 要求地面平整,周围没有障碍物。给学生讲清楚安全要点,严格监督安全操作,保证学生的安全。

(2) 学生戴上眼罩后一定要强令将双手放在胸前或正前,严禁背手行走,严禁打闹疯跑,严禁蹲坐在地上。

(3) 不要让绳子绊倒学生,强调学生不要猛烈甩动绳子以免打伤其他学生的面部。

(4) 避免在暑期烈日下完成任务及在其他天气环境恶劣条件下完成任务。

(5) 布课时强调"一堆绳"、"面积最大"、"正方形"、"人均匀分布"。

(6) 分享回顾的时候不要围绕正方形纠缠不清,尽快让学生联系理论与生活实践回顾分享。

(7) 不宜让学生戴上眼罩走很长距离之后再开始项目,提高班的学生可以验证正方形。

(二) 有轨电车

1. 项目概述

团队挑战为主的项目,挑战学生协调一致、调节协作的能力,提高学生的团队意识。学生两脚分别踩着两根长 3.6m、宽 0.15m 的木板,手提两根与木板连接的绳子,按照教师的命令前进或后退,如图 20-4 所示。

2. 目标

(1) 培养学生获取胜利的信心和勇于向前的精神。

(2) 了解提前演练对于实际工作的价值。

(3) 感受协作的一致性与指挥方式的作用。

(4) 理解个人、小团队、大团队的相互关系。

(5) 体验简单事情复杂做和复杂事情简单做的不同结果。

3. 人数与时间

(1) 12 以上(偶数)。

图 20-4 有轨电车

(2)30 分钟左右。

4. 场地与器材

(1)开阔平整的场地。

(2)两根长 3.6m、宽 0.15m 的木板,有与木板相连的绳结。

5. 组织过程

(1)学生按照轨道上绳的数量站在轨道上,多余的学生做安全保护。听到开始的发令后比赛。赛前练习非常重要。

(2)活动中要保持步调一致,遇到情况及时调整,如果调整不及时出现摔倒状况,手要扔掉绳子,同时大声告诉队友停止前进。

(3)不要把绳子缠绕在手上,失去平衡的时候要把脚向两侧踏,不要向中间。

(4)人数多的时候建议一名教师负责一套电车,教师讲解要重点突出、语意清楚、反馈及时,确保学生清楚规则。

(5)首先分开练习,然后比赛。没有参与的学生一定要做好保护,同时注意观察自己队伍有什么问题及时改进。

(6)如果有指挥,最好是参加的学生指挥,不要在不默契的时候由旁观学生指挥。

6. 安全监控

(1)学生有严重的外伤史的或者不适合做剧烈运动的可以不做此项目。开始前需问清楚。

(2)尽量安排在平整的场地。

(3)避免学生在操作的过程中速度过快,如果安排拐弯,拐弯处要防止侧滑。

(4)教师一定要在离学生 1.5m 左右观察以做好安全防护准备。

(5)有人失去平衡或者倒地后其他学生不要剧烈提放电车,倒地学生不要用手扶电车。

(6)注意拐弯或者设计特殊路段的运用。

(三)雷阵

1. 项目概述

一个团队挑战为主的项目,所有人尝试着穿越一片雷区。当我们一名学生遇到雷返回后另外的学生接着上去,直到最后探索到一条没有雷的路走出来。很容易做的事有时候也会难倒很多人,如图20-5所示。

图20-5 雷阵

2. 目标

(1)突破思维定式,走出理性盲区、培养创新意识。

(2)培养善于吸取经验教训,少走弯路的能力。

(3)善于利用工具与资源。

(4)经验与修整。

(5)善于学习、尤其向别人学习。

3. 人数与时间

(1)8~12人左右。

(2)30~45分钟左右。

4. 场地与器材

雷阵图1张,上面的格子内有数字1~120,其中1~12为人口,109~120为出口,两侧有两片空白区域为悬崖峭壁不可穿越,空白边缘的黄区可穿越——整个雷区其实是封闭的,只有通过黄区才能走出,但事先并不告知学生,所有人必须从入口进入,从出口出来。

5. 组织过程

(1)蓝线内为雷区。

(2)全队人必须依次进行,允许从1~12号任意一个格子进入雷区,只允许走相邻的格子;每走一步必须报数然后听命令行进;①无雷请继续前进;②有雷请按原路返回;返回的人退回队尾。

(3)几种违例现象提示:不可试探、不可重复触雷、不可踩线、不可跨越。

(4)每违例一次扣1分,总分100分。

6. 安全监控

(1)控制场面很重要,使学生认真、投入,遵守纪律和项目要求。

(2)学生作标记时,要禁止其在雷阵图上面划痕迹,不易去掉。
(3)项目结束后教师应及时带领学生将场地上的标记物清除干净。
(4)不要过早地将路封住,可以作适当调整。

(四)履带战车

1. 项目概述

通称无敌风火轮,给每队学生一定量的报纸和一卷胶带,工具剪刀一把,不能借助其他材料。30分钟内完成一个大的履带,最后比赛。比赛时所有的学生站在履带上,开动履带前进。先到者为胜利队。在比赛过程中,如果履带断裂或有学生的脚接触地面,将接受教师相应的惩罚,如图20-6所示。

图20-6 履带战车

2. 目标

(1)培养学生的动手能力,让每一位学生参加共同制作自己队的"风火轮战车"。
(2)提高学生对事物的认知,尤其是不熟悉的事物的判断。
(3)学会规划,根据不同的环境、条件、限制因素等完成布置的任务。
(4)合理利用有限资源,不浪费也不能不够用,将活动的准备工作做到最好。
(5)人员协调,合理分工,检测试验等都必然要提高。

3. 人数与时间

(1)人数不少于8人。
(2)45分钟左右。

4. 场地与器材

(1)开阔平整的场地。
(2)剪刀2把、报纸30张、透明大胶带2卷。

5. 组织过程

(1)全体学生利用现有的报纸或其他纸张,两卷透明胶带,两把工具剪刀。在20分钟内制作完成一副"履带"。

（2）制作的"履带"，也就是"风火轮战车"要可以容下全队学生在里面，并且能开动起来。

（3）设定比赛区域，所有的"风火轮战车"齐头待发，当所有的"风火轮战车"上的学生都准备好以后，开始比赛。

（4）比赛过程中，所有人脚不得触地，每触地一次自己队的"风火轮战车"罚停10秒。如果中途有哪队"风火轮战车"坏了，可以停下来修补，但是计时不停。

（5）教师在控制比赛的同时，控制现场的安全。

（6）适当的让比赛有点戏剧性，教师可以控制一下比赛结果和比赛过程。

（7）教师随时注意观察和记录学生的表现，选择一两个代表性的记录下来，以备分享和点评。

6. 安全监控

（1）保证场地较为平整、松软。

（2）提醒学生将身上所有硬质物品放于整理箱内，特别是眼镜、手机等。

（3）注意安全，提醒学生剪刀不要随便乱丢乱放，严禁用剪刀对准人，用后迅速归还给道具教师。

（4）比赛完后，提醒学生将用完的报纸和用后的"战车"丢到就近的垃圾桶，杜绝留下垃圾。

（五）齐心协力

1. 项目概述

在规定的20分钟之内，各组先派出两名学生背靠背坐在地上，两人双臂相互交叉，合力使双方一同站起来，成功后每组每次增加一人，直到所有学生一同站立起来，如图20-7所示。

图20-7 齐心协力

2. 目标

（1）培养学生相互配合协作的能力。

（2）培养学生有效沟通的能力。

3. 人数与时间

(1)6人以上。

(2)20分钟左右。

4. 场地与器材

开阔平整的场地一块。

5. 组织过程

(1)在比赛过程中学生都必须完全坐下且相邻同伴的手臂必须相挽,否则均视为无效。

(2)每次成功后都只能增加1名学生,不得多加,否则视为无效。

(3)全体成员起来的节奏要一致,不能出现依次感,否则均视为无效。

(4)在比赛过程中学生不要搭肩进行,以免关节脱臼;站起来时避免手臂松脱,朝下跌倒;同时要做好自我保护。

(5)各组必须在规定时间之内完成,如未完成,教师可以采取相应惩罚措施。

6. 安全监控

(1)保证场地较为平整、松软。

(2)提醒学生将身上所有硬质物品放于整理箱内,特别是眼镜手机等。

(3)提醒学生不能搭肩进行,以免脱臼。

(六)信任之旅

1. 项目概述

团队协作与配合的项目,主要磨炼和提升学生之间的信任度和关心度。缓解压力,降低距离感。所有学生在戴上眼罩的情况下,由引导员引导,走完一段荆棘的道路,如图20-8所示。

图20-8 信任之旅

2. 目标

(1)培养团队学生的沟通能力,提高沟通技巧。了解多种沟通的方式,在特殊情况下,学会用不同的沟通方式。

(2)友爱的满足,协作的必要,感受互相帮助与关爱。

(3)体验信任对于我们完成任务的作用,在信任别人的同时给别人以信任。
(4)理解与误解,对待他人的态度、方式。
(5)换位思考意识,感谢与帮助,增强团队内部的融洽。

3. 人数与时间
(1)10人以上(成偶数)。
(2)45分钟左右。

4. 场地与器材
(1)布有障碍物的跑道或者崎岖小路。
(2)眼罩若干(视每组人数而定)。

5. 组织过程
(1)信任之旅,团队合作项目。我们是一群盲人朋友,需要共同通过一段荆棘的路途。活动中必须戴好眼罩。
(2)选定一名学生做引导员,一名学生做安全监督员。要求引导员和安全监督员有一定的表达能力、做事认真、有责任感。对引导员和安全监督员做特别交代,严格按项目规则完成任务,保证全体学生安全。
(3)全体学生3分钟内可以讲话,但是3分钟后不能发出任何声音直到项目完成。活动中,严格按照规则挑战,学生不得摘下眼罩,不得在禁声时间讲话,否则将受处罚。
(4)"盲人"依次牵手或者把手搭在前一名学生的肩上,引导员在最前面,负责总的行进速度及安全肢体语言提示。路径长度尽量设置在200~300m,障碍的个数最好是7~10个。
(5)随时提醒学生注意安全,每到一处障碍,教师就要站在障碍处等待帮忙。
(6)对表现不够好的学生多做一些鼓励和安慰,提醒引导员不要催促学生,不要急于求成。
(7)安全监督员在不放出声音和不干扰学生的情况下,监督队伍中等待或者移动的学生。保证安全。

6. 安全监控
(1)要求道路平坦,地面平整,障碍物明显,不要设置尖锐障碍物,教师提前排除路中可能存在的危险因素。
(2)提醒和督促学生戴上眼罩后不要随意移动,引导员严禁有意加大难度或者打闹玩笑。
(3)关注戴眼罩学生的安全,尤其是过障碍物的时候,随时监控。
(4)引导员在束手无策时给予鼓励,出现急躁情绪给予语言安慰,使其保持必胜的信念。
(5)可以适当的提示信息,指令发出之后需要学生完全接受并作出判断之后再发下一条指令。

第四节 拓展训练的风险与安全意识

一、拓展训练的风险意识

我们谈目标管理先是一个目标,然后再朝着这个方向去发展、去探索。而拓展训练则不然。在未参加拓展训练之前,总会有一部分学习者对于学习目标不是很明确。究竟什么是拓展,拓展训练有什么益处?这个模糊的概念也就成了拓展训练风险的基础。

再看拓展训练的活动设计，几乎每一个活动都是建立在心理挑战基础之上的。每一次拓展训练中也都无一例外会出现心理障碍无法过关的学习者，这就成了拓展训练风险中的一部分。

除了心理挑战之外，拓展训练还需要学习者有足够的体力去完成。如果勉强行动，就会出现一些安全隐患。拓展训练的诞生是以人的生命价值为基础的，一旦出现安全事故，对学习者的生命造成危害，后果不堪设想。这恐怕是拓展训练的最高风险了。

除了上述的因素之外，场地设备不完美、安全措施不齐全、拓展基地工作人员的疏忽、指导人员的误导、恶劣的天气等都会造成安全隐患。无论风险值的大小和体力消耗的大小如何，参加学习的人看重的是培训的意义和价值。一场好的拓展训练，必须以其最终的教育意义作为评估基础。

按照拓展项目的风险值可分为高、中、低3个等级。

当风险与安全在我们的头脑中出现时，一些人会以为"安全"是一个实实在在的概念，而"风险"是一个模糊的假设。事实上，两者完全相反。风险总是存在于拓展训练之中，而真正的安全只存在于假想的情形中。因此，存在的风险是事实，绝对的安全是臆想。必须清醒地认识这个关系，只有认识到风险的存在，才能努力将它降到最低。

拓展训练活动中没有绝对的安全。风险一直在我们身边，稍不留神就会出现。活动组织机构和拓展老师应该仔细地检查自己的书面和口头语言，尤其要注意"安全"一词的运用方式，而事实上许多组织机构和拓展老师喜欢回避"风险"这个术语，因为当讨论风险问题时，他们害怕可能会对活动的签订与制订带来影响。"绝对的安全显然是不可能的"，如果不能够坦诚与之交流，一旦承诺这种活动，"绝对安全"就意味着自找麻烦，因为这不仅加大了你犯错的机会，也会给学员造成错觉。这就是为什么要直面风险的重要性，不要回避风险，在了解风险的情况下，让受训方自己选择参与与否。组织者所能做到的只能是按照规范操作，避免风险出现时手足无措。

应对风险的安全实践，就是采用标准的操作方式，把风险的可能降到最低，或者将风险挡在转化为事故的门外。当然，可以接受的风险是主观的，也会因人而异，不同的价值观，不同的个人规避风险的能力，对同一等级的风险有不同的判断。应对风险的实践要通过不断的回顾发展演变，建立在实际经历和其他包括研究实例和法庭决断的经历之上。

风险的存在也是拓展训练的魅力之一，体验风险并将它抛在身后的感觉很惬意。尽管风险存在，但它却吸引越来越多的人参与其中，尤其是人们感到很脆弱或者感觉危险时，战胜风险，重归安全的感觉是极其美妙的。从社会学的角度来看，在风险活动中追求安全成为越来越有价值的目标。

安全的挑战是参加者经历的一个方面，努力将风险转为安全，才能成功地体验。了解到承担风险有潜在的积极效果，对于拓展训练来说，虽然没有想象中重要，至少也有同样去关注的意义。真正的安全也绝不能通过遵循固定的法则来实验，只能采取随机应变，依据变动的因素实现安全预案。因此，应对风险时"安全预案"的灵活运用是非常重要的。

二、拓展训练的安全意识

安全工作是拓展训练中的一件大事，拓展训练的机构、训练教师和学员都必须绷紧"安全"这根弦，要把"安全"二字放在重要的位置。没有安全就谈不上拓展训练的效果。

初次接触拓展训练许多人顾虑活动是否安全，即使组织方就此做了一些承诺，安全的疑虑也会伴随着学员们直到课程结束。拓展训练中的空中单杠、垂直速降、高空断桥、信任背摔等到项目的确让人觉得很危险，但活动本身侧重的其实是心理挑战，只要操作合理，在安全方面可以获得充分的保障。不过从另一层意义上讲,学员对安全有所顾虑,对训练的实施与安全管理都是有益的,在设计这类课程时应当有所考虑。

我国现有的拓展训练中,课程的设计已经降低了活动的风险性,在这种具有风险的行业里,由于对其安全问题的认知程度与操作规范程度都处于较高水准,事故率处于较低的状态。但是并不能就此放松警惕,我们必须清楚地知道,一旦拓展训练出现事故,其伤害程度较大,后果较严重,给受伤者身心造成的不良影响更深。

美国挑战课程技术协会(ACCT)有专门负责此类安全标准的设定和规范。从支持性结构中的树木、圆柱、建筑物,以及系统的材料与质量、螺钉的联结、钢索的淘汰期乃至安全带、头盔、绳索等相关器材,都有严格标准。由于拓展训练在我国尚处于初级阶段,目前国内尚没有专门规范这类安全标准的组织。目前,我国主要是参照登山行业的安全标准。为促使拓展训练的良性发展,出于规范行业、维护声誉的需要,国内的一些户外拓展训练机构一直在努力促成训练基础的安全标准制定。拓展训练不久前已被列为我国的正式体育竞技项目,由登山协会进行管理。2006年国家体育总局已委托部分拓展训练的培训机构和体育院校的研究机构共同研制了拓展训练的行业标准与安全标准。中国拓展训练必将逐步走向规范化。

拓展训练创始人——德国籍教育学家库尔特·汉恩

拓展训练创始人——德国籍教育学家库尔特·汉恩(Kurt Hahn,1886—1974年),出生于柏林的一个有地位的犹太家庭,从小喜欢远足探险,探险过程中磨炼了他坚强的意志,成长的阅历使他得到一个深刻体会:学医要从解剖开始,学农要从种植开始,学哲学要从辩论开始,一切知识来源于实践,经验来自于亲身体验,有了亲身体验就会获得长久的记忆,甚至终身不忘。后来,库尔特·汉恩构想着将来建一所学校,以"从做中学"的理念来实现他的愿望,他希望在这个学校里思想和行动不再对立,这些思考对他后来的思想有着重要影响。

思考题

1. 简述拓展训练的起源。
2. 简述学校拓展训练的特点。
3. 组织同学们一起练习中低空、地面项目中的扩展项目。
4. 简述拓展训练的风险与安全意识。

附录一 《国家学生体质健康标准》的内涵与实施办法

一、《国家学生体质健康标准》的内涵

（一）为贯彻落实健康第一的指导思想，切实加强学校体育工作，促进学生积极参加体育锻炼，养成良好的锻炼习惯，提高体质健康水平，特制定本标准。

（二）本标准是《国家体育锻炼标准》的有机组成部分，是《国家体育锻炼标准》在学校的具体实施，是国家对学生体质健康方面的基本要求，适用于全日制小学、初中、普通高中、中等职业学校和普通高等学校的在校学生。

（三）本标准从身体形态、身体机能、身体素质和运动能力等方面综合评定学生的体质健康水平，是促进学生体质健康发展、激励学生积极进行身体锻炼的教育手段，是学生体质健康的个体评价标准。

（四）本标准将测试对象划分为以下组别：小学一、二年级为一组，三、四年级为一组，五、六年级为一组，初、高中每年级各为一组，大学为一组。

小学一、二年级组和三、四年级组测试项目分为三类，身高、体重为必测项目，其他两类测试项目各选测一项。小学五、六年级组，初、高中各组，大学组测试项目均为五类，身高、体重、肺活量为必测项目，其他三类测试项目各选测一项。

选测项目每年由地（市）级教育行政部门、高等学校在测试前两个月确定并公布。选测项目原则上每年不得重复。

（五）学校每学年对学生进行一次本标准的测试，本标准的测试方法按《国家学生体质健康标准解读》（人民教育出版社出版）中的有关要求进行。

（六）本标准各评价指标的得分之和为本标准的最后得分，满分为100分。根据最后得分评定等级：90分及以上为优秀，75～89分为良好，60～74分为及格，59分及以下为不及格。学生体质健康标准成绩每学年评定一次，按评定等级记入《国家学生体质健康标准登记卡》。学生毕业时体质健康标准的成绩和等级，按毕业当年得分和其他学年平均得分各占50%之和进行评定。因病或残疾免予执行本标准的学生，填写《免予执行（国家学生体质健康标准）申请表》。

（七）本标准由教育部负责解释。

二、《国家学生体质健康标准》实施办法

（一）《国家学生体质健康标准》（以下简称《标准》）的实施工作在教育部、国家体育总局的领导下，由各级教育行政部门管理，体育行政部门指导，学校组织实施。

（二）《标准》的组织实施工作在校长领导下，由学校体育教研部门、教务部门、校医院（医务室）、学工部门、辅导员（班主任）协同配合共同组织实施。《标准》的测试应与学生的健康体检有机结合，避免重复测试。学生的《标准》测试成绩按评定等级记入《国家学生体质健康标准登

记卡》，小学列入学生成长记录或学生素质报告书，初中以上学校列入学生档案（含电子档案），作为学生毕业、升学的重要依据。对达到及格以上成绩的学生颁发证章。《标准》的实施工作记入教师的教学工作量。

（三）学生《标准》测试成绩达到良好及以上者，方可参加三好学生、奖学金评选；成绩达到优秀者，方可获体育奖学分。《标准》成绩不及格者，在本学年度准予补测一次，补测仍不及格，则学年《标准》成绩为不及格。普通高中、中等职业学校和普通高等学校学生毕业时，《标准》测试的成绩达不到50分者按肄业处理。

（四）因病或残疾学生，可向学校提交免予执行《标准》的申请，经医疗单位证明，体育教学部门核准后，可免予执行《标准》，并填写《免予执行＜国家学生体质健康标准＞申请表》，存入学生档案。对确实丧失运动能力、免予执行《标准》的残疾学生，仍可参加三好学生、奖学金评选，毕业时《标准》成绩可记为满分，但不评定等级。

（五）认真上好体育课、积极参加体育活动、每天锻炼时间达到一小时者，奖励5分，计入学年《标准》总成绩。

（六）属下列情况之一者，其《标准》成绩记为不及格，该学年《标准》成绩最高记为59分：

1. 评价指标中400米（50米×8往返跑）、1000米跑（男）、800米跑（女）、台阶试验的得分达不到及格者；

2. 体育课无故缺勤，一学年累计超过应出勤次数1/10者。

（七）各地、各学校在实施《标准》时要树立"安全第一"的指导思想，健全各项安全保障制度，落实安全责任制，加强对场地、器材、设备的安全检查。要认真做好学生的体检工作，对生病学生实行缓测或免测。

（八）全国各级各类学校每年均直接将本校各年级《标准》测试数据，通过中国学生体质健康网（网址中文域名：中国学生体质健康网，英文域名：WWW.csh.edu.cn），报送至教育部"国家学生体质健康标准数据管理系统"，上报数据的时间为每年9月1日至12月31日，上报测试数据的工具软件，由学校在中国学生体质健康网上免费下载使用。

（九）高职、高专类学校参照有关要求执行。

（十）教育部每年公布各省、自治区、直辖市实施《标准》的基本情况；每学年对教育部直属高校本科新生《标准》测试结果，按生源所在地进行统计，并以省、自治区、直辖市为单位进行公布。

（十一）各地教育、体育行政部门对本地各级各类学校实施《标准》的情况，要认真检查监督。要将《标准》的实施情况纳入各级政府教育督导内容和评估指标体系，并作为对各级各类学校进行评优、表彰的基本依据。对弄虚作假、徇私舞弊者，给予通报批评，情节严重者，给予行政处分。

（十二）为保证《标准》测试数据的科学性、准确性，各地、各学校招标、选用的《标准》测试器材必须是经国家认证认可监督管理委员会批准的相关认证机构认证合格的产品。

（十三）本办法由教育部负责解释。

附录二 《国家学生体质健康标准》测试的目的和操作方法

一、《国家学生体质健康标准》测试内容与分值（大学部分）

组别	评价指标（测试项目）	分值	备注
大学各年级	身高标准体重	10	必测
	肺活量体重指数	20	必测
	1000米跑（男）、800米跑（女）、台阶试验	30	选测一项
	坐位体前屈、掷实心球、仰卧起坐（女）、引体向上（男）、握力体重指数	20	选测一项
	50米跑、立定跳远、跳绳、篮球运球、足球运球、排球垫球	20	选测一项

注：身高标准体重测试项目为身高、体重，肺活量体重指数测试项目为肺活量，握力体重指数测试项目为握力。

二、《国家学生体质健康标准》的操作方法

（一）必测项目

1. 身高

（1）测试目的

测试学生身高，与体重测试相配合，评定学生的身体匀称度，评价学生生长发育的水平及营养状况。

（2）测试方法

受试者赤足，立正姿势站在身高计的底板上（上肢自然下垂，足跟并拢，足尖分开成60度角）。足跟、骶骨部及两肩胛区与立柱相接触，躯干自然挺直，头部正直，耳屏上缘与眼眶下缘呈水平位。测试人员站在受试者右侧，将水平压板轻轻沿立柱下滑，轻压于受试者头顶。测试人员读数时双眼应与压板水平面等高进行读数，记录员复述后进行记录。以厘米为单位，精确到小数点后一位。测试误差不得超过0.5厘米。

（3）提防事项

①身高计应选择平坦靠墙的地方放置，立柱的刻度尺应面向光源。②严格掌握"三点靠立柱"、"两点呈水平"的测量姿势要求，测试人员读数时两眼一定与压板等高，两眼高于压板时要下蹲，低于压板时应垫高。③水平压板与头部接触时，松紧要适度，头发蓬松者要压实，头顶的发辫、发结要放开，饰物要取下。④读数完毕，立即将水平压板轻轻推向安全高度，以防碰坏。⑤测量身高前，受试者应避免进行剧烈体育活动和体力劳动。

2. 体重

（1）测试目的

测试学生的体重,与身高测试相配合,评定学生的身体匀称度,评价学生生长发育的水平及营养状况。

（2）测试方法

测试时,杠杆秤应放在平坦地面上,调整0点至刻度尺水平位。受试者赤足,男性受试者身着短裤;女性受试者身着短裤、短袖衫,站在秤台中央。测试人员放置适当砝码并移动游标至刻度尺平衡。读数以千克为单位,精确到小数点后一位。记录员复诵后将读数记录。测试误差不超过0.1千克。

（3）提防事项

①测量体重前受试者不得进行剧烈体育活动或体力劳动。②受试者站在秤台中央,上下杠杆秤动作要轻。③每次使用杠杆秤时均需校正。测试人员每次读数前都应校对砝码标重以避免差错。

3. 肺活量

（1）测试目的

测试学生的肺通气功能。

（2）测试方法

房间通风良好;使用干燥的一次性口嘴(非一次性口嘴,则每换测试对象需消毒一次,每次一人时将口嘴下倒出唾液并注意消毒后必须使其干燥)。肺活量计主机放置平稳桌面上,检查电源线及接口是否牢固,按工作键液晶屏显示"0"即表示机器进入工作状态,预热5分钟后测试为佳。

首先告知受试者不必紧张,并且要尽全力,以中等速度和力度吹气效果最好。令被测试者面对仪器站立、手持吹气口嘴,面对肺活量计站立试吹1至2次,首先看仪表有无反应,还要试口嘴或鼻处是否漏气,调整口嘴和用鼻夹(或自己捏鼻孔);学会深吸气(避免耸肩提气,应该象闻花式的慢吸气)。受试者进行一两次较平日深一些的呼吸动作后,更深地吸一口气,屏住气向口嘴处慢慢呼出至不能再呼为止,防止此时从口嘴处吸气,测试中不得中途二次吸气。吹气完毕后,液晶屏上最终显示的数字即为肺活量毫升值。每位受试者测三次,每次间隔15秒,记录三次数值,选取最大值作为测试结果。以毫升为单位,不保留小数。

（3）提防事项

①电子肺活量计的计量部位的通畅和干燥是仪器准确的关键,吹气筒的导管必须在上方,以免口水或杂物堵住气道。②每测试10人及测试完毕后用干棉球及时清理和擦干气筒内部。严禁用水、酒精等任何液体冲洗气筒内部。③导气管存放时不能弯折。④定期校对仪器。

（二）选测项目

1. 800米跑或1000米跑

（1）测试目的

测试学生耐力素质的发展水平,特别是心血管呼吸系统的机能及肌肉耐力。

（2）测试方法

受试者至少两人一组进行测试,站立式起跑。当听到"跑"的口令后开始起跑。计时员看到旗动开表计时,当受试者的躯干部到达终点线垂直面时停表。以分、秒为单位记录测试成绩,不计小数。

(3)提防事项

①受试者测试最好穿运动鞋或平底布鞋,赤足亦可。但不得穿钉鞋、皮鞋、塑料凉鞋。②发现有抢跑者,要当即召回重跑。③如遇风时一律顺风跑。

2. 台阶测试

(1)测试目的

测试学生在定量负荷后心率变化情况,评价学生的心血管机能。

(2)测试方法

初中、高中和大学各年级男生用高40厘米台阶(或凳子),初中、高中和大学各年级女生及小学五、六年级男女生用高35厘米的台阶(或凳子)做踏台上、下运动。测试前测定安静时的脉搏,然后受试者做轻度的准备活动,主要是活动下肢关节。上、下台阶(或凳子)的频率是30次/分,因而节拍器的节律为120次/分(每上、下一次是四动)。受试者按节拍器的节律完成试验。

被测试者从预备姿势开始,①被测试者一只脚踏在台阶上;②踏台腿伸直成台上站立;③先踏台的脚先下地;④还原成预备姿势。用2秒上、下一次的速度(按节拍器的节律来做)连续做3分钟。做完后,保持静止休息状态,测量运动结束后的1分钟至1分半钟、2分钟至2分半钟、3分钟至3分半钟的3次脉搏数。并用下列公式求得评定指数,计算结果包含有小数的,对小数点后的1位进行四舍五入取整进行评分。

评定指数 = 踏台上、下运动的持续时间(秒) × 100/2 × (3次测定脉搏的和)

(3)提防事项

①心脏有病的学生不能参加测试。②按2秒上、下一次的节律进行。当受试者跟不上节奏时应及时提醒,如果三次跟不上节奏应停止测试,以免发生伤害事故。③上、下台阶时,膝、髋关节都应伸直。④被测试者不可自己测量脉搏。⑤如果受试者不能完成3分钟的负荷运动,以实际上下台阶的持续时间进行计算,计算公式同上。

3. 坐位体前屈

(1)测试目的

测量学生在静止状态下的躯干、腰、髋等关节可能达到的活动幅度,主要反映这些部位的关节、韧带和肌肉的伸展性和弹性及学生身体柔韧素质的发展水平。

(2)测试方法

受试者两腿伸直,两脚平蹬测试纵板坐在平地上,两脚分开约10~15厘米,上体前屈,两臂伸直前,用两手中指尖逐渐向前推动游标,直到不能前推为止。测试计的脚蹬纵板内沿平面为0点,向内为负值,向前为正值。记录以厘米为单位,保留一位小数。测试两次,取最好成绩。

(3)提防事项

①身体前屈,两臂向前推游标时两腿不能弯曲。②受试者应匀速向前推动游标,不得突然发力。

4. 掷实心球

(1)测试目的

测试学生的上肢爆发力,适用于小学三年级以上学生。
（2）测试方法
测试时受试者站在起掷线后,两脚前后或左右开立,身体面对投掷方向,双手举球至头上方稍后仰,原地用力把球投向前方掷出。如两脚前后开立投掷,当球出手的同时后脚可向前迈出一步,但不得踩线。每人投掷三次,记录其中成绩最好的一次。记录以米为单位,取一位小数。丈量起掷线后缘至球着地点后缘之间的垂直距离。为了准确丈量成绩,应有专人负责观察实心球的着地点。
（3）提防事项
①受试者需原地投掷,不得助跑。②球必须从肩上方投出。③如受试者前后开立投掷,当球出手的同时后脚可向前迈出一步,但不得踩线。④发现踩线等犯规时,则此次成绩无效。三次均无成绩者,应允许再投,直至取得成绩为止。

5. 仰卧起坐
（1）测试目的
测试学生的腹肌耐力。
（2）测试方法
受试者仰卧于垫上,两腿稍分开,屈膝呈90度角左右,两手指交叉贴于脑后。另一同伴压住其踝关节,以固定下肢。受试者坐起时两肘触及或超过双膝为完成一次。仰卧时两肩胛必须触垫。测试人员发出"开始"口令的同时开表计时,记录1分钟内完成次数。1分钟到时,受试者虽已坐起但肘关节未达到双膝者不计该次数,精确到个位。
（3）提防事项
①如发现受试者借用肘部撑垫或臀部起落的力量起坐时,该次不计数。②测试过程中,观测人员应向受试者报数。③受试者双脚必须放于垫上。

6. 引体向上
（1）测试目的
测试学生的上肢肌肉力量的发展水平。
（2）测试方法
受试者跳起双手正握杠,两手与肩同宽成直臂悬垂。静止后,两臂同时用力引体(身体不能有附加动作),上拉到下颌超过横杠上缘为完成一次。记录引体次数。
（3）提防事项
①受试者应双手正握单杠,待身体运动后开首测试。②引体向上时,身体不得做大的摆动,也不得借助其他附加行动撑起。③两次引体向上的隔断时间跨越10秒停止测试。

7. 握力
（1）测试目的
测试学生上肢肌肉力量的发展水平。
（2）测试方法
受试者两脚自然分开成直立姿势,两臂自然下垂。一手持握力计全力紧握(此时握力计不能接触受试者的衣服和身体),记下握力计指针的刻度(或握力器所显示的数字)。用有力手握两次。取最大值,以公斤为单位,保留1位小数。

(3)提防事项

保持手臂自然下垂姿势,手心向内,不能触及衣服和身体。

8. 50米跑

(1)测试目的

测试学生速度、灵敏素质及神经系统灵活性的发展水平。

(2)测试方法

受试者至少两人一组测试。站立起跑,受试者听到"跑"的口令后开始起跑。发令员在发出口令同时要摆动发令旗。计时员视旗动开表计时,受试者躯干部到达终点线的垂直面停表。以秒为单位记录测试成绩,精确到小数点后一位,小数点后第二位数按非零进1原则进位,如10.11秒读成10.2秒记录之。

(3)提防事项

①受试者测试最好穿运动鞋或平底布鞋,赤足亦可。但不得穿钉鞋、皮鞋、塑料凉鞋。②发现有抢跑者,要当即召回重跑。③如遇风时一律顺风跑。

9. 立定跳远

(1)测试目的

测试学生下肢爆发力及身体协调能力的发展水平。

(2)测试方法

受试者两脚自然分开站立,站在起跳线后,脚尖不得踩线(最好用线绳做起跳线)。两脚原地同时起跳,不得有垫步或连跳动作。丈量起跳线后缘至最近着地点后垂直距离。每人试跳三次,记录其中成绩最好一次。以厘米为单位,不计小数。

(3)提防事项

①发现犯规时,此次成绩无效。三次试跳均无成绩者,应允许再跳,直至取得成绩为止。②可以赤足,但不得穿钉鞋、皮鞋、塑料凉鞋参加测试。

10. 跳绳

(1)测试目的

测试学生的下肢爆发力和身体协调能力。

(2)测试方法

两人一组,一人测试,一人记数。受试者将绳的长短调至适宜长度,听到开始信号后开始跳绳,动作规格为正摇双脚跳绳,每跳跃一次且摇绳一回环(一周圈),计为一次。听到结束信号后停止,测试员报数并记录受试者在1分钟内的跳绳次数。测试单位为次。

(3)提防事项

①小学低年级学生参加跳绳测试时,应由教师计数。②测试过程中跳绳拌脚,除该次不计数外,应继续进行。

11. 篮球运球

(1)测试目的

测试学生综合身体素质和篮球基本技能水平。测试年级为小学五、六年级及初中、高中、大学各年级。

(2)测试方法

受试者在起点线后持球站立,听到出发口令后,单手运球依次过杆,高中学生和大学生每次过杆时需换手运球。发令员发令后开表计时,受试者与球均返回起终点线时停表。每名受试者测两次,记录其中成绩最好一次。以秒为单位记录测试成绩,精确到小数点后1位,小数点后第2位数按非零进1原则进位。

(3)提防事项

①测试中篮球脱手后,如球仍在测试场地内,受试者可自行捡回,并在脱手处继续运球,不停表。②测试过程中出现以下现象均属犯规行为,取消当次成绩:出发时抢跑、运球过程中双手同时触球、膝盖以下部位触球、漏绕标志杆、碰倒标志杆、人或球出测试区域、未按图示要求完成全程路线、通过终点时人球分离等。③受试者有两次测试机会,两次犯规无成绩者可再测直至取得成绩。

12. 足球运球

(1)测试目的

测试学生足球基本技能水平,测试年级为中学和大学各年级。

(2)测试方法

受试者站在起点线后准备,听到出发口令后开始向前运球依次过杆,不得碰杆。受试者和球均越过终点线即为结束。发令员发令后开始计时,受试者与球均返回终点线时停表。每人跑两次,记录其中成绩最好的一次成绩。以秒为单位记录测试成绩,精确到小数点后一位。小数点后第二位数按非零进1原则进位。

(3)提防事项

①测试过程中出现以下现象均属犯规行为,取消当次成绩:出发时抢跑、漏绕标志杆、碰倒标志杆、故意手球、未按要求完成全程路线等。②受试者有两次测试机会,两次犯规无成绩者可再测直至取得成绩。

13. 排球垫球

(1)测试目的

测试学生排球基本技能水平。

(2)测试方法

受试者在规定的测试区域内原地将球抛起,个人连续正面双手垫球,要求手型正确、击球部位准确、达到规定的高度,球落地即为测试结束,按次计数。受试者每次垫球应达到的高度,小学五、六年级为2米,初中男生为2.24米,初中女生为2米,高中和大学男生为2.43米,高中和大学女生为2.24米。每名受试者测试两次,记录其中成绩最好的一次。测试单位为次。

(3)提防事项

①测试进程中如发现以下现象均只作为调整,不计次数:采用传球等其他方式触球、测试区域之外触球、垫球高度不符等。②为方便判定垫球高度,可将排球场的球网调整到相应的高度,可能在测试区域外相距0.5米处插两根标杆,标杆顶端用橡皮筋或标志线相连,将标杆调整到相应的高度举行剖断,测试时经过议定角力较量讨论垫球的高度和球网或标志线的高度进行判定。

附录三 《国家学生体质健康标准》评分标准

《国家学生体质健康标准》评分表

附表1 大学一年级~四年级男生身高标准体重(体重单位:公斤)

身高段(厘米)	营养不良 50分	较低体重 60分	正常体重 100分	超重 60分	肥胖 50分
144.0~144.9	<41.5	41.5~46.3	46.4~51.9	52.0~53.7	>=53.8
145.0~145.9	<41.8	41.8~46.7	46.8~52.6	52.7~54.5	>54.6
146.0~146.9	<42.1	42.1~47.1	47.2~53.1	53.2~55.1	>55.2
147.0~147.9	<42.4	42.4~47.5	47.6~53.7	53.8~55.7	>55.8
148.0~148.9	<42.6	42.6~47.9	48.0~54.2	54.3~56.3	>=56.4
149.0~149.9	<42.9	42.9~48.3	48.4~54.8	54.9~56.6	>=56.7
150.0~150.9	<43.2	43.2~48.8	48.9~55.4	55.5~57.6	>=57.7
151.0~151.9	<43.5	43.5~49.2	49.3~56.0	56.1~58.2	>=58.3
152.0~152.9	<43.9	43.9~49.7	49.8~56.5	56.6~58.7	>=58.8
153.0~153.9	<44.2	44.2~50.1	50.2~57.0	57.1~59.3	>=59.4
154.0~154.9	<44.7	44.7~50.6	50.7~57.5	57.6~59.8	>=59.9
155.0~155.9	<45.2	45.2~51.1	51.2~58.0	58.1~60.7	>=60.8
156.0~156.9	<45.6	45.6~51.6	51.7~58.7	58.8~61.0	>=61.1
157.0~157.9	<46.1	46.1~52.1	52.2~59.2	59.3~61.5	>=61.6
158.0~158.9	<46.6	46.6~52.6	52.7~59.8	59.9~62.2	>=62.3
159.0~159.9	<46.9	46.9~53.1	53.2~60.3	60.4~62.7	>=62.8
160.0~160.9	<47.4	47.4~53.6	53.7~60.9	61.0~63.4	>=63.5
161.0~161.9	<48.1	48.1~54.3	54.4~61.6	61.7~64.1	>=64.2
162.0~162.9	<48.5	48.5~54.8	54.9~62.2	62.3~64.8	>=64.9
163.0~163.9	<49.0	49.0~55.3	55.4~62.8	62.9~65.3	>=65.4
164.0~164.9	<49.5	49.5~55.9	56.0~63.4	63.5~65.9	>=66.0
165.0~165.9	<49.9	49.9~56.4	56.5~64.1	64.2~66.6	>=66.7

续表

身高段(厘米)	营养不良 50分	较低体重 60分	正常体重 100分	超重 60分	肥胖 50分
166.0~166.9	<50.4	50.4~56.9	57.0~64.6	64.7~67.0	>=67.1
167.0~167.9	<50.8	50.8~57.3	57.4~65.0	65.1~67.5	>=67.6
168.0~168.9	<51.1	51.1~57.7	57.8~65.5	65.6~68.1	>=68.2
169.0~169.9	<51.6	51.6~58.2	58.3~66.0	66.1~68.6	>=68.7
170.0~170.9	<52.1	52.1~58.7	58.8~66.5	66.6~69.1	>=69.2
171.0~171.9	<52.5	52.5~59.2	59.3~67.2	67.3~69.8	>=69.9
172.0~172.9	<53.0	53.0~59.8	59.9~67.8	67.9~70.4	>=70.5
173.0~173.9	<53.5	53.5~60.3	60.4~68.4	68.5~71.1	>=71.2
174.0~174.9	<53.8	53.8~61.0	61.1~69.3	69.4~72.0	>=72.1
175.0~175.9	<54.5	54.5~61.5	61.6~69.9	70.0~72.7	>=72.8
176.0~176.9	<55.3	55.3~62.2	62.3~70.9	71.0~73.8	>=73.9
177.0~177.9	<55.8	55.8~62.7	62.8~71.6	71.7~74.5	>=74.6
178.0~178.9	<56.2	56.2~63.3	63.4~72.3	72.4~75.3	>=75.4
179.0~179.9	<56.7	56.7~63.8	63.9~72.8	72.9~75.8	>=75.9
180.0~180.9	<57.1	57.1~64.3	64.4~73.5	73.6~76.5	>=76.6
181.0~181.9	<57.7	57.7~64.9	65.0~74.2	74.3~77.3	>=77.4
182.0~182.9	<58.2	58.2~65.6	65.7~74.9	75.0~77.8	>=77.9
183.0~183.9	<58.8	58.8~66.2	66.3~75.7	75.8~78.8	>=78.9
184.0~184.9	<59.3	59.3~66.8	66.9~76.3	76.4~79.4	>=79.5
185.0~185.9	<59.9	59.9~67.4	67.5~77.0	77.1~80.2	>=80.3
186.0~186.9	<60.4	60.4~68.1	68.2~77.8	77.9~81.1	>=81.2
187.0~187.9	<60.9	60.9~68.7	68.8~78.6	78.7~81.9	>=82.0
188.0~188.9	<61.4	61.4~69.2	69.3~79.3	79.4~82.6	>=82.7
189.0~189.9	<61.8	61.8~69.8	69.9~79.9	80.0~83.2	>=83.3
190.0~190.9	<62.4	62.4~70.4	70.5~80.5	80.6~83.6	>=83.7

注：身高低于表中所列出的最低身高段的下限值时，身高每低1厘米，实测体重需加上0.5公斤，实测身高需加上1厘米，再查表确定分值。身高高于表中所列出的最高身高段时，身高每高1厘米，其实测体重需减去0.9公斤，实测身高需减去1厘米，再查表确定分值。

附表2 大学一年级~四年级女生身高标准体重（体重单位：公斤）

身高段(厘米)	营养不良 50分	较低体重 60分	正常体重 100分	超重 60分	肥胖 50分
140.0~140.9	<36.5	36.5~42.4	42.5~50.6	50.7~53.3	>=53.4
141.0~141.9	<36.6	36.6~42.9	43.0~51.3	51.4~54.1	>=54.2
142.0~142.9	<36.8	36.8~43.2	43.3~51.9	52.0~54.7	>=54.8
143.0~143.9	<37.0	37.0~43.5	43.6~52.3	52.4~55.2	>=55.3
144.0~144.9	<37.2	37.2~43.7	43.8~52.7	52.8~55.6	>=55.7
145.0~145.9	<37.5	37.5~44.0	44.1~53.1	53.2~56.1	>=56.2
146.0~146.9	<37.9	37.9~44.4	44.5~53.7	53.8~56.7	>=56.8
147.0~147.9	<38.5	38.5~45.0	45.1~54.3	54.4~57.3	>=57.4
148.0~148.9	<39.1	39.1~45.7	45.8~55.0	55.1~58.0	>=58.1
149.0~149.9	<39.5	39.5~46.2	46.3~55.6	55.7~58.7	>=58.8
150.0~150.9	<39.9	39.9~46.6	46.7~56.2	56.3~59.3	>=59.4
151.0~151.9	<40.3	40.3~47.1	47.2~56.7	56.8~59.8	>=59.9
152.0~152.9	<40.8	40.8~47.6	47.7~57.4	57.5~60.5	>=60.6
153.0~153.9	<41.4	41.4~48.2	48.3~57.9	58.0~61.1	>=61.2
154.0~154.9	<41.9	41.9~48.8	48.9~58.6	58.7~61.9	>=62.0
155.0~155.9	<42.3	42.3~49.1	49.2~59.1	59.2~62.4	>=62.5
156.0~156.9	<42.9	42.9~49.7	49.8~59.7	59.8~63.0	>=63.1
157.0~157.9	<43.5	43.5~50.3	50.4~60.4	60.5~63.6	>=63.7
158.0~158.9	<44.0	44.0~50.8	50.9~61.2	61.3~64.5	>=64.6
159.0~159.9	<44.5	44.5~51.4	51.5~61.7	61.8~65.1	>=65.2
160.0~160.9	<45.0	45.0~52.1	52.2~62.3	62.4~65.6	>=65.7
161.0~161.9	<45.4	45.4~52.5	52.6~62.8	62.9~66.2	>=66.3
162.0~162.9	<45.9	45.9~53.1	53.2~63.4	63.5~66.8	>=66.9
163.0~163.9	<46.4	46.4~53.6	53.7~63.9	64.0~67.3	>=67.4

续表

身高段(厘米)	营养不良	较低体重	正常体重	超重	肥胖
	50 分	60 分	100 分	60 分	50 分
164.0~164.9	<46.8	46.8~54.2	54.3~64.5	64.6~67.9	>=68.0
165.0~165.9	<47.4	47.4~54.8	54.9~65.0	65.1~68.3	>=68.4
166.0~166.9	<48.0	48.0~55.4	55.5~65.5	65.6~68.9	>=69.0
167.0~167.9	<48.5	48.5~56.0	56.1~66.2	66.3~69.5	>=69.6
168.0~168.9	<49.0	49.0~56.4	56.5~66.7	66.8~70.1	>=70.2
169.0~169.9	<49.4	49.4~56.8	56.9~67.3	67.4~70.7	>=70.8
170.0~170.9	<49.9	49.9~57.3	57.4~67.9	68.0~71.4	>=71.5
171.0~171.9	<50.2	50.2~57.8	57.9~68.5	68.6~72.1	>=72.2
172.0~172.9	<50.7	50.7~58.4	58.5~69.1	69.2~72.7	>=72.8
173.0~173.9	<51.0	51.0~58.8	58.9~69.6	69.7~73.1	>=73.2
174.0~174.9	<51.3	51.3~59.3	59.4~70.2	70.3~73.6	>=73.7
175.0~175.9	<51.9	51.9~59.9	60.0~70.8	70.9~74.4	>=74.5
176.0~176.9	<52.4	52.4~60.4	60.5~71.5	71.6~75.1	>=75.2
177.0~177.9	<52.8	52.8~61.0	61.1~72.1	72.2~75.7	>=75.8
178.0~178.9	<53.2	53.2~61.5	61.6~72.6	72.7~76.2	>=76.3
179.0~179.9	<53.6	53.6~62.0	62.1~73.2	73.3~76.7	>=76.8
180.0~180.9	<54.1	54.1~62.5	62.6~73.7	73.8~77.0	>=77.1
181.0~181.9	<54.5	54.5~63.1	63.2~74.3	74.4~77.8	>=77.9
182.0~182.9	<55.1	55.1~63.8	63.9~75.0	75.1~79.4	>=79.5
183.0~183.9	<55.6	55.6~64.5	64.6~75.7	75.8~80.4	>=80.5
184.0~184.9	<56.1	56.1~65.3	65.4~76.6	76.7~81.2	>=81.3
185.0~185.9	<56.8	56.8~66.1	66.2~77.5	77.6~82.4	>=82.5
186.0~186.9	<57.3	57.3~66.9	67.0~78.6	78.7~83.3	>=83.4

注：身高低于表中所列出的最低身高段的下限值时，身高每低1厘米，实测体重需加上0.5公斤，实测身高需加上1厘米，再查表确定分值。身高高于表中所列出的最高身高段时，身高每高1厘米，其实测体重需减去0.9公斤，实测身高需减去1厘米，再查表确定分值。

附表3 大学男生评分标准

等级	单项得分	肺活量体重指数	1000米(分.秒)	台阶试验	50米跑(秒)	立定跳远(米)	掷实心球(米)	握力体重指数	引体向上(次)	坐位体前屈(厘米)	跳绳(次/分钟)	篮球运球(秒)	足球运球(秒)	排球垫球(次)
优秀	100	84	3'27"	82	6.0	2.66	15.7	92	26	23.0	198	8.6	6.3	50
	98	83	3'28"	80	6.1	2.65	15.2	91	25	22.6	193	9.0	6.5	49
	96	82	3'31"	77	6.2	2.63	14.4	90	24	22.0	186	9.6	6.9	46
	94	81	3'33"	74	6.3	2.62	13.6	89	23	21.4	178	10.3	7.3	44
	92	80	3'35"	71	6.4	2.60	12.5	87	22	20.6	168	11.1	7.7	41
	90	78	3'39"	67	6.5	2.58	11.5	86	21	19.8	158	12.0	8.2	38
良好	87	77	3'42"	65	6.6	2.56	11.3	84	20	18.9	152	12.4	8.5	37
	84	75	3'45"	63	6.8	2.52	10.9	81	19	17.5	144	12.9	8.9	34
	81	73	3'49"	60	7.0	2.48	10.5	79	18	16.2	136	13.5	9.3	32
	78	71	3'53"	57	7.3	2.43	10.0	75	17	14.3	124	14.3	9.9	29
	75	68	3'58"	53	7.5	2.38	9.5	72	16	12.5	113	15.0	10.4	26
及格	72	66	4'05"	52	7.6	2.35	9.3	70	15	11.3	108	15.6	10.7	25
	69	64	4'12"	51	7.7	2.31	8.9	66	14	9.5	101	16.6	11.2	23
	66	61	4'19"	50	7.8	2.26	8.5	63	13	7.8	94	17.5	11.7	21
	63	58	4'26"	48	8.0	2.20	8.0	59	12	5.4	85	18.8	12.3	18
	60	55	4'33"	46	8.1	2.14	7.5	54	11	3.0	75	20.0	12.9	15
不及格	50	54	4'40"	45	8.2	2.12	7.3	53	9	2.4	71	20.6	13.3	14
	40	52	4'47"	44	8.3	2.09	7.0	51	8	1.4	64	21.6	13.8	12
	30	51	4'54"	43	8.5	2.06	6.7	49	7	0.5	58	22.5	14.3	10
	20	49	5'01"	42	8.6	2.03	6.2	47	6	-0.8	49	23.8	15.0	8
	10	47	5'08"	40	8.8	1.99	5.8	44	5	-2.0	40	25.0	15.7	5

附表4　大学女生评分标准

等级	单项得分	肺活量体重指数	800米（分.秒）	台阶试验	50米跑（秒）	立定跳远（米）	掷实心球（米）	握力体重指数	仰卧起坐（次/分钟）	坐位体前屈（厘米）	跳绳（次/分钟）	篮球运球（秒）	足球运球（秒）	排球垫球（次）
优秀	100	70	3'24"	78	7.2	2.07	8.6	74	52	21.1	190	11.2	7.3	46
	98	69	3'27"	75	7.3	2.06	8.5	73	51	20.8	184	11.5	7.8	44
	96	68	3'29"	72	7.4	2.05	8.4	72	50	20.3	175	12.0	8.6	41
	94	67	3'32"	69	7.5	2.03	8.2	71	49	19.8	166	12.6	9.4	38
	92	65	3'35"	64	7.7	2.01	8.0	69	47	19.2	154	13.3	10.5	34
	90	64	3'38"	60	7.8	1.99	7.8	67	45	18.6	142	14.0	11.5	30
良好	87	63	3'42"	59	7.9	1.97	7.7	66	44	17.7	137	14.6	11.9	29
	84	61	3'46"	57	8.0	1.93	7.6	63	43	16.3	130	15.6	12.5	27
	81	59	3'50"	55	8.2	1.89	7.5	61	42	15.0	122	16.5	13.2	25
	78	57	3'54"	52	8.3	1.84	7.4	58	40	13.1	112	17.8	14.0	23
	75	54	3'58"	49	8.5	1.79	7.2	55	38	11.3	102	19.0	14.9	20
及格	72	53	4'03"	48	8.6	1.76	7.1	53	37	10.1	98	19.8	15.6	19
	69	51	4'08"	47	8.7	1.72	7.0	50	35	8.3	92	20.9	16.7	17
	66	49	4'13"	46	8.8	1.69	6.8	48	33	6.5	86	22.0	17.8	15
	63	46	4'18"	44	8.9	1.63	6.6	44	31	4.1	78	23.5	19.3	13
	60	43	4'23"	42	9.0	1.58	6.4	40	28	1.7	70	25.0	20.8	10
不及格	50	42	4'30"	41	9.1	1.56	6.2	39	27	1.5	66	25.8	21.2	9
	40	41	4'37"	40	9.3	1.53	6.0	38	26	1.3	59	26.9	21.9	8
	30	39	4'44"	39	9.5	1.50	5.7	36	25	1.0	53	28.0	22.5	7
	20	37	4'51"	38	9.8	1.46	5.4	34	23	0.6	44	29.5	23.4	6
	10	35	5'00"	36	10.0	1.42	5.0	32	21	0.2	35	31.0	24.3	4

主要参考文献

[1] 苏竞存:《中国近代学校体育史》,人民教育出版社,2010年版。
[2] 王建华:《学校武术》,北京体育大学出版社,2006年版。
[3] 陈万章:《大学体育与健康》,北京体育大学出版社,2003年版。
[4] 庞元宁:《大学体育与健康》,高等教育出版社,2009年版。
[5] 张庆霞:《体育与健康》,人民卫生出版社,2008年版。
[6] 陈智勇:《新编大学体育教程》,北京航空航天大学出版社,2007年版。
[7] 曲宗湖,杨文轩等:《学校体育教学探索》,人民体育出版社,2008年版。
[8] 黄启能:《足球》,华南理工大学出版社,2008年版。
[9] 王欢:《运动就在家门口》,人民体育出版社,2006年版。
[10] 季浏:《体育与健康课程与教学论[M]》,浙江教育出版社,2010年版。
[11] 常超:《大学生体育与健康》,经济科学出版社,2009年版。
[12] 辛克海:《体育与健康》,北京师范大学出版社,2007年版。
[13] 贵州大学生《体育与健康》编写组:《体育与健康》,贵州人民出版社,2008年版。
[14] 傅兰英,杨晓林:《大学体育与健康教程》,高等教育出版社,2009年版。
[15] 从群,赵毅华等:《大学体育》,上海交通大学出版社,2006年版。
[16] 黄瑶,唐伟等:《大学体育与健康教程》,北京工业大学出版社,2005年版。
[17] 林志超:《新世纪体育与健康教程》,北京体育大学出版社,2007年版。
[18] 梁子军,李翠英:《大学体育与健康教程》,北京体育大学出版社,2010年版。
[19] 杨乃彤,王建军:《新编体育与健康》,人民体育出版社,2007年版。